UNCONVENTIONAL  不正经
西方思想史

WESTERN

INTELLECTUAL

HISTORY

张乔木 著

深圳出版社

图书在版编目（CIP）数据

不正经西方思想史 / 张乔木著. –– 深圳：深圳出版社，2024.1
ISBN 978-7-5507-3881-2

Ⅰ.①不… Ⅱ.①张… Ⅲ.①思想史—西方国家—通俗读物 Ⅳ.①B5-49

中国国家版本馆CIP数据核字(2023)第132148号

不正经西方思想史
BU ZHENGJING XIFANG SIXIANG SHI

出 品 人　聂雄前
责任编辑　何　滢
责任校对　万妮霞
责任技编　梁立新
装帧设计　宋一平

出版发行　深圳出版社
地　　址　深圳市彩田南路海天综合大厦（518033）
网　　址　www.htph.com.cn
订购电话　0755-83460239（邮购、团购）
排版制作　长虎工作室
印　　刷　深圳市华信图文印务有限公司
开　　本　889mm×1194mm　1/32
印　　张　13
字　　数　360千
版　　次　2024年1月第1版
印　　次　2024年1月第1次
定　　价　68.00元

补上西方思想史 这一课

　　"思想"一词在中文语汇中出现得很早，但与今义不完全相同，常作"想念"解。例如曹魏文学家应璩《与侍郎曹长思书》说："足下去后，甚相思想。"也有当"考虑"解的，例如《黄帝内经·素问》有"外不劳形于事，内无思想之患"之句。至于与我们今天对思想一词的理解，倒是贴近汉译佛经色、受、想、行、识中的第三蕴，此时的"想"已具备了今天思想这个词的主要含义。"思想"经过了两千年的演变，在清末西风东渐时今义渐渐形成并固定下来。按一般辞书的解释，"思想"是思维的结果，是形成的观念，也是认知的心理历程。

　　"思想"充满了哲学意味。思想形成的路径可以简单分为两条线——东方与西方。东方以孔孟、老庄及诸子百家等先哲形成感性人文关怀的东方思想；西方则以苏格拉底、柏拉图、亚里士多德三位大哲共同的理应原则为西方思想奠定基础。东方和西方在感性与理性的两条路径平行前进了两千多年，直至东方的帝制崩塌，西方的资本主义革命成功，东西方哲学才有机会让公众参与、相互窥视，慢慢地找出对方与自己的不同。

　　东方哲学思想出现于春秋战国时期是毫无争议的，诸子百家形成了相互争鸣的局面，这是中国历史上思想最为璀璨的时代，极具鲜明特征。这种繁荣局面持续了数百年之久，直至西汉大儒董仲舒的出现。在汉武帝大一统的思想推动下，董仲舒"罢黜百家，独尊儒术"的建议得以推广，至宋时程朱理学的加持，让儒学一支独大，在一千多年里独领风骚。在这种思想封闭运行的环境中，东方对西方知之甚少，大部分人错过了了解西方思想，尤其是西方哲学思想的机会。我觉得国人应该补上西方思想史这一课，知己知彼，唯物唯心，物质精神，其实缺了谁都不完整。但西方思想与东方思想大相径庭，了解起来并非易事，所以就有人提供捷径，将自己学到的专业——西方哲学及其思想，写成短文，诙谐清晰，妙趣横生，抽丝剥茧，寓教于乐。

　　我对西方思想史的了解仅是皮毛，从未系统地读过这类著作。偶然的机会，看见乔木先生的视频文章，颇感新奇，十分受益。对于我这种需要补课的读者，阅读此书可谓事半功倍，以小识大，由此知彼。

　　乔木先生邀我作序，三推不掉，勉为其难。是为序。

马未都／壬寅大暑

目录

自由、权利与道德

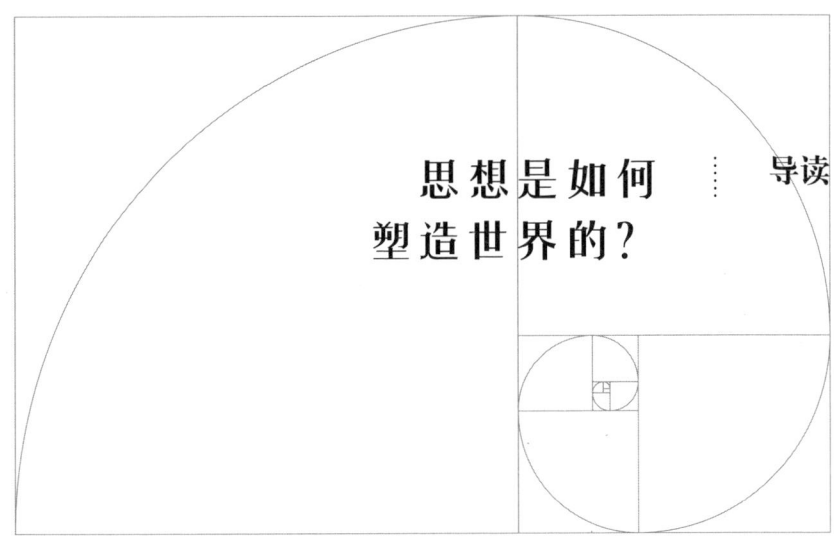

思想是如何 ┊ 导读
塑造世界的？

　　公元 1327 年发生了一件事，但丁的好友，意大利著名数学家、占星学大师切科·达斯科利被教会烧死了。他被烧死的理由是——试图论证地球是圆的。在教会看来，论证地球是圆的这种行为十分邪恶，在我们脚下，地球的另一边怎么可能还有人生活？这是对基督教的公然挑衅！

　　在中世纪的人看来，地球明明是个锅盖，下面是一只摞一只的万年大王八组成的王八高塔，怎么可能是个球？这种怪力乱神者必须烧死，烧的时候用文火。

　　一百多年后，一个专治不服的小青年走上历史舞台。在读了大量古希腊文献后他认为，地球并不是宇宙的中心，地球和其他星星都是围绕着太阳旋转的，因为只有这样才能轻易解释所有的现象，经过两年的观测和计算，他写出了《天体运行论》。但是，这在教会看来也是一部"邪恶"的著作，上帝创造的地球怎么可能不是宇宙的中心？虽然在整部《圣经》中没有一句话说地球是宇宙的中心。但经院哲学早就建构出一套完整的论证方法，他们认为，地球就是宇宙的中心，日月星辰都是围绕着地球运行。这个小青年竟然敢说地球不是宇宙的中心，这分明是反上帝的行径，烧了吧！为了不被烧死，小青年压着书稿迟迟不敢拿出来，《天体运行论》直到他垂垂暮年才发表，不久后他就与世长辞。

这个小青年就是哥白尼。在哥白尼之前，所有人都认为地球是宇宙的中心，太阳、月亮和无数的星星都围绕着地球旋转，这符合人们的直观感受，地心说于是成为社会的绝对主流。但哥白尼通过缜密的逻辑推导得出结论——地球围绕着太阳在转。哥白尼的理论实现了人类宇宙观的第一次迭代，日心说从此诞生。日心说沉重打击了基督教的宇宙观，这是新的宇宙观淘汰旧的宇宙观的一次伟大胜利。

谈过自然科学的观念，再聊聊社会哲学的观念，比如，君权神授。君权神授最早是谁提出来的现在已经不可考，大概率是基督教世界的君主提出来的。但基督教哲学家奥古斯丁无疑对君权神授的观念做出了重要的理论建构，他在《忏悔录》中不止一次提到世俗君主的权力来源于上帝。中世纪的经院哲学家托马斯·阿奎那运用自然法则论证君权神授，进一步夯实了君权神授的理论。君权神授的观念为欧洲的君主提供了权力来源的理论依据，这是关于君主权力的一次系统性的思想建构。

但英国哲学家霍布斯改变了人们的这一观念。他认为，君主的权力并非来源于神，而是由民众赋予的，民众与君主之间是契约的关系。霍布斯抛弃了传统的君权神授的观念，用契约解释了君主权力的来源。霍布斯指出，人们为了逃离"自然状态"，摆脱战争的威胁，维护自身的安全，就必须通过契约的形式把所有人的权利交给一个人或者一群人，这一个人或者这一群人就成为主权者，代表所有人的普遍意志。

在霍布斯看来，君主具有至高无上的绝对权力，是一切法律的制定者和纠纷的仲裁者，人们只能绝对服从君主而不能有任何的不满，否则就算被君主镇压和消灭都是合理的。

霍布斯的观念是对君权神授的一次革命。人们不再认为君主具有超出普通人的神赋权力，君主的权力并非来自神，而是由民众赋予。但是，霍布斯也有时代的局限性。他认为君主的权力一旦被赋予就是不可逆的，也就是说，民众一旦通过契约把权力赋予君主就再也不能收回，否则就是违反了契约，违反了正义原则。但是对于君主来说，却不存在违反契约的问题，因为契约是民众之间订立的，君主不是订约的任何一方，因此，君主不受契约的任何限制。

霍布斯的论证方式赋予了君主绝对的权力，很多哲学家看不下去了。洛克认为，霍布斯的自然状态纯属吓唬老百姓，那并不是历史上真实发生的。因为人们具有基本的理性，具备向善的道德，霍布斯那种完全服从丛林法则的自然状态是不存在的。真正的自然状态是，人们基于理性和自然权利生活，进而形成一个互惠互利的社群。洛克否定了霍布斯的自然状态，他认为，君主的权力是人们通过契约赋予的，但是，这种契约关系是双向的，人们可以赋予君主权力，也可以随时解除君主的权力，任何统治都是基于同意之上的。

洛克的观念是近代政治哲学的起源，他在霍布斯的观念上更进一步，对政治权利契约的关系做了现代文明的阐释。洛克的观念深刻影响了西方文明，对西方社会结构的形成有着奠基性的作用。

从这两个案例可以看出，从根本上说，世界奠定在历史上那些天才或者大师的观念之上。历史上存在的每一种观念，都深刻影响了人类社会的发展，比如地心说、经典力学、量子力学、相对论体系、政治文明观，等等。因为这些观念，人类产生了科学和信仰，产生了新的社会制度，新的方法论和新的文明，这些观念推动着人类社会持续地向前发展，我们的一切行动才得以在前人的思想基础上展开。

思想观念，是人类文明的基石。

所以，本书的写作目的，是回顾西方文明发展史中的各种思想观念是如何形成的，以及它们如何影响世界。我尽量用通俗的语言去阐释西方思想史的发展轨迹，让读者明白西方思想发展的基本脉络，以及这些思想观念和我们现代人的关系。

但是，西方思想史是一个非常复杂的体系，它涉及宗教、文化、历史、地理等诸多因素，要对改变人类文明进程的思想进行确定性的分析，工作量太大，不可避免会存在独断论、认知偏差、论证不严谨等问题。所以，在本书中，我侧重于提纲挈领式地捋出一个基本脉络，展示关键的环节，而不做全景式的描述。

本书分五个部分阐释西方思想史的发展。

第一部分，是古希腊的思想。作为轴心文明的一支，古希腊哲学是西方思想的源头和母体。古希腊以自由和理性精神著称于世，是西方思想的两个支点之一（另一个是希伯来宗教），几乎奠定了所有西方思想的雏形，比如形而上学、几何学、数学、逻辑学、伦理学、修辞学等，所以了解古希腊的思想就是了解西方思想的童年。

第二部分，将聊一聊欧洲中世纪的思想。很多人认为，欧洲中世纪是一个愚昧黑暗的时代。一提到中世纪，人们就会联想到严酷的社会、贫穷的民众、残酷的政府、混乱的等级制度，等等。所以有人认为，中世纪的一千年是欧洲人走过的一段漫长而愚昧的弯路，它像一块破旧不堪的狗皮膏药，横亘在古罗马的黄金时代和文艺复兴的黄金时代之间。

然而，在我看来，欧洲中世纪虽然存在各种混乱和黑暗，但它更像一个生命的培养皿，那些混乱和不堪看着毫无价值，却孕育了文艺复兴和近代的诸多思想。

第三部分，将讨论西方近代思想的流派，这也是本书的重点。西方近代思想导致了两个巨大的转变：第一是科学革命导致了工业革命的兴起，而工业革命让人类文明实现了巨大的质变，人类享受到极度丰富的物质生活，生产力突破马尔萨斯陷阱，文明进入全新的发展阶段；第二是社会观念的革新。近代西方涌现出了一大批杰出的思想家，他们在混乱的时代回望中世纪，进行思想反思。在反思的基础上，自由主义成为社会的主流观念，从此，深刻改变了人类文明的走向。

第四部分，重点介绍自由主义带来的改变，比如自然权利、道德、伦理等话题。在这一部分，重点阐明自然权利发展的历史，还将结合社会热点做出分析。我想传达给读者的是，思想并不是凌空蹈虚的产物，更不是不着边际的梦呓，它和我们的现实生活有着紧密的联系。只有厘清了基本的思想观念，我们在遇到困难和进行抉择的时候才能正本清源。只有了解自由主义的发展过程、自然权利演变以及道德伦理的形成机制，我们才不会在这个时代迷失。

第五部分，将就现代性的一些问题做出分析。现代社会孕育了各种思潮，比如形而上学的衰落，虚无主义、去逻各斯中心主义、解构主义的崛起，等等。虽然现代社会物质更丰富，人们的选择更多，自由度更高，但现代性总体表现为一种集体的失落。比如年轻人表现出来的虚无主义，虚无主义不仅仅是人们面对现代商业文明的无奈，更是一种刻意的摆烂和失望。我始终认为，人类终究要走出虚无主义，人类超越动物的本质在于对意义的追求，这是一种本性的必然。

在本书中，我将用大家熟悉的语言把这些问题说清楚。因为网络化的语言风格，难免会有不严谨的地方，希望大家能够包容。

之所以用一种轻松的语言风格，是想和娱乐化的社会产生连接。娱乐化是这个时代的主流，人们都不想动脑子，但是却渴望收获知识。严肃的社科著作往往无人问津，轻松的作品如果能传达积极的价值观，那么同样具有价值。不过，在后娱乐化时代，人们依旧迷茫，依旧找不到意义和价值。我们应该用什么思想作为指导原则，去面对后娱乐化时代价值和意义的丧失呢？人的存在到底是有意义的，还是无意义的？

这涉及两种价值观，目的论的价值观和非目的论的价值观。古典时代人们笃信目的论的价值观，认为一切存在都有其目的，有其固有的命运。这种观念起源于亚里士多德，他认为一只飞鸟、一只虫子、一粒沙都有其存在的目的。另一种是非目的论的价值观，它是现代文明的产物。现代文明一直在用非目的论的价值观去理解世界，比如弗洛伊德的潜意识理论。潜意识理论把亚里士多德的目的论价值观完全颠覆，它并不认为存在一个终极的"目的因"，而是人的潜意识支配着自己的行动，人时刻被欲望和冲动包围，生命不过是基因的冲动。

这两种价值观时刻在左右着我们的思想。在科学领域，非目的论一路高歌，人们把一切还原成物质的运动和变化，创造了辉煌的现代科学。所以很多人说，当科学兴起，哲学就已经死去。但在我看来，目的论的价值观具备同样的价值，因为当非目的论的价值观消解了人类的自由意志，那么对意义的追寻将变得十分珍贵。

人类的自由意志不能消亡，它一旦消亡，所有的神圣和意义都将不再存在。所以，重建意义，重建人们内心的价值秩序，重建我们的精神家园，是同样珍贵的事。

托马斯·阿奎那对目的论的价值观和非目的论的价值观做了调和。他认为，人是有目的的，在人的领域应该按照意义去生活；而物质世界是无目的的，但自然的规律可以被人发现和观察。在阿奎那这里，两个世界分裂了，物质世界无目的，人有目的。阿奎那对意义的推崇，对人的自由意志的最后保留和坚守，难能可贵。

本书的论证方法，主要通过逻辑演绎推导思想产生的过程。西方哲学本身就是一个严谨的逻辑演绎的过程，这种逻辑演绎方式是在对形而上的追求中产生的，它从一些我们都能理解的自明系统去推导出一个庞大的未知世界。在面对这个庞大未知世界的时候，理性是人类唯一的武器，只有通过理性精神，才能推导出一个在逻辑上成立的结果。

回到初衷，希望通过本书为读者带来一点思考的启迪，让读者对哲学或者思想史产生一点兴趣，通过重新回顾西方思想发展的过程去审视我们自身，改变我们身上的独断论，进而建立逻辑演绎的思维方式。

如果你能有收获，那便是我的初衷。

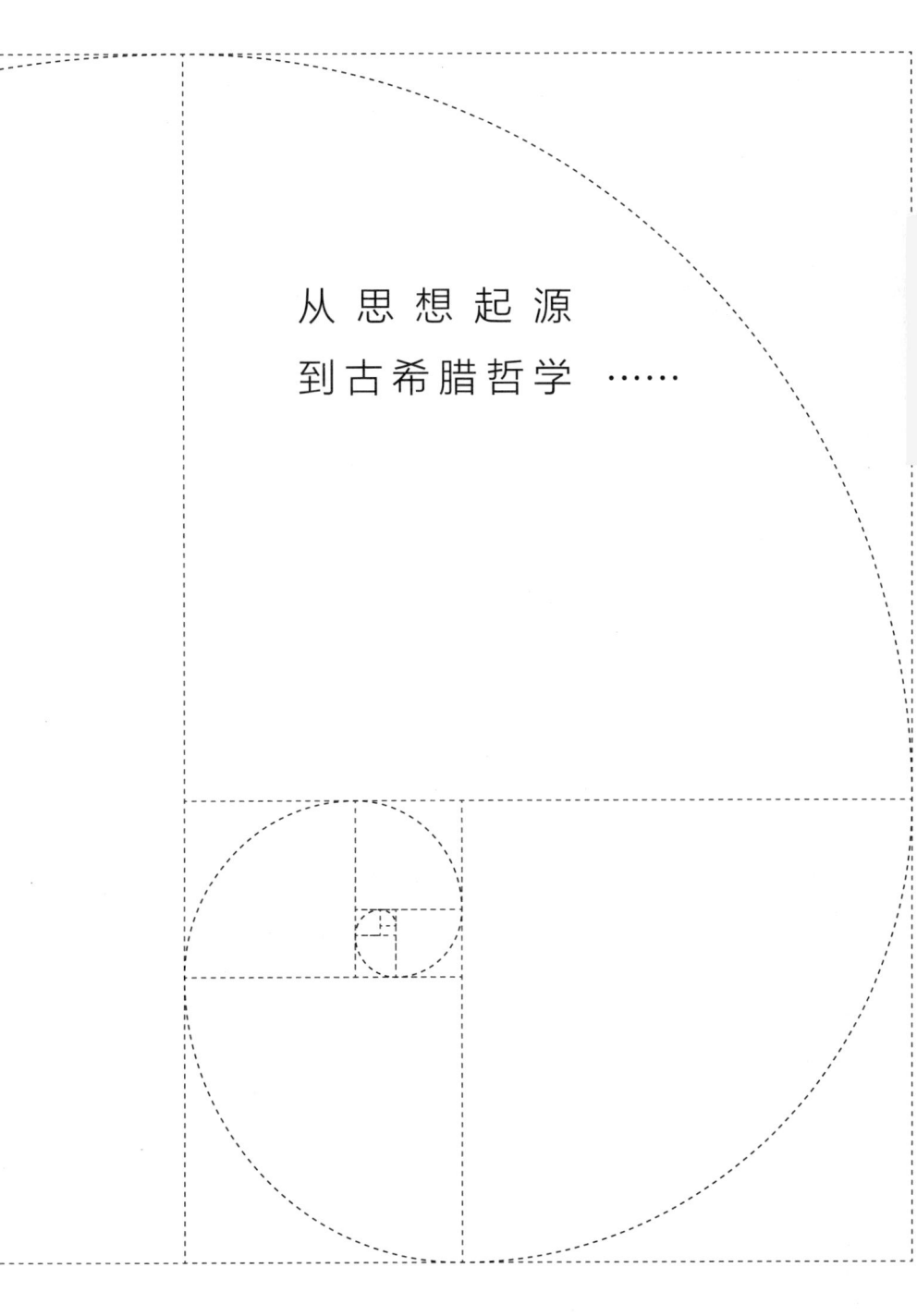

从 思 想 起 源

到 古 希 腊 哲 学 ……

文明萌芽

火、语言、文字以及灵魂的诞生

人类的思想是如何产生的？早在语言形成之前，思想就已经形成了吗？

英国的一项研究发现，最早的时候，人类可能并不直接狩猎而是玩阴的。远古人类偷偷跟在狮子后面，等狮子捕杀猎物放松下来享受大餐时，他们突然跳出来发出巨大的响声把狮子吓蒙圈，狮子跑了他们就聚众分享狮子捕获的猎物。这招有点损，简直是拿狮子当枪使。

但这点套路无论如何算不得思想的萌芽，是个动物都会。英国学者米森认为，原始人的思维包含三个方面，分别是技术智慧，指能制造石器；自然智慧，指能够了解周围的环境和野生动物；社会智慧，指具有群居的社会性。

英国思想史学家彼得·沃森认为，在技术智慧中，火的使用是一次革命性的跨越。除了人类，没有任何其他动物能掌握火的使用。火的使用成为人类加速甩开其他动物的一个分水岭。早期人类发现，用火烤过的肉更容易消化也更容易保存。火还可以提升防御力，让人类从大型猫科动物的口粮变成了捕猎者。在火被掌握之前，不管多健壮的人，就算是尼安德特人遇见大型猫科动物也只能是"送外卖"，但因为掌握了火，人类可以用火吓走这些"大猫"，让自己生活得更加安全。

考古学发现，人类最早使用火是在非洲，已有142万年的历史。在中国的一些100万年前的考古遗址中，石器和被烧过的动物残骸一起出现，这说明在100万年前火的使用已经非常普遍了。

火的使用还促使人类形成了复杂的社会关系。因为火堆容易熄灭，所以人们外出打猎捕食的时候必须留下一些人照看火堆，这就导致了最原始的社会分工的出现。

人类掌握火，驾驭火，保存火的能力至关重要，体现出人类用思想去控制一种工具的能力。所以，对火的控制是人类最早的思想起源。

人类在掌握了火的使用后摄取了大量利于吸收的蛋白质，脑容量实现了第一次飞跃。而第二次脑容量的飞跃，和工具的标准化息息相关。

在世界各地考古遗址中发现的手斧，在100万年前出现了惊人的变化，它们的形状出现了惊人的一致性。虽然手斧的大小有区别，但形制几乎呈现同样的比例，这绝非一种偶然。

学者认为，标准化的工具是人类思想的第二次飞跃，这代表着早期人类形成了一种"理念"，这种理念和柏拉图所说的理念差不多。柏拉图认为，在可见世界之外，存在着一个理念的世界，那里存储着万事万物的样子。比如杯子，世界上有无数个杯子，玻璃的、陶瓷的、水晶的，但在琳琅满目的杯子的背后有一种共性，这种共性就是杯子的理念——它是一种容器，能够盛水。所以，就算是这个世界所有的杯子都被摧毁了，只要人们的大脑中有杯子的理念，就可以随时再造出一个杯子。

手斧的标准化说明原始人第一次有了理念。为了制造这些标准化的工具，原始人脑海中必须有一个工具的形象，他们按照这种形象去创造具体的工具。于是，人类的抽象思维产生了。根据思维去创造工具，这是人类思想一次巨大的进步。

第三次思想大飞跃发生在 30 万—50 万年前，这个时候出现了第四代石器。第四代石器和之前石器的区别是，它们被磨制得更加精细，而不再是原始人随手捡一块石头简单砸一下就用。这个时期粗糙的手斧消失了，石器被磨制得非常锋利，它们的效率更高，这说明人类对工具的掌控又上了一个新的台阶。

从对石器的粗加工到精细打磨，体现了人类思想的转变，人类开始有了长期策略。虽然很多动物也会使用工具，比如黑猩猩用棍子掏白蚁吃，但它们无法对工具进行加工，更不会有精细的打磨。对工具的精细加工意味着人的目的性更强，对如何实现自己的目标有着更理性的认知。

在人类通过对火和工具的使用而产生了思想的雏形后，文明的主要标志——语言和文字——又是如何产生的呢？

语言和文字是人和动物之间最重要的一个区别，也是文明的标志。在文字出现的那一刻，人类的文明才真正诞生。

原始人的心智发展经历了两个阶段。第一个阶段的思维是片段式的，是一种对周围环境的即时反应，比如看到捕食者来了就要奔跑，看到异性就要交配，这种思维只停留在现在时态而没有对未来的规划。第二个阶段是模仿阶段，他们会模仿其他人的动作、表情、声音等，这种模仿产生了一个重要的行为，人类开始分享思想。

为什么模仿阶段这么重要？因为模仿促进了知识共享的发生，共享的知识在人类群体内不断传播，实现了群体对知识的快速掌控。

那么，人类的语言到底是如何产生的呢？有一种观点认为，语言是从非洲南部一些部落的咂嘴声中产生的，原始人在大草原上跟着狮子偷猎物，通过咂嘴声可以把狮子吓跑。另一种观点认为，最早的语言是非洲部落的男性对女性的远距离呼喊，随后这种声音不断发展，逐渐形成了语言。还有一种更奇幻的观点认为，语言是原始人之间相互梳毛发抓虱子时产生的——原始人吃饱饭一边抓虱子一边唠嗑。男原始人说，清夜漫长，给你抓一辈子虱子多好。女原始人说，呵呵，我前天见你给隔壁树的母猴抓虱子也这么说。一来二去，语言就产生了。原来，八卦才是人类进步的阶梯。

彼得·沃森认为，在语言产生之后，文字也产生了。考古学上判断文明社会有三个指标，一个是城市化和社会分工，一个是文字的出现，一个是宗教的诞生。而文字是最重要的维度，可以说是文明与非文明的分水岭。

为什么文字这么重要？因为只有文字才能让人类的思想得以传承和保存，才能让一代又一代个体所积累的知识辐射到其他个体，为人类群体所共有。

一般高等动物都会教给幼儿一些基本知识，比如捕猎、躲避危险等，但这些仅限于生存层面，超越基本生存本能的知识它们自己也不知道，更无法教给下一代。如果没有文字，那些生存本能之上的知识就无法积累和传承，那些历代祖先掌握的知识在它们死后就会消失，因为个体寿命有限而知识又无法传承，所以一代又一代都只能从头开始，这就是其他动物无法出现文明的原因。

现代考古学认为，世界上最早的文字是苏美尔人的楔形文字。苏美尔人创造了人类历史上众多的第一，比如第一种文字，第一所学校，第一个图书馆，第一本药典和历法，等等。学者在发掘苏美尔人的文明遗址的时候好奇心越来越强，他们想搞清楚苏美尔人这种超凡绝伦的创造力是从哪儿来的，然后他们发现了人类文明的另一个秘密。

苏美尔人之所以创造了人类文明史上的诸多第一，是因为他们最早实现了城市化定居，而文明只有在城市化后才能形成。早在 4000 年前，90% 的苏美尔人就已经生活在城市，这是一个令人惊叹的数字。

城市是文明的摇篮，城市比任何环境都更具备竞争力和创造力。美索不达米亚的城市化促进了文字的产生，人们在文字中进一步发展了抽象能力，比如几何图形、数字等抽象的概念。人类的抽象能力一旦打开，就实现了《创世记》中神和亚当的指尖相触的刹那沟通，人类就有了自己的思想。

文字代表人类抽象能力的大爆发。动物可以认知具象的东西，比如一块肉，一棵树，但它绝不会有抽象的思维能力。比如，人类看到一朵云可以想象它是一匹骏马或者一只羊，而狗看到一朵云就是一朵云，绝不会是一块肉骨头。

文字诞生之后，宗教也随之诞生。世界第一个神出现于死海最北端的希阿姆遗址。考古学家在这个遗址中发现了大量的女性雕像，这些雕像有着清晰的发展脉络，开始比较写意，后来变得越来越写实，这些雕像意味着人类宗教的诞生。

为什么世界各地最早的神都是女性呢？中国的女娲，美索不达米亚的提亚玛特，希腊的地母盖亚，这些创世神都是女性。男性去哪儿了？一个重要的原因是，在早期的采集狩猎时代，大部分社会形式是母系社会，女性在社会生产活动中占据绝对主导地位。同时，远古时期婴儿死亡率极高，人们天然推崇生殖力，用生殖力崇拜确保家庭和部落的繁荣昌盛。

女性是生殖力的象征，所以早期人类崇拜的神都是女性，也叫大母神。

宗教为什么在人类思想史上占据这么重要的地位呢？因为宗教代表着人类另一种抽象能力的爆发，是人类在追求自我的过程中的一种精神寄托，它为人类制造最重要的东西——意义。简单来说就是，人类在拥有了抽象能力后，开始追寻一种超越现实世界的意义，这种意义是现实生活不能给予的，他们必须找到一个现实之外的寄托，这种寄托只能来源于宗教。宗教促使人类去寻找内心的宁静，并思考更多现实世界之外的东西。

城市化是文明的基石，人类在城市化中开始了社会分工，发明创造了文字，开始具备抽象思维能力，进而诞生了宗教，这些因素共同促进了文明的形成。因为城市化对文明的推动，苏美尔文明、埃及文明、印度河文明和中国文明，被称为早期人类的第一批文明。

在第一批文明陆续涌现的时候，不同地区的人类文明不约而同地发生了一种特殊的现象——祭祀。

人类为什么要祭祀呢？向一个虚无的神灵祭献动物或者人的肉体，这到底是一种怎样的思想？为什么不同文明都会独立演化出祭祀的习惯呢？这涉及思想史的一个核心问题——灵魂。祭品是一种礼物，是人与神之间的纽带，祭祀的目的就是通过这种纽带去达成人类内心的目标，比如试图胁迫神灵按照人的意愿做事，试图安慰神灵，试图消除神灵的愤怒，或者是对神灵的一种补偿，他们最终的目的都是为了求得自己灵魂的安慰。

祭祀源于人类早期经验过但不能理解的事物，原始人类观察到了一些现象，但不知道世界为何呈现这样的现象，正是这些现象成为后来巫术、神秘学、宗教的共同起源。

但是问题来了，祭祀就祭祀，为什么要祭献牲畜或者人？为什么大多数祭祀要通过流血去完成某种仪式？为什么不能有一个轻松点的仪式，比如大家吃顿饭、唱唱歌之类的？流血这种形式到底有什么含义呢？之所以大多数祭祀中有流血发生，是因为原始人类认为血代表生命力，希望在祭祀的过程中通过血所蕴含的生命力来打动神灵。

大母神崇拜之后，人们逐步过渡到对天空之神的崇拜。在新石器时代，崇拜天空之神（包括日月星辰）成为众多文明的一个共同特征。这点很好理解，因为在崇拜天空之神的阶段，人类进入农耕文明，农耕生产中最重要的一个因素就是太阳，太阳促进万物生长，给人类带来光明和温暖，而月亮的周期和女性的生理周期又存在着密切的关联，直接与生育挂钩。所有这些，让人类对天空和日月星辰产生了强烈的敬畏和崇拜。

因为早期对天空之神的崇拜，人类产生了一个影响至深的概念，即灵魂！人类之所以产生灵魂这个概念，是因为人类观察到天上的太阳、月亮周而复始地轮回，观察到地上的草木春天发芽、秋天枯萎，他们被昼夜更迭、草木枯荣的自然现象启发，产生了一个想法，认为人类也和草木一样能死后重生，和日月一样会不断轮回。于是，他们相信死亡和重生是一个自然的过程。人死后并不会消逝，而是进入下一个生命的阶段，人死后的精神和意识都由一个叫灵魂的东西所承载。

相信灵魂，是人类思想史上一个重大的转变。因为灵魂概念的形成，人类对未来有了更长远的预期和规划，不仅仅是此生此世，下辈子、下下辈子都在人类的理性规划中。这是人类思想史的重大时刻。灵魂的观念也直接影响了宗教，成为所有宗教都要面对的一个核心问题。如果一个宗教没有解决死亡和灵魂的问题，那它将是一个不完整的宗教。

在正式进入西方思想史之前，我们回顾了远古时代人类思想的起源和诞生，从火的使用到工具的精细化，从城市化到文字和宗教的诞生，我们清晰认知到，人类的思想和人类的抽象能力息息相关，文字、灵魂、宗教的出现无不证明，文明的每一步发展都是人类抽象思维能力的大跃迁。

美杜莎

她从始至终都不是恶魔

公元前好多好多年前，希腊一座荒岛发生了一起惊天命案。一个少女正坐在洞口，看着夕阳缓缓沉入波光粼粼的爱琴海，思考着人生，却被突然闯进的一群小混混扰了清净。为首的是神二代珀尔修斯，他领着一群小流氓砸坏了少女家所有的石雕艺术品，最后，还用一把长剑斩下了少女的头颅。

什么仇什么怨，用这么残忍的手段戕害一个无辜少女？据嫌犯珀尔修斯交代，他和少女并不认识，只是想借她的头用一下。

被杀死的少女正是古希腊女神美杜莎。美杜莎，光听名字就知道她有多美。《庄子·逍遥游》云："藐姑射之山，有神人居焉。肌肤若冰雪，绰约若处子。"美杜莎就这么美。那么，珀尔修斯为什么要借美杜莎的头呢？原因是美杜莎有一双石化魔眼，凡是看到她双眼的男人都会变成石头。珀尔修斯当时有一个任务，杀死男海怪刻托，但这个海怪强大无比，必须用美杜莎的眼睛帮忙。但是，找人帮忙，有话不会好好说吗，为什么一言不合就斩首？

故事回到美杜莎。美杜莎原来是一个美丽单纯的少女，从小就给女神雅典娜做祭司，是雅典娜的打工妹。因为美杜莎长得太过美丽，有一次被海神波塞冬看到，波塞冬临时起意劫了美杜莎的色。这可触了雅典娜的逆鳞，雅典娜号称智慧女神、战神，曾经发誓一辈子做个处女以保持战斗力，是类似灭绝师太的角色。对自己要求苛刻也就算了，她还要求手下的所有员工都必须保持童贞之身。现在，美杜莎丧失了处女之身，而且她容貌太漂亮早就让雅典娜非常不爽。盛怒之下的雅典娜把美杜莎变成了妖怪，满头青丝变成了盘绕扭动的毒蛇，美丽的身体变成了长满鳞片的蛇身，眼睛变成了一双魔眼，只要被她看一眼，男人就会变成石头，变成"沙雕"。

把一个美少女变成这个鬼样，杀人诛心，最毒也不过如此了吧。至于那个肇事者，三大主神之一的海神波塞冬，雅典娜是不敢拿他怎样的，所有的锅必须甩给美杜莎一个人背。

被雅典娜诅咒的美杜莎绝望地逃到了荒岛，准备一个人孤独老去，以为这样雅典娜可以放过自己。但她还是太年轻。

当珀尔修斯找雅典娜帮忙的时候，雅典娜唆使愣头青珀尔修斯说，海怪刻托太强了，只有美杜莎的魔眼才能打败它。

珀尔修斯被雅典娜蛊惑，带了一群小混混闯到荒岛斩了美杜莎的首。他用美杜莎的头把海怪刻托变成了沙雕，然后把美杜莎的头颅献给了雅典娜。雅典娜把美杜莎的头颅镶嵌在自己的盔甲上，看谁谁变沙雕。

借珀尔修斯之力除掉了美杜莎，雅典娜不仅不用亲自动手、背负骂名，还凭空得了个宝贝，同时送了珀尔修斯人情，一箭三雕，其心机深不可测。

美杜莎这个无辜的少女，在众神的围剿中香消玉殒，成了被祭献的羔羊，被摆上了祭祀众神的高台。

美杜莎的死，是主神波塞冬、女神雅典娜、神二代珀尔修斯对一个普通人的联合绞杀。一个打工妹，在煌煌神权的压迫下，不仅被强奸，还背上了被强奸者的罪名，她的肉身永世被镶嵌于雅典娜的盔甲，后世更把她传成了一个邪恶的女妖。

　　美杜莎的故事，是古希腊神话对女性关系的黑暗隐喻，那个少女，其实从始至终都不是恶魔。

　　【注】：美杜莎的神话故事出自古罗马诗人奥维德的《变形记》。

阿芙洛狄忒
女权先驱

200 年前一个草长莺飞的春天，希腊的一个农民在后院刨地，突然感觉铲子碰到了一个东西，于是他顺着挖下去，没想到挖出了一座轰动世界的雕像。

这座雕像就是维纳斯，维纳斯是罗马名，古希腊神话里她叫阿芙洛狄忒。

因为阿芙洛狄忒太有名，闻讯赶来的英法两国军队为了争夺雕像发生了一次战斗，导致雕像双臂损坏，从此阿芙洛狄忒成为永恒的残缺女神。阿芙洛狄忒为什么这么有魅力，以至于英法为她火并，莎士比亚为她写诗，无数的艺术家为她作画？

一切皆因她太美！她甚至代表了古希腊人对美的所有寄托。

关于阿芙洛狄忒的身份有两种说法，一说是宙斯的女儿，一说是宙斯的姑姑。这不重要，毕竟，古希腊神话的特点之一就是乱。

阿芙洛狄忒诞生于大海的泡沫，一出生就自带特效光环，春之神为她披上华美的霓裳，风之神用清风梳理她的秀发，她踩着一个贝壳缓缓浮出水面。而贝壳所代表的女性身体的隐喻，也预言了这个超级大 V、女权主义者阿芙洛狄忒的宿命。

作为女权祖师爷，阿芙洛狄忒在古希腊众神的宫斗戏中扮演着一贯的厚黑角色。在古希腊神话金苹果之争的故事里，阿芙洛狄忒用美色诱惑了特洛伊王子帕里斯，让他把金苹果给自己，从而战胜了赫拉和雅典娜成为最美女神。而作为回报，阿芙洛狄忒绑架了斯巴达的王后海伦送给帕里斯，从而挑起了著名的特洛伊战争，最终造成无数人的死亡和特洛伊城灭。这是一场由神的宫斗引发的人间血案。

阿芙洛狄忒作为女性解放的先驱，成为古希腊女权的隐喻。这位风华绝代的女神，自从嫁给了"古希腊武大郎"火神赫菲斯托斯后就没有闲着。她的丈夫赫菲斯托斯不但矮矬丑，还是个技术宅男，业余爱好是打铁，比起风情万种的阿芙洛狄忒，火神更热爱打铁事业。他从不陪阿芙洛狄忒逛街，更没有心情给她说土味情话。独守空闺的阿芙洛狄忒于是频频出墙，名单包括战神阿瑞斯、信使神赫耳墨斯、酒神狄俄尼索斯、美男子阿多尼斯……

作为爱与美的化身，阿芙洛狄忒对爱情和欲望有着决绝的追求。和东方女性的温良恭俭让不同，阿芙洛狄忒充满了西方女性的独立精神和对欲望的追求。她追求自由，不压抑自己的欲望。不过，阿芙洛狄忒也充满了人性的狭隘和偏执，比如她对绿帽王老公赫菲斯托斯的各种嘲讽与打击已经超越了女权的范畴，而完全是人品问题。

不管是雅典娜还是阿芙洛狄忒，她们对爱情和欲望的追求都体现了女性的勇气和自由，也反映了人性的缺失和局限。古希腊神话之所以记录这样的故事，是因为在古希腊人看来，神从来不是完美的，也不是不食人间烟火的，他们的情绪都是人的化身，他们的神性不过是人性的放大，他们身上的弱点和遗憾，他们的快乐、嫉妒和愤怒，都是古希腊人人性的本能体现。

狄俄尼索斯

人因何而创造？

为什么现代饭圈女孩会这么疯狂？她们追星的底层驱动力是什么？是对抗还是消解？是时代的产物还是人性的必然？

我们需要从酒神狄俄尼索斯说起。

狄俄尼索斯最早是古希腊邻邦色雷斯的神，他发现了制造大麦酒的方法，后来被古希腊引入成为酒神。因为太过有魅力，酒神狄俄尼索斯在古希腊吸引了无数的女性粉丝，酒神节也成为古希腊女性放飞自我的轰趴（Home party），比现在的饭圈女孩有过之无不及。

狄俄尼索斯为什么会成为古希腊大妈和小姐姐的爱豆呢？

首先是因为他长得帅。只看脸，狄俄尼索斯完全是一个人畜无害的小奶狗。其次，狄俄尼索斯的酒神节是一个放浪形骸的节日，大妈和小姐姐在这一天可以完全释放天性，做很多平时不能做的事。比如她们会把抓到的野兽撕成片生吃下去，会脱掉衣服在森林里纵情高歌。小姐姐们成群结队整夜纵欲狂欢，而她们的丈夫只能眼睁睁看着自己头顶环保色帽子的高度影响到飞机飞行而敢怒不敢言，因为这种仪式有狄俄尼索斯罩着，他们根本不敢干涉。

人们在酒神节把自己灌醉，成为一头野兽，撕掉了人类的文明和理性，在这种狂欢里，人们释放了日常的压力，重新回归原始的兽性和激情。

理性是人类独有的精神，然而，在任何趋向于理性的文明体系里都会产生对抗理性的行为来消解理性。这就好像有些疯狂的饭圈女孩往往是现实生活中循规蹈矩的人，但她们的底层精神会被酒神精神驱动，于是通过追捧爱豆这种方式发泄出来。酒神精神是一种对理性世界的消解，而女性因为所处的社会地位，背负的压抑和承受的束缚往往更多，所以她们所展现的酒神精神也往往更强烈。

如何理解酒神精神呢？酒神精神是反抗理性的，认为酣醉是神圣的，原始是崇高的。酒神精神通过反对审慎的理性，追求肉体和精神的极致放纵。在酒精的作用下，无论肉体还是精神，都从日常的伦理、法律、道德的囚笼中解放出来，回归原始状态。很多宗教仪式都包含类似酒神精神的原始性，比如动物的祭献、血的祭献、教徒的集体狂欢等，都是酒神精神对理性世界的对抗。

罗素对酒神精神给予了一定的正向评价，他认为，人类成就中最伟大的东西大部分都包含某种沉醉的酒神精神，比如艺术、诗歌、宗教、创造等，这些伟大的东西需要用野性去扫除理性的审慎。罗素认为完全拥抱酒神精神是危险的，而没有酒神精神的世界将缺乏趣味和体验。酒神精神是野蛮原始的，但它产生了人类反对"理性审慎"的通道，深刻影响了西方思想史的发展。

酒神精神主要体现在艺术领域，比如绘画、音乐、雕塑、诗歌、影视等，这些艺术创作成为人类独有的东西。在这里，我们做一个追问。

艺术的本质是什么？它和人类的精神有什么关系？如果说未来人工智能可以替代人类绝大部分的工作，那么，它能替代人类进行艺术创作吗？

艺术创作是人类独有的情绪表达，它起源于酒神精神的混乱和无序，而机器被程序所规定，天然是有序的，和艺术先天不兼容。所以，就算机器可以写小说，可以画画，可以作曲，但它们毫无意义，因为机器的创作不包含人的情绪和意志，其本质不属于艺术创作。

意大利美学家克罗齐说，艺术最本质的东西是直觉的表达，艺术的本质就是人类的直觉。而直觉的来源是人的情绪，所以，艺术归根结底是人类情绪的表达。

尼采认为，酒神精神对日神精神的颠覆是艺术产生的根源。尼采在《悲剧的诞生》里对立了两种精神，一种是日神精神，即阿波罗精神；另一种是酒神精神，即狄俄尼索斯精神。

日神，即太阳神阿波罗，他是光明之神，光照使世界上所有生命得以诞生、呈现在我们眼前，日神是有序的、明亮的，代表人类的理性精神。

酒神精神的本质是对阿波罗理性精神的消解和反抗。酒神精神以酣醉对抗清醒，用混沌对抗秩序，用非理性对抗理性，用模糊对抗清晰，用融合对抗边界。是一种用混乱打破秩序的过程，在这个过程中，人与人之间、人与神之间、人与自然之间的隔离和分界被打破，理性消失，人在这种状态下回归动物本质，世界进入了浑然一体的状态。

在这种浑然一体中，人们完成了对理性世界的消解。一般来说，人们背负的压抑和承受的理性束缚越多，这种消解表现越强烈。比如绅士国家英国盛产酒吧文化，喝醉之后的英国足球流氓能团灭欧洲，所谓的"不列颠出征，寸草不生"说的就是这种现象。比如平日克制有礼的日本人醉酒后所表现出的癫狂，更显现出理性精神和酒神精神的反差。

在酒神精神和理性的冲突和对抗中，人类的情绪得以产生，人类的情感变得更加丰富和立体，艺术在这个过程里诞生。在痛苦压抑的时代，日神对酒神的压抑越强烈，酒神精神的反抗就越强烈，人类的情绪就越深沉和躁动。被压抑的酒神精神往往会诞生伟大的艺术家，比如但丁、卡拉瓦乔、弥尔顿、薄伽丘等，他们无不是在混乱与秩序的对抗中创作出了伟大的作品。

人类的艺术史是一条充满对抗的长河，隐秘的河水流淌在最深最黑暗的地下。日神永远笼罩大地，酒神精神则如一个黑色的幽灵在地下游荡。没有酒神精神，人们就无法抛开日神的束缚，就无法打破理性的羁绊，就无法实现人类对自身的回归和审视，也就无法实现伟大的艺术创造。

《奥德赛》
欧洲精神的母体

《奥德赛》，这篇 2700 多年前的荷马史诗，为什么能成为人性光辉的永恒隐喻，成为西方思想的母体式寓言呢?

《奥德赛》是荷马继《伊利亚特》之后的又一篇史诗，它讲述了特洛伊战争后一心想回家的奥德修斯在途经的海岛上刺瞎独眼巨人（海神波塞冬之子），遭到海神波塞冬的报复，历经十年受尽磨难终于回到家乡的故事。

相比英雄赞歌《伊利亚特》，《奥德赛》是一个关于父亲和丈夫的回归故事。列维纳斯说，《奥德赛》的隐喻过于深重，以至于这个故事中的理想主义、英雄主义、自由主义和回归的隐喻，已经和古希腊思想融为一体，成为西方精神的一个源头。

奥德修斯历经的种种劫难，是在探索世界中认识自我的过程，是人类精神的自我认知之旅，其本质是对母体精神的回归。《奥德赛》不仅隐喻着回归，更代表着再出发。奥德修斯在茫茫大海上的漂泊、历险、抗争、战斗，成为西方航海探索精神的起源，奠定了西方外拓性海洋文明的精神底色。

《奥德赛》也是一部成长的史诗，一部关于父亲的童话。一个英雄的父亲，征服了世界，走过漫长的旅途，历经了磨难和诱惑，抛弃了永生和美女，选择回到家乡、回到妻子和孩子的身边。

《奥德赛》是许多西方文艺作品的原型，比如电影《星际穿越》《冷山》等都表达了同样的回归主题，它们从《奥德赛》这个母体汲取力量，完成了对奥德修斯的致敬。

从少年到老年，每个人的一生都是一次从出征到回归的探寻之旅，回归是人生的终极命题。有的人已经离开，有的人还在归途，有的人客死他乡，有的人魂魄归来。《奥德赛》之所以成为西方思想的永恒隐喻，是因为其所包含的"回归"精神对人类产生的强大吸引力。深埋在强大的回归信念之下的，是数千年来人类进化和积淀的母体意识，是人性对母体的依赖和渴望。这种感情凝聚在"回归"的主题下，贯穿于人类思想史的每一个角落。

奥德修斯为什么执意要回家？就像奥德修斯对女神所说："我妻子的身材和容貌都比不上您，她不过是一介凡人，而您却长生不老，但是，我还是想要回到她身边，看看她衰老的样子。"

忒修斯之船
本质的追问

　　忒修斯是传说中的雅典国王，他曾经到克里特岛打败了怪物弥诺陶洛斯，人们把他凯旋时乘坐的船叫忒修斯之船。

　　组成忒修斯这条船的零部件有 N 个，随着时间流逝，船的零部件不断更换，直到被全部替换。古希腊人的脑洞从这条船打开，他们追问，换了零件的船，还是原来那条忒修斯之船吗？

　　如果是，那么当船上所有的零件全都被替换了，它还是那条船吗？如果不是，那从什么时候开始它不是那条船了呢？

　　这是一个众说纷纭的问题，古希腊的大师们都有各自的见解，苏格拉底认为是，而柏拉图则认为不是。近代思想家霍布斯和洛克也都发表了自己的看法。

　　忒修斯之船阐释了一个替换悖论，其本质问的到底是一个什么问题呢？我们可以表述为，假定某物体的构成材料被置换后，它依旧是原来的物体吗？

　　比如，一个乐队在发展的过程中慢慢流散了所有的原始成员，但乐队名字还是那个名字，那它还是原来的乐队吗？一家不断发展的公司，不断并购和更换股东，员工也不断进出改变，那么它还是原来的公司吗？

　　忒修斯之船的终极追问回到人类自身，人体细胞不断进行着新陈代谢，每隔几年就会轮换更新一次，同时，我们的思维也会不断被新的观念所影响而发生改变。那么，今天的我还是过去的我吗？如果不是，从哪一刻开始，我不再是我了呢？

毫无疑问，忒修斯之船的隐喻让我们想起了赫拉克利特的话，人不能两次踏入同一条河流。因为当你再次踏入那条河流，河水已经流过千万里，两岸的草木已经生长，不但河流已不是曾经的河流，你也不是曾经的你了。

忒修斯之船的隐喻当然没有终极答案，每个人都可以有自己的解读。这个问题带来的是人们对本质的思考和追问，我们如何界定事物的本质，人类的本质又是什么。我是谁，我将成为谁，未来的我还是不是曾经的我。

或许，答案并不重要。重要的是，忒修斯之船的使命是去到远方，而我们的人生意义，就是要自己找到自己的本质，找到自己存在的终极意义。

普罗米修斯

文明的隐喻

　　读古希腊神话《普罗米修斯》，可能会有一个疑问，宙斯为何不把火赐予人类？普罗米修斯的故事难道仅仅映射一个殉道者吗？普罗米修斯作为人类文明一个关键隐喻，隐含着哪些信息？

　　在古希腊神话中，宙斯代表自然和天道，普罗米修斯代表人的意志，普罗米修斯为人类盗火，是被造之物与造物主的一次决裂，人类掌握了火就有了对抗自然的强大工具，这是代表天道秩序的宙斯所不能容忍的。

　　人类以理性改造自然的过程必定会扰乱自然秩序，这是天道秩序与人类理性的永恒矛盾。我们面临的环境问题、全球变暖等诸多生存危机，已经深刻揭示人类文明与天道秩序的矛盾。文明的发展从来都是一种单向度的过程，远古时期的田园时代一去不返，想要再回到那个依靠天道秩序生存的时代已经不可能，人类唯一的解决方案是用更高的理性颠覆更多的自然秩序，但这样无疑会带来更大的问题，引发更大的灾难。

　　人类文明需要寻找一种动态平衡，而不是寻求倒退。只有发展才能解决发展中的问题，文明才可以在这个动态平衡中实现迭代和蜕变。

　　古希腊神话中普罗米修斯对宙斯的背叛还蕴含着另外的意象，那就是人类放弃了对造物主的信仰而开始相信自身，不再依附于神。从对天道秩序的依附到寻求超越天道秩序，这是人类理性与神的第一次公然决裂。所以，代表天道秩序的宙斯必然要惩罚普罗米修斯。

于是，普罗米修斯被缚于高加索的悬崖，每日被鹰啄食肝脏又长出新的肝脏，往复循环，承受无尽之痛。宙斯用这种惩罚榨干人类的激情，让人类陷于无休止的痛苦和疲倦。

痛苦与疲倦不可避免，因为它们是文明的产物。正如我们所处的后工业时代，人们被生活所裹挟，每天上班改不完的方案、开不完的会，三点一线"996"，周而复始的轮回让人极度痛苦和疲倦。但这就是文明的代价，人们无法逃离。

火，又表达了怎样的隐喻呢？

马克斯·韦伯把人类的理性分为工具理性和价值理性。我们用这两个概念重新审视普罗米修斯的火，会发现至少包含两层含义：

首先，火代表工具理性，即人类对自然的掌控能力。火是一种能量，一种负熵，是文明的基石。人类所有的科技进步都依托于负熵的引入，食物、动力、照明等无不和火有关，火的引入加速了人类文明的发展，从茹毛饮血到现代文明，火成为人类工具理性的象征。

其次，火代表价值理性，即人类的道德伦理。普罗米修斯把"希望之火"送给人类使人类获得思想，为人类照亮前进的方向。希望之火就是人类的价值理性，从价值理性被植入人类内心的那一刻起，人类就脱离了懵懂期。人类长大了，不再臣服于神，不再臣服于注定的宿命，开始思考自身的意义，开始站到神的对面公开挑战神，对神说"不"。

从普罗米修斯开始，人类脱离了原始状态下无助流浪的童年期进入反叛的少年期，由此开启了伟大的自我拯救之旅。所以，普罗米修斯被马克思称为"哲学日历中最高尚的圣者和殉道者"。

那么，工具理性的飞跃，又会带来怎样的文明图景？

马克斯·韦伯说，工具理性是有局限的，无法代替价值理性，必须通过价值理性进行校正。在人类取得工具理性的巨大飞跃后，价值理性往往滞后。当价值理性沉默，工具理性就会成为囚笼，摧毁人类赖以生存的基石。

不谋而合，同样是为救赎人类而殉道，普罗米修斯和耶稣都被铁钉贯穿身体。如果说铁钉代表工具理性，那么，普罗米修斯的故事是不是也暗含了某种担忧。人类靠工具理性构建了整个文明，最终会不会也被工具理性反噬呢？

这是我们需要思考的一个问题。

古希腊哲学

人类思想的寒武纪

公元前 600 年左右,在世界某个角落出现了这样一群人,他们人口不多,也不是很强大,他们存在大概五百年就消失了,但他们几乎为西方社会贡献了所有的哲学、所有的政治制度,以及所有的美学和科学。

他们就是古希腊人。古希腊对于欧洲来说是精神父亲,不管是继任的古罗马还是现代的欧洲,其精神气质都起源于古希腊。古希腊奠定了几乎所有现代知识的基础,其理性精神更是现代文明的源头。古希腊是对理性的全新认知,是现代理性主义的源泉。有人认为,用任何赞美之词去修饰古希腊都是不过分的。

但真实的古希腊,是一个奇葩辈出的时代。脑洞浩渺连广宇,于无声处听奇葩。思维清奇的古希腊哲学家无厘头到让人怀疑人生。

欧洲有两个"爸爸",一个是疆域的爸爸——古罗马,高冷的古罗马在欧洲见谁灭谁,他们看谁都是野蛮人,唯独对古希腊是真爱。古罗马人超级喜欢古希腊这群酒鬼、杠精、神经病和跳大神的,罗马的学者都以在希腊留过学为荣。

古希腊这群杠精、跳大神的非正常人类,为什么可以让欧洲叫爸爸呢?

这里涉及人类思维的一个重大转变,那就是,世界从不确定性变成了确定性。在古希腊之前，人类信仰萨满教等原始宗教，并没有意识到理性的力量，基本靠算卦和跳大神预测世界。人们认为，自然是不确定的，不是人类理性所能洞察的，认识自然需要神启，需要借助超自然的力量。但到了古希腊时期，一切都变了，人们认为世界可以被理性认知，知识可以通过系统观察获得。人们认为世界和宇宙有自己的秩序，并不依赖于某个神灵的意志，在这个基础上古希腊人发展出科学、数学、哲学。

同时，古希腊人认为，自然和人类社会不同，自然有自己的规律可以通过理性和观察被认知，而人类社会没有这样的规律，人类社会是一种基于自愿的组合，城邦是一种人与人之间达成的契约。在这种思想下，古希腊人开创了古代民主政体，这种政体被古罗马和后世的欧洲继承下来，为人类贡献了现代政体的雏形。

古希腊哲学大概分为三个时期。第一个时期被称为古典自然哲学时代，思想家开始涌现，他们的共同点是摆脱了神学观念的束缚，开始寻找世界的本原，人类的思想开始从原始宗教向理性主义过渡。第二个时期，智者学派开始出现，他们对第一个时期的思想家进行批判，指出第一个时期思想家思想中的矛盾之处。在此之后，苏格拉底、柏拉图、亚里士多德陆续登上历史舞台。希腊三贤的出现，整合了古希腊前期的思想，哲学被规范，标志着古希腊理性主义进入成熟的阶段。第三个时期叫希腊化时代，它开始的标志是亚里士多德去世，古希腊哲学逐步走向凋亡。在这个阶段，因为马其顿帝国崛起，欧洲陷入动荡不安的战争中，外部世界变得日渐严峻，人们不再对城邦和公共事务感兴趣，而是转向寻找内心。在这个时期，斯多亚学派和伊壁鸠鲁学派开始崛起。

巴门尼德
奠定本体论

　　古希腊哲学家的脑洞宏大、想象力奇诡，他们甚至用诗歌写哲学，比如巴门尼德。据说巴门尼德和恩培多克勒为了讨论存在的问题还专门搞过一场赛诗会，虽然他们的诗歌哲学基本没人看得懂，但肯定很刺激。

　　巴门尼德是色诺芬尼的学生，也是埃利亚学派最重要的思想家。之所以重要，是因为巴门尼德提出了一个概念，这个概念影响了西方思想史两千多年。

　　古希腊哲学家有一个共同点，他们认为自己看到的世界不是真实的世界，山峦坍塌，河水流动，星空转移，生物在出生和死亡间不断流变，他们把人类感知到的这个世界叫作现象。巴门尼德认为，不断变化的现象世界不是真正的世界，在现象世界之外还存在一个不变的世界，那才是世界的本质。

　　巴门尼德继承了色诺芬尼关于永恒不变的存在的追问，并且对这种思想进行了细化，提出了一个贯穿西方思想史两千多年的问题，即存在论——being。理解 being 不是一件容易的事。古希腊哲学家认为，主词并不能展现本质，只有系词后的谓词才赋予了主词规定性。比如，狗是哺乳动物，哺乳动物是脊椎动物，脊椎动物是动物……在一步一步追问中，人们对狗的定义越来越接近本质。

being 就是一个不断追问的过程，探讨的是流变背后的不变，运动背后的不动，假象背后的真实，现象之后的物自体，有形物体之上的抽象，这种对本质的追问，形成了西方古典哲学的本体论，也就是大名鼎鼎的形而上学。

因为对存在的追问，巴门尼德开创了西方本体论。在现存的资料中，巴门尼德只留下了几首诗的片段，他在诗中写道：真正的知识只有通过纯粹的理性才能被认知。

巴门尼德对存在做了深入思考，他认为所谓的存在就是一种对空间的填充，这个世界不存在一个没有填充物的空间。

巴门尼德认为，这个流变的世界是人们的一种错觉，是一切错误观念的根源，只有找到存在背后的本体，才可以洞悉世界的真相。

巴门尼德通过纯粹的想象力从变化的世界中抽象出永恒不变的本体，进而发展出本体论，让人类的抽象能力实现了飞跃。

恩培多克勒

跳火山的哲学家

如果要列一个让吉尼斯沉默、迪士尼流泪的 2000 年奇葩人类排行榜，那么古希腊诸贤大部分会入选第一梯队，比如古希腊大师恩培多克勒。

恩培多克勒年轻时做过政治家和革命领袖，后来被邀请担任城邦领袖，这本来是一个做好人的机会，但高冷的恩培多克勒不按套路出牌，一口拒绝，不稀罕！然后，恩培多克勒就被流放了。

在流浪的日子里，恩培多克勒开始研究哲学。苦读数年后，恩培多克勒感觉哲学还是要学以致用，于是开始钻研医术，他的医术属于"鸡尾酒混合疗法"，就是草药＋跳大神。据记载，他最成功的案例是让一个死了 30 多天的妇女起死回生。

有了这个成功案例，恩培多克勒隐隐觉得自己可能是神，但他又不是非常确定，于是为了验证这个事，他做了一个决定——跳进埃特纳火山口……结果，他再也没有出来。但是据说埃特纳火山不太乐意接受恩培多克勒大神，在下一次喷发的时候，从火山口喷出了恩培多克勒的一只鞋子。

恩培多克勒的一生像极了一个段子：初从文，三年不中，后习武，校场发一矢，中鼓吏，逐之出……遂学医，有所成，自撰一方，服之，卒。

逗归逗，恩培多克勒还是有奇诡的想象力，他通过自己的研究认识到月光是反射光，这在 2000 多年前显然很牛。但他同时又认为太阳光也是反射光，这就有点······他还懂植物授粉相当于植物交配，这很了不得。最牛的是，他还提出了世界上最早的进化论，虽然这个进化论能把人笑出疝气。

恩培多克勒的进化论大意是：在远古的洪荒时代，世界飘浮着各种器官，比如胳膊、腿、眼睛、尾巴、脚丫子······这些满世界飘浮的器官偶然组合起来，形成了人、猴子、蛤蟆等物种······我一直认为这个脑洞的想象力和血腥程度可以吊打"狮门"，碾压"HBO"，乐高积木可能抄袭了恩培多克勒老师的灵感。

恩培多克勒的进化论认为，生物遵循着从低级到高级的进化过程，首先出现的是低等生物，然后是高等生物，最后是人类，生物最先是雌雄同体的，在演化过程中逐渐分离成不同的性别。他的这些观念和现代生物学十分接近。

恩培多克勒还提出了一种重要的认知模式。他认为世界上的每一种元素在我们身上都可以发现，人体的元素来源于自然，用歌德的诗表达出来就是："如果眼睛不像太阳，它怎么能看得到太阳呢······"

恩培多克勒还坚信灵魂转世说，认为人的灵魂由土、气、火、水组成。他说自己经历了四世轮回，做过一个男人，一个女人，一棵树，一只鸟。

不得不说，这听着还是挺浪漫的。所以恩培多克勒和巴门尼德一见如故，他们都用诗歌和散文书写哲学，还一起做赛诗会。

恩培多克勒用奇诡的想象力给我们营造了一个奇幻的世界。我真心喜欢"恩老师"，我祈祷他在跳进埃特纳火山口的那一刻，能真的变成一只鸟，继续自己的轮回。

苏格拉底

真理助产士

如果有一天你和朋友在马路上遛弯，突然被一个人拽住胳膊，强行和你聊人生，这个人不一定是卖保险的，也有可能是未来的苏格拉底。

吾生也有涯，而杠也无涯，以有涯随无涯，殆矣。苏格拉底是古希腊三杰中的第一位，他和孔子一样述而不作，苏格拉底的言论都是他的学生柏拉图记录下来的。苏格拉底一生致力于抬杠事业，是雅典名副其实的最讨人嫌的人。

如果你穿越到2000多年前的雅典广场，看到一个蓬头垢面，披着麻袋片，趿拉着拖鞋，四处找人抬杠的老杠精，大概就是苏格拉底。

据说苏格拉底长得比较感人，五短身材，标准"土肥圆"，发际线比程序员的还高。人长得丑，性格好也就算了，但苏格拉底又是一个老杠精，专业抬杠五十年，上到九十九，下到刚会走，基本上把雅典会说话的杠了个遍。而且他情商比较低，基本上是话题终结者，不把天聊死誓不罢休。

比如，有一次苏格拉底和一个叫克法洛斯的人抬杠。

克法洛斯说：正义就是不欠别人的债。

苏格拉底马上就问：那正义就是不欠东西，或者欠了就要还吗？

克法洛斯说：是。

苏格拉底又说：那我欠了朋友一把刀，这个朋友恰好发疯了要拿刀杀人，我这个时候还给他，是正义吗？

这种人都不挨打，也真是多亏了雅典人民素质高。

苏格拉底的名言是，我唯一知道的是我一无所知！先自己把自己踩在脚底，让别人踩无可踩，再去杠别人，这是一名杠精的"修养"。

苏格拉底对古希腊哲学的贡献是什么呢？

首先，苏格拉底的研究范围是伦理学，提出了"善"是最高的美德，他把知识和德行做了关联，提出·"认识你自己"的重要性，强调人要通过对自己的洞察获取真知，建立了西方哲学史上第一个比较完整的伦理学说。

其次，苏格拉底提出了诘问法，通过诘问法去审视知识，对思考进行再思考，对推理进行再推理。苏格拉底的诘问法并不产生新的知识，而是重新对知识进行审视。

再次，培养出伟大的柏拉图。苏格拉底在大街上发现了富二代柏拉图，成就了自己一生的伟大。可见有一个厉害的学生是多么重要。

在苏格拉底时代，哲学是"在人间"的学问，苏格拉底关注的从来都是活生生的人，而不是抽象的概念。苏格拉底是一位对人类满怀热爱的教育者和启蒙者。苏格拉底的人格力量对他的学生有着深刻的影响，特别是对柏拉图。在柏拉图《会饮篇》中，苏格拉底的学生阿基比亚德斯说，"我们完全被苏格拉底老师的谈话所吸引，他的言论让我着迷，每当我听他说话时，我的心跳比跳舞时还要剧烈"，可见苏格拉底在学生的心目中具有非凡的人格魅力。

苏格拉底这么牛一个人，却整天不着家，天天在外面和人胡吹海吹侃大山，这到底是人性的扭曲还是道德的沦丧？

据说，主要是因为苏格拉底老婆桑蒂普是个河东狮，性格极其彪悍，厉害程度不亚于姜子牙的老婆。而且桑蒂普长相也让人不忍直视，苏格拉底在外面怼天怼地，回到家也只有被吊打的份儿。

因为天天吹牛抬杠不挣钱，在家被老婆的雷霆雨露家暴时，"苏老师"只能感叹儿女情长，英雄气短。

今宵酒醒何处？杨柳岸，晓风残月。苏格拉底彻底成了一个不回家的人，宁愿在外面和乞丐抬杠，也不想回到家与河东狮在一起。所以，要想成为一个伟大的哲学家，老婆悍不悍、丑不丑很重要。

苏格拉底的诘问法是如何锤炼思想的呢？

有人以为，苏格拉底作为柏拉图的老师应该提出过很多哲学观点。其实并没有。苏格拉底一生致力于发现他人的观念漏洞，指出别人的逻辑谬误，但一般不输出自己的观点。苏格拉底被称为"真理助产士"，因为他开创了诘问法这种辩论工具，在思想史上留下了浓墨重彩的一笔。说白了，诘问法就是运用逻辑抬杠，苏格拉底无疑是抬杠界的鼻祖。让我们来看看杠精鼻祖坐地起杠之道。

举个例子：

女生说，鸭子好可爱，你为什么要吃鸭子？

苏格拉底就会顺着她的逻辑追问，那什么不可爱呢？你能给可爱下个定义吗？可爱和能不能吃之间，有什么逻辑关系？应该由谁给可爱下定义呢？

如果你在网上碰上苏格拉底这种连环追命杠精，会不会有顺着网线爬过去打他的冲动？

当然，苏格拉底并不是一般杠精。杠精大部分是利用逻辑谬误，而苏格拉底的诘问法是找到反例，或者顺着对方的逻辑推导出谬论，使对方认识到自己观点的混乱和自相矛盾，进而信心崩溃。

比如，你给人的概念做定义，说人是两腿直立行走的无毛动物。

那么苏格拉底就会按照你的逻辑推导：把一只鸡拔光毛，也是无毛，两腿直立行走，难道这只鸡是人吗？

苏格拉底诘问法产生的不是知识，而是对知识的重新审视。知识和智慧的区别是，知识表现为一个判断或一个命题，而智慧则表现为对命题的审视，但智慧并不负责鉴别知识的真伪，只判断它的逻辑正当性。

比如说，刀是铁做的，这是一个命题，是知识。

你说，只有铁能做刀吗？木头可以做吗？这是对命题的审视，是哲学。

那么，我们如何跟苏格拉底学抬杠呢？

首先，找到对方观点中看似天经地义的观念。然后，试着找出反例，或者证明这一观念存在逻辑上的破绽。最后，对原有命题进行重新审视，使之能够包含我们刚刚找到的例外或者兼容我们的逻辑。融会贯通地使用这三个步骤，步步紧逼，把原本似是而非的观念逐步澄清，进而形成清晰的逻辑链条。

很多人有一个疑问，为什么苏格拉底提出的思想观念并不多，却在西方思想史上占据如此重要的地位呢？一个主要的原因是，苏格拉底殉难的方式为他的形象增加了更多的神秘色彩，他大无畏地直面死亡让他的形象更加丰满和立体。同时，他的殉难方式和《圣经》中的耶稣基督有相似之处，也让苏格拉底在西方有着不同于常人的神圣地位。

无论如何，苏格拉底是西方哲学的开启者，他提出的诘问法和"认识你自己"的箴言，促使人们通过自我审查和反省来深刻认识自我，进而去寻找最高的美德——善。

柏拉图

西方世界的元精神

为什么说柏拉图是西方哲学的源头？为什么怀特海说两千年西方哲学史不过是柏拉图的注脚？我们只有深刻理解柏拉图的思想，才能理解柏拉图在西方思想史上的重要性。

洞穴隐喻

柏拉图提出的理念论是贯穿西方思想史两千多年的重要概念。理念论中的理念指的是可见世界之外的可感世界，在这个世界里存储着可见世界所有事物的原型。用一句话来概括理念论：理念就是超越可见世界之上的、永恒存在的可感世界。比如，树，世界上有无数棵形形色色的树，但你脑海中总有一个树的理念，它在那里永远不会变化。

比如原始人要打造一把手斧，那么他内心必须有手斧的理念才能制作，比如手斧的斧头、斧柄等。只有当他脑海中具备了手斧的观念才能实际制作出一把手斧。

为了说明理念论，我们先从柏拉图《理想国》中的三大隐喻之一——洞穴隐喻——谈起。

在洞穴隐喻里，柏拉图将世界比作一个地下洞穴，人是生下来就被捆绑在洞穴之中的囚徒，不能走，不能动，不能转头，只能看着面前的墙壁。囚徒背后有一堆火，火后面有一堵墙，墙后面藏着操控者，他们拿着各色各样的道具在墙上投出影子，囚徒只能看见被火光投射在墙壁上的幻象。

柏拉图想传达的是，绝大多数人终其一生，都是面对墙壁幻象的囚徒。假如有一个囚徒被解除桎梏能够站起来，转头他就可以看见真实的世界，但囚徒却认为真实是幻象，而墙壁上的幻象才是真实。

假如有人带囚徒走出洞穴，看到太阳，囚徒因为突然的强烈光线的刺激而看不清任何东西。他会恨那个把他带到阳光之下的人。在柏拉图这里，太阳代表至高的善，是理念世界的最高存在。

这就是柏拉图著名的洞穴隐喻。墙壁上的投影是可见世界，而洞穴之外的世界是可感世界。从可见世界到可感世界，体现了人类认识世界的过程。

柏拉图的洞穴隐喻看起来是不是很熟悉，好像在哪见过？无数优秀的电影作品来源于柏拉图的洞穴隐喻，比如《黑客帝国》《12只猴子》《第十三层楼》《楚门的世界》等。

柏拉图的洞穴隐喻奠定了整个西方看待世界的视角。世界是由看得到的世界和看不到的世界构成的，我们看到的世界不一定是真实存在的，它很可能不过是幻象。

洞穴隐喻第一次提出了所见非实的观念，它阐释了柏拉图理念论的核心，揭开了一个重要的视角：真实的世界并非你所见到的世界，而藏在幻象之后的才是你需要去探索的世界。

太阳隐喻

柏拉图把世界分成可见世界和可感世界，大多数人终其一生在可见世界被幻象蒙蔽，只有少数觉醒者能够走出洞穴来到地上，来到柏拉图心中的可感世界，即理念世界。

理念论把柏拉图的世界模型分为两层，可见世界代表习惯、经验、传统和一切我们可以看到的事物。而可感世界指构成整个宇宙的基本秩序和价值体系，即理念。在理念世界中，唯有太阳高高悬挂在天空，因此柏拉图用太阳比喻理念世界中的最高原则——善。

太阳永恒存在，永不流变，代表了理念世界永恒的存在。而这个永恒的太阳，至高无上的善，对中世纪基督教的理论体系产生了重要影响。

中世纪的新柏拉图主义把柏拉图理念世界的"善"的概念和"太阳"的概念进行融合后，引入基督教体系，对基督教的发展和创新起到了决定性的作用。

不管是柏拉图的太阳隐喻，还是基督教对柏拉图理念论的引申，都认为世界存在一个最高的推动、最高的原则，而人类的终极目标就是要超越肉体所在的这个变化无常的可见世界，努力追求真理，认识可感世界，最终直面太阳的光明。

柏拉图式爱情

现代人提起"柏拉图式爱情"，一般以为是男女之间纯精神层面的、不涉及肉体关系的理想型爱情。其实，这是对柏拉图式爱情的误解。

柏拉图所处的古希腊时代是一个极端崇尚理性和爱情的时代。不过，这个时代的爱情和理性，和女性没有一毛钱关系。

第一，柏拉图认为，异性之间的爱情仅仅是为了社会繁衍，只具有社会价值而不具备爱情价值。在古希腊，女性是没有资格和男性谈论哲学的，女性只是工具人，负责生孩子就好了。

第二，柏拉图并不反对爱情中的肉体关系。虽然柏拉图在《理想国》中曾经反对过肉欲，但那是为了对抗古希腊放纵沉沦的社会风气。但这不是柏拉图的爱情观，柏拉图的爱情观是不禁欲的。

第三，柏拉图非常崇尚爱情。但柏拉图的爱情既不是男女之间的异性之爱，也不是禁欲的纯精神恋爱，那到底指什么呢？其实，柏拉图式爱情指的是男人之间的爱，即同性之爱。柏拉图认为，只有跨越性别的、脱离人类初级的繁殖诉求的、追求美德和知识交流的、纯粹的同性之爱，才是能够达到至善之爱的境界。

有没有三观崩一地？记住，以后这个词不能乱用。

《理想国》

柏拉图用理念论建构出世界上第一个理想国，那么柏拉图的理想国到底是不是天堂？不要着急下结论，先看看柏拉图的理想国是什么样子。

首先，柏拉图的理想国是典型的贵族政治，国家由哲学家统治，就是柏拉图提倡的哲人王。剩下的阶层是普通人和士兵。只有哲人王才有政治权力，并且世袭，其他阶层的人无法晋升为统治者。

其次，文化和艺术被禁锢。所有人在没有成年前都只能接受固定的文化艺术教育。柏拉图说，这样可以让孩子们远离悲剧、愁苦和靡靡之音。

再次，财产共有，私有财产公有化。人民的所有财产都被拿出来共享，包括妻子和孩子。国家的统治者会选取优秀的孩子作为哲人王的接班人，他们从小就被从父母身边抱走进行严酷的训练，以期达到哲人王的素质。

同时，实行国家统一规划的人口婚育制度。禁止私自堕胎，没有经过国家批准私自生育孩子是违法的。

很明显，柏拉图理想国的政治模式参照了古希腊斯巴达的社会模式，是一种纯粹的建构理性和个人意志的再现。他无视个人权利和自由意志，无限强调城邦的权力，目的是使城邦处于完美的秩序之下。

这说明柏拉图是一个极度的理性主义者，他对人的本能欲望是抵制和摒弃的，他呼吁通过摒弃人的欲望建立一个极致理性的理想国。

柏拉图的意义

柏拉图的理想国对西方世界产生了深刻的影响。2016 年美国新媒体 Quartz 曾对美国过去 15 年 10 所顶尖高校的教师指定学生阅读书目做了排名，结果发现，排名前三的是《理想国》《利维坦》《君主论》，全部是政治哲学类书籍。

《利维坦》作者是英国的霍布斯，《君主论》作者是意大利的马基雅维利。排名第一的《理想国》则是柏拉图的著作。在整个西方思想史上，柏拉图显然是"教主"级别的，以至于怀特海说，两千年西方哲学史不过是柏拉图的注脚。

柏拉图的《理想国》为什么能在西方思想史上拥有如此深远的影响力呢？

因为《理想国》是西方思想史的原点，元精神。

不管是文字的诞生还是灵魂的出现，在人类思想史上，一个重大的改变是从具象思维到抽象思维的转变。对那些看不见摸不着、现实中不存在的东西的想象和探究推动了人类思维能力的重大提升。

比如，最早泰勒斯提问，世界的本原到底是什么？他给出的答案是水。泰勒斯的答案虽然错得离谱，但重要的是，他追问了一个以前没有人问过的东西——世界的本原是什么。因为本原这个东西看不见摸不着，不存在于人类的经验范围之内，是一种高度的抽象思维。而正是这种超出人类经验范围的高度抽象能力，导致了人类思维的大进化。

柏拉图的《理想国》正是西方第一部高度抽象的作品。柏拉图用理念论把世界进行了二分，他区分了现象世界和理念世界，即能够被感官感知的可见世界和不可被感知的理念世界。柏拉图认为在可见的现象世界之外存在一个不可见的但可以被理性认知的理念世界，那里储存着世界万物的原型，储存着万物一般的、普遍的规律。这种对可见世界之外的探索和思考，是人类抽象能力的一次巨大跃迁。

柏拉图的洞穴隐喻是对世界认知的重大突破，人类对世界的想象从此不再局限于感官，而是在抽象思维中发生。在可见世界之外，一个理念世界被柏拉图用抽象思维创造了出来。

柏拉图理念论的伟大意义在于，它是人类文明史上第一次抽象思维的革命，这种系统的抽象能力是人类最重要的能力，是人类区别于动物的标志之一。

柏拉图把世界进行了二分，一个是我们看到的世界，一个是理念世界。于是理念世界和可见世界构成了哲学史的全部，就是物自体与现象，就是形而上与形而下，就是唯心与唯物，就是唯名与唯实，就是理性主义和经验主义，就是共相和殊相，就是基督教的神，就是至高的善。迄今为止，西方所有的关于形而上的讨论都是在柏拉图理念论的框架下进行的，西方思想史两千多年的发展、分歧、纷争与统一的浩瀚长卷，都是理念论的某种分支。一句话概括，柏拉图的理念论就是整部西方哲学史。

柏拉图的理念世界之所以影响了欧洲两千年，根本原因在于人们对理念世界，也就是第二世界的向往。整个西方哲学史都在不断告诉你一件事，眼见非实，你眼前的现象世界是流变的、局限的、不完美的，而隐藏在现象世界之外的，由理念所建构的第二世界才是永恒的、超越的。有人认为，这个第二世界是唯心的产物，但更多人认为，这个第二世界是必然的存在，因为只有它存在，才会激励着尘世的人们去修行，去探索，去抵达超验。当人类怀着对超验的向往追求理念世界的时候，才会诞生超越世俗的长期主义和对道德的敬畏。理念世界就是道德的灯塔，因为它的存在，人们才可以舍生取义，摆脱平庸，绽放人性的光辉，追求超越功利主义之上的道德。

现代的文艺作品依然在用柏拉图的理念对世界进行解释，所有对于这个世界的质疑和对抽象世界想象的源头都可以追溯到柏拉图。

柏拉图所建立的理念世界非常重要，这个第二世界的建立成为西方精神的一个原点，第二世界的观念随着普罗提诺的新柏拉图主义渗入基督教思想中，对基督教的发展有着重要的作用。在基督教对柏拉图"第二世界"的重新建构中，一种二元的社会结构悄然建立，这种社会结构成为西方文明的基础。

柏拉图说，人是追求意义的存在。所以，超越可见，不被可见世界蒙蔽双眼，致力于追求可见世界背后的意义，追求理念的第二世界，就是柏拉图给人类留下的最大财富。

亚里士多德

科学的奠基者

柏拉图最伟大的对手，是他的学生亚里士多德。

亚里士多德跟随柏拉图学习了二十多年后，和柏拉图产生了观念的分歧。柏拉图去世后，亚里士多德去小亚细亚找他的同学、阿塔尔尼亚城的僭主赫尔米亚，想讨个一官半职。但是，赫尔米亚觉得亚里士多德只会夸夸其谈并非一个实干家，没有做国家栋梁的特质，并没有给亚里士多德重要的官职。虽然官场失意，但在情场混得还不错，亚里士多德娶了他同学的养女为妻。

亚里士多德运气也还不错。后来马其顿国王腓力二世邀请亚里士多德到马其顿做太子的老师，亚里士多德欣然前往。这个太子不是一般人，他就是欧洲历史上第一位征服者，后来的亚历山大大帝。

亚历山大即位后，亚里士多德回到雅典，从此安心于哲学写作和教学。他在雅典开办了吕克昂学园，获得了亚历山大丰厚的资金支持。但在吕克昂学园的后期，亚里士多德和亚历山大的关系开始恶化，亚历山大忙于征战也不再支持这位老师。同时雅典人也开始对亚里士多德产生敌意。雅典人认为，亚里士多德是马其顿的盟友，和马其顿一起剥夺了雅典人的自由，亚里士多德是雅典的敌人。

和他的师祖苏格拉底一样，亚里士多德被雅典的反马其顿联盟以不敬畏神明之罪判处死刑。和苏格拉底不同的是，亚里士多德跑了，跑的时候他还说，我不会给雅典人第二次亵渎哲学的机会。

公元前 322 年，亚里士多德病逝。亚里士多德的去世是西方哲学史的一个分水岭。英国哲学家以赛亚·伯林说，亚里士多德去世后，一切都改变了。

在亚里士多德之前，世界是无序的，人们对世界的理解要么靠蒙，要么靠神启，要么靠神秘主义的算卦。亚里士多德撕开了这无知的帷幕，用基于观察的实证主义第一次为这个世界带来了确定性，告诉人们世界是可以被理性掌握的。

亚里士多德主要的贡献集中在三个领域，分别是逻辑学、自然科学、形而上学。

逻辑学并不追求真理，而是致力于发现科学的规律，为人类的思维缔造一种方法，以最终得到正确的结论。在亚里士多德开创形式逻辑后，形式逻辑成为人们探究自然科学最有力的工具之一。

亚里士多德对自然科学的研究包罗万象，拓展到了几乎所有自然科学的认知领域，他用逻辑和理性对世界进行考察，明确了一个基本的观念，世界的规律是确定的，是可以被人类的理性认知的。比如，他对物理学的基本概念做了研究，包括空间与时间、物质与运动。虽然现在看来亚里士多德对自然的很多认知是错误的，但这并不重要，重要的是他奠基了一种方法，那就是自然是可以通过观察和归纳认知的。亚里士多德对当时的自然科学进行分门别类的整理和考察，为后世奠定了自然科学分科的基础。

形而上学是亚里士多德最重要的创建，他研究特殊与一般、物质与形式，探求流变世界背后不变的本体。亚里士多德追随柏拉图，他认为理念是物质的一般形式，而物质是理念的复制品，是其在现实世界的映射。和柏拉图不同的是，亚里士多德并不认为理念是一种实体。

亚里士多德提出了著名的四因说，分别为质料因、形式因、动力因和目的因。除此之外，亚里士多德完成了对古典时代政治哲学的归纳，并且在美学、博物学、伦理学、修辞学等诸多领域做了开创性的工作。

亚里士多德的地位无疑是历史性的，他的哲学体系不仅影响了基督教世界，在伊斯兰教、犹太教等宗教中都能看到亚里士多德的影子。中世纪最初的几百年是基督教文化与古希腊思想相融合的时代。亚里士多德的观点在古希腊不过是小众圈子内的知识，而当亚里士多德的知识大厦呈现在欧洲学者的眼前时，他们惊呆了，他们没有想到在古老的希腊竟然有这样系统的思考和观点。

亚里士多德的作品广泛影响了后世西方世界，亚里士多德本人也成为西方思想史上公认的奠基性的大师。

轴心时代

人类群星闪耀时

公元前 800 年到公元前 200 年，人类历史出现了一个至今无法解释的神秘现象，古希腊、印度、中国三大文明圈同时爆发，人类文明进入群星闪耀时。

这一时期，中国的老庄孔孟、印度的释迦牟尼、西亚的犹太教先知、古希腊的哲学诸贤鱼贯走入历史舞台。人类进化了 300 万年，为什么文明在这 600 年集中爆发？这 600 年到底发生了什么？

德国哲学家雅斯贝斯把人类历史分为四个时期：史前期、古代文明期、轴心期和科学技术期。

史前期指公元前 5000 年以前，文明开始萌芽。在这个时期，人类发明了语言、火等工具，第一次实现了对自然工具的掌控，完成了从动物到人的转变。雅斯贝斯也称这个时期为普罗米修斯时代。

公元前 5000 年到公元前 3000 年，美索不达米亚、埃及、印度河流域、黄河流域开始产生文明。在这个时期，人类最早的文字——楔形文字产生，人类的知识得以系统传承。这个时期是文明的积累期，酝酿着下一个时代的巨大变革。

从公元前 800 年开始，世界文明进入轴心期。文明在世界的三个地区，即古希腊、中国和印度同时产生了历史性突破，呈轴心式爆发。轴心时代奠定了人类精神存在的基础，塑造了人类思考世界的基本范式，开启了真正的人类历史。

自此，世界被鲜明地分为两个部分，轴心民族和非轴心民族。轴心民族是历史民族，比如古希腊、中国、埃及等；后者是原始民族，如巴比伦，他们的文明逐渐丧失历史的影响力，并退出历史舞台成为文明的化石。

第四个时期是公元 1500 年文艺复兴后开始的科学技术期。在此之前，欧洲和亚洲非常类似，在此之后，欧洲突然加速成为世界的中心，和世界其他地区拉开了距离。

最令人惊奇的是轴心期，不同地域、不同文明为何会在彼此隔绝的状态下同时步入文明的爆发期？

轴心期蕴藏着人类文明的共同点，这时人类的意识开始觉醒，神话开始让位于理性，宗教开始形成，人类的思想范式逐渐成熟。

但这三大文明圈的基本哲学传统，又体现出了巨大的不同。

古希腊哲学可以概括为"天人分离"。"天"指本体，古希腊人认为在人之外有一个永恒的本体存在，即柏拉图所说的理念。本体是不动的推动者，就是神。同时，古希腊哲学又体现出"求智"的特性。不管是古希腊的自然主义哲学流派还是后来的理性主义流派，都对世界是什么产生了浓厚的兴趣，他们通过理性或者经验对外在自然或本体进行研究，这为后世奠定了科学的基础。

印度的《奥义书》哲学主张天人合一，天即梵，"大梵"（或"自我"）是宇宙的最高本体，是世界万物的创造者，神也是他创造的。大梵既创造万物又隐于万物之中。《奥义书》哲学认为人类痛苦的根源在于小我无法认出隐于万物和我们自身之中的大梵，于是处处被欲望牵制堕入生死轮回。《奥义书》哲学为佛教发展奠定了基础。

中国的道家哲学主张天人合一，天为道，道法自然。在道家看来，道不是一个高高在上超越万物的本体，而是内化于心的德。古希腊人把爱智慧作为最高追求，而道家把复归于婴儿作为最高追求。中国的儒家也主张天人合一，天即为道德。道儒文化里，天不是一个超验的本体，而是内化于心的，所以中国哲学强调加强自我的道德修为。

雅斯贝斯认为，轴心时代不是历史的巧合，其中深藏着人类情感的共通性。当社会发展到一定阶段，人类从原始自然神的笼罩下走出来，开始系统思考世界的本原和人类自身的问题。对世界本原和人类自身的思考是人性的客观体现，也是人类在面对大致相同的外部世界时自然发生的"终极关怀"，这就是产生轴心期的真正原因。

轴心期的先哲认为，如果世界不是神启，那么就必然可以被理性观察和掌握。人们要尊重一切生命的神圣权利，而不是仅仅敬畏神的权力。同情、尊重和普遍的终极关怀，对自身处境的思考，对世界本质的追求，是超越时空和地域的、全人类共同的认知范式。

文明追思

为什么是古希腊?

为什么西方思想史言必称古希腊? 为什么说古希腊是西方文明的直接源头? 这一切到底是偶然,还是必然?

有学者认为,人类文明的主要驱动不是那些看起来有实际用途的东西,反而是那些"无用之学",比如思想、观念等;决定文明高度的是那些看不见的东西,哲学的究极本原,逻辑对知识的不断追问,这些才是现代文明的基础。

那么,古希腊为什么能够成为文明的火种呢?

第一,地理因素。按照孟德斯鸠的地理决定论,古希腊没能形成统一的集权帝国,是因为古希腊内部丘陵山地居多,各城邦相对独立,很难被一个集权帝国统一。这种松散的城邦联合体制有利于古希腊的不同思想在不同的环境下绽放和保留。

在外部,古希腊毗邻地中海。地中海风平浪静的优越交通条件让它得以和两河流域文明、古埃及文明保持密切的交流。事实上,巴比伦的算术学、古埃及的几何学等都深刻影响了古希腊理性精神的发生。

第二,古希腊文明是城邦制多元思想碰撞和竞争的产物。松散的城邦制孕育了文明的多样性。林子大了,什么鸟都有,城邦多了,什么思想都有。古希腊不是一个国家,而是一个城邦联盟。古希腊城邦对内一直是松散的管理体系，就算在希波战争中结成的提洛同盟也仅仅是为了对付波斯而建立的，对城邦并没有直接的控制权。这种松散的模式让古希腊产生了类似于中国春秋战国时代百家争鸣的宽松的思想环境。

第三，古希腊思想是一个不断被质疑、逐步被完善的开放体系。从泰勒斯对"本原"的探究，到巴门尼德对"存在"的追问；从柏拉图的理念论，到亚里士多德的四因说；从笛卡尔继续追问"世界为何是这样"，到贝克莱"存在就是被感知"，再到康德提出的"人为自然立法"……古希腊的思想体系是一个开放的、不断完善的体系，是经过不同时代、不同思想家的注解，搭建起来的庞大的形而上学和认识论的大厦。而其他的一些文明没有得到持续完善，理论提出的起点几乎就成为终点，比如印度《奥义书》哲学，他们一直停留在封闭的体系内，没有产生持续追问。

古希腊以质疑和批判精神追寻知识，而不是把知识当作高悬于云端的偶像或老祖宗的瑰宝。古希腊对智慧的追寻是动态的批判和不断质疑的过程，而不是静态的泥古不化。

第四，罗马帝国宽松的思想环境。古希腊灭亡后罗马接受了古希腊的思想，而没有对其进行封禁、限制和销毁。罗马成为古希腊思想的继承者，直到《米兰敕令》颁布，基督教合法地位被承认，并最终成为罗马帝国国教，思想被统一，西方文明才慢慢步入相对"黑暗"的中世纪。

所以，正是这种多元、开放、竞争、不断质疑、持续批判的学术模式，使古希腊成为点亮西方思想璀璨星空的火种。

形而上学
从思维中绽放的花

　　古希腊哲学家不相信他们看到的世界，他们认为可见的世界是不真实的、流变的、虚幻的。古希腊哲学家的使命就是追寻这个不真实世界背后的真实。古希腊哲学家对世界的认识建立在一种对形而上的追究上，而这种形而上的追究在当时几乎没有任何实用价值。就算是现在也有很多人认为，哲学不过是坐而论道，那些形而上学的探讨没有什么实用价值，它既不能让我们升职加薪，也不能让我们过好这一生。

　　但是，为何不分古今中外，依然有无数人对务虚的哲学心醉神迷呢？

　　首先，人是自我编织意义的动物。人作为存在者就需要找到存在的意义，脱离了这种意义人类就背叛了自己的本能。直立行走是人类生理脱离动物的标志，对意义的思考则是人类心灵脱离动物的标志。如果一个人一辈子只思考吃喝拉撒，那将是对万物灵长神圣性的亵渎。

　　其次，哲学是人们满足温饱之后思维提升的工具。回顾人类的历史，就是一部不断搬砖求生存的历史。但搬砖不是为了搬更多的砖，而是为了不搬砖。不排斥有人天生热爱搬砖，但这种清奇的爱好应该是极少数，钱多事少离家近才是人性的普遍追求。亚里士多德说，人的本性不是劳作，而是安享闲暇。在古希腊的哲人看来，闲暇和求知有天然的联系。

　　从古希腊哲学家的出身可以看出，确实是名门望族才有资格研究哲学。泰勒斯出身望族，小时候就完成了欧洲游；赫拉克利特也是贵族出身，他本来应该继承王位，但他禅让给了兄弟自己跑出去隐居了；毕达哥拉斯是富二代，是神学、数学、音乐、诗歌样样精通的天才；柏拉图是君王之后；亚里士多德的爹是御医······除了苏格拉底老师是从底层混迹起来的凤凰男，其他全都非富即贵。如果苏格拉底写作，他可以写一篇文章，题目叫：《致柏拉图：我如何奋斗了40年，才和你一起喝咖啡》。

西方哲学遵循这样一个发展规律，本体论——认识论——语义学，分别对应古希腊哲学、近代哲学和当代哲学。

在古希腊，哲学家主要研究本体论。所谓本体，就是隐藏在流变万物背后那个恒定的不变的本原，现象背后的物自体。人们通过研究本体要达到一个终极目的：把具象的流变的世界概括为抽象的永恒的世界，找到事物背后最根本的原因。

泰勒斯说，世界的本原是水，这个今天看来不值一驳的观念却拉开了本体论研究的帷幕。自此，毕达哥拉斯的数、赫拉克利特的火、柏拉图的理念，都是对本体论某种角度的演绎。而巴门尼德提出"存在"为本体论奠定了基础。

巴门尼德发现，如果我们对主词一无所知，那么，它的所有规定性都来源于谓词。比如，世界是什么？如果我们对世界一无所知，不知道世界到底是由什么构成的，那么世界就可以是泰勒斯的水，可以是赫拉克利特的火，也可以是毕达哥拉斯的数。所以，必须对世界的本原进行规定。如果世界没有开始、没有尽头，世界是被创造的，那么世界就不是本原，背后的创造者才是本原。本原一定是一个恒定的存在，一个绝对的本体，它是万物背后的本质，不可再追溯。

巴门尼德的论证，开启了人类对本体的千年追寻。本体既然是恒定的、抽象的、超越经验的，那么本体只能用逻辑的方式探讨，而无法通过经验探讨，因为经验无法探究本体，于是古希腊诞生了逻辑学。

随后，亚里士多德进一步阐释了本体论。亚里士多德认为，当我们在头脑中形成"人"这个概念的时候，我们识别的是人的一般共性，而非局部特征。比如人都会直立行走，有两个胳膊一个头，掌握语言，等等。面对世界上万千的人，可以把他们从大千世界中一眼识别出来，就是因为我们把握住了"人"这个概念的本质。亚里士多德所表达的是，存在者和我们的认识能力之间存在一致性，我们能够应用我们的认识能力把存在物的一般性提炼出来。

而亚里士多德发现，人们在描述一件事物的时候，需要注意哪些是它的偶然属性，哪些是它的必然属性。比如，小明是学生，这是对小明的描述，但学生只是小明的偶然属性，等他毕业就不是学生了，这并不能揭示小明的本质。为了找到本质需要继续往下追寻，比如我们定义小明是男孩，那么就需要对男孩进行再定义，男孩是有男性器官的人，人是灵长类，灵长类是动物，动物是有机体……由此一直向上追溯，世界所有的定义都会追溯到一个终极的问题，即存在——being。

到存在为止，我们已经无法为存在做出任何定义，存在是一个物体最高的共性，因为没有更高的属性去描述存在，存在也无法被分类。

当亚里士多德将这种追溯本原的学问——对存在的追寻，称作"物理学之后"，也就是有形物体之上，即"形而上学"。

形而上学是对有形物体之后的追问，它一直延伸到一个终极问题——世界背后那个终极的本体是什么。追溯到本体后所有的问题无法再追究，因为对一个不存在的物体我们无法对其进行思考，无法用经验去判断一个超越经验之外的东西。

本体论尝试追寻事物的终极本原，用逻辑推导的方式追究事物背后不变的本质。本体论抛弃了事物的偶然属性和表象，抽象出事物的必然属性，抛弃流变性，找到永恒性，这种思维方式是近代科学的基础。所以，古希腊特有的对本体论的追究对近代科学产生了深刻的影响，这是本体论最大的意义。

演绎法

理性演绎世界

现代科学到底是如何产生的？和本体论有什么关系？本体论的思维方式又是如何影响现代科学进而创造了现代文明？

我们从欧几里得的《几何原本》说起。欧式几何的出现是科学史上的里程碑，也是人类思想史上最重大的事件之一。

哥白尼、开普勒、伽利略、牛顿等许多科学家都曾受到欧式几何影响，霍布斯、斯宾诺莎、怀特海、罗素等哲学家也都尝试在自己的作品中运用《几何原本》所引入的数学公理化演绎结构。爱因斯坦回忆说，《几何原本》曾使儿时的他极为震撼。时至今日，两千多年前的欧式几何依然是平面几何的主体，我们现在中小学教的几何基本上都是欧式几何。

那么，为什么两千多年前的一本几何书，会受到人类思想和科学界大神们的集体膜拜？

因为，欧几里得的《几何原本》建立了一种改变世界的思维范式。

欧式几何用逻辑方法和严格的证明推导出整个平面几何的大厦。它从几个简单的定义和几条不证自明的公理、公设出发，推导出大量无法直接观测却绝对精准的复杂结论。这种演绎法也因此成为西方思想中最能体现人类理性力量的思维方式。

演绎法就是古希腊哲人在追寻本体论的过程中使用的方法。古希腊哲学家早在两千年前就已经催生出了和现代科学几乎一致的思维模式，那就是通过不证自明的公理体系和精密逻辑，演绎出未知的宏大的世界图景。古希腊哲学家在不断论辩中建立起了一套精密的思维体系，不仅诞生了各种伟大的理论，更为后世做出有效的思考准备了可靠的方法论，以《几何原本》为代表的从公理出发的演绎法，从根本上奠定了科学思维的理性基础。

古希腊的学者们大多醉心于研究思维，却对技术的实用化不太上心，在他们的观念中，无用的形而上才是高尚的，具体搞技术就会比较掉价。所以，演绎法是纯粹的思维活动，它催生了后世宏大的科学体系，但它并不会催生技术。幸好作为继承者的古罗马是个注重应用的文明，对古希腊的形而上学做了补充，出现了很多工程学上的伟大成就，成为应用层面的形而下，促成了科学理论之后的技术发展。

在近代，哲学家对科学实验的方法论做了系统的规范和整理，培根用经验构筑起了一套完整的体系，即从系统的观察和实验开始，通过逐级的归纳发现一般性的普遍规律。此前，人类当然也会观察，也会归纳，但由于缺乏对经验的提炼和归纳的系统方法，导致"经验总结"往往产生荒谬可笑的结论。比如欧洲早期的原始医学的归纳，不过是跳大神和巫术的产物。

后来，英国的休谟站出来表示怀疑，归纳法能从偶然归纳出必然吗？休谟说，归纳法在逻辑上就是错误的。比如，太阳从东方升起，无论你归纳多少次也不能证明太阳必然从东方升起，因为未来太阳可能爆炸，所以归纳法的结论是不可靠的。

而演绎法不同，演绎一定是精准的，通过逻辑演绎得出的结论永远精准。比如平面三角形内角和是 180 度，就算到宇宙毁灭也是精准的。

休谟的怀疑动摇了知识论的根基，难道人类根据经验所得出的知识都是偶然的吗？那为什么又在一定的范围内体现出必然性呢？

这时候一个大神走上历史舞台，他就是康德。康德通过先验哲学证明了先天综合判断如何成为可能，指出了人为自然立法的实质，他挽救了整个知识论的大厦。康德的理论后续会详细介绍，这里不做展开。

到了当代，波普尔对科学定义做出了重大的贡献。波普尔指出，归纳法的本质缺陷在于逻辑上的推导错误，归纳法用有限推导无限，用经验推导未来，这在逻辑上是不成立的。

据此，波普尔大胆地提出证伪主义，并把证伪主义作为科学划界的标准。波普尔说，使用从个别到一般的思路去解决归纳问题始终是无法成功的，原因就在于客观事实的无限性与人类观察经验的有限性之间的矛盾。证伪主义不需要以任何经验事实为基础，只需要一个违反以前经验规律的案例就可以将其理论的普遍性推翻。比如，只要有一只黑天鹅出现，就可以推翻"天鹅都是白色的"这个命题。

到波普尔，人们认识到了科学的有限性，对科学与非科学有了评判的标准。根据证伪主义，我们可以轻松判定一个理论是不是科学理论。那些看似很牛、不分适用范围、能解释宇宙万物、总是能自圆其说、永远无法证伪的理论，就是典型的非科学。比如弗洛伊德的精神分析法，因为无法证伪，它就不属于科学的范围。

以古希腊的演绎法为基础，归纳法从不证自明的公理系统出发，通过逻辑演绎，推导出了一个宏大的未知世界。后世又经过培根、休谟、康德、波普尔等哲学大师的修正，建立了一套完整的科学考察体系。

哲学神与宗教神
哲学的尽头是神学？

经常听人说，科学的尽头是哲学，哲学的尽头是神学。这句话听起来毫无槽点，但果真是这样的吗？

我们先要搞清楚，哲学的神和宗教的神，到底是什么关系。

从历史来看，宗教神远早于哲学神而存在。在古希腊，神话比哲学要久远得多。原始时代的宗教神有人格神、自然神、氏族神等，人们认为诸神是先天存在的。而哲学则认为，神是人类理性建构的，或者说是人类想象出来的一种描述。

从逻辑上看，人类的理性本质决定了宗教神只会是理性的副产品。随着人类脱离蒙昧期，理性会自然觉醒，理性会对宗教神祛魅，哲学神必然对宗教神进行质疑和批判。在西方思想史上，对宗教神批判的方向就是把神人格化的部分去除，而保留神作为最高存在者、第一因、最高本体的地位，这就是所谓的理性对宗教的祛魅。

哲学神诞生之前，古希腊宗教神是由奥林匹斯十二主神以及他们的亲戚组成的联姻家族。诸神有人的意志并各司其职，比如宙斯代表秩序与法律，赫拉代表婚姻与家庭，阿芙洛狄忒代表爱与美，等等。这些神的形象反映了古希腊人早期的秩序诉求和情感诉求。

随着古希腊的经济进一步发展，人的理性开始觉醒。从普罗米修斯为人类盗火的神话开始，人们逐步怀疑旧秩序和旧神，并在这个过程中创造了新神，比如酒神狄俄尼索斯。在狄俄尼索斯教派中，希腊人崇拜的不再是宙斯，而改为狄俄尼索斯，这代表希腊人从旧秩序到新秩序的转向。在人们对原有世界秩序的怀疑中，理性精神借由宗教的外壳开始萌芽。

所以，哲学神的产生是人类理性与信仰斗争的产物，也是哲学与宗教斗争的产物。

埃及的几何学和巴比伦的算术为希腊带来的理性主义，使哲学产生的条件趋于完备。哲学的理性旗帜一旦张扬，就要对宗教进行彻底的批判，袪魅的过程一旦启动，文明的进展就不可逆。

此前，世界的本原是神的领域，哲学家凭借理性闯入了神的领地，开始思考世界的本原。泰勒斯说世界是水组成的，这是人类第一次用理性去挑战世界的神秘性，也是人类寻找世界本原的出发点。从泰勒斯开始，人类不断向神的领地进发。

在对宗教袪魅的过程中，人类高扬理性的旗帜，与宗教神开始了艰难而伟大的博弈。古希腊脑洞大师恩培多克勒提出，在希腊十二主神之上还存在一个更高的神，这位神没有形体，没有人格特质，只有最高的智慧，掌握着至高的自然规律。恩培多克勒的观念表明在古希腊学者心中，信仰之上还有更高的存在，所谓最高的神就是自然规律，是人类的理性。

哲学神和宗教神的本质区别是什么？哲学神是理性的推导，而宗教神因信仰而存在。宗教是因信而信，哲学是因理性而信。但是，到了希腊化时代，宗教神为何又颠覆了哲学神，重归社会的主流呢？

古希腊文明持续了大约 650 年，是人类文明史上最富创造力的黄金时代，是人类精神的伊甸园时期，充满了各种想象和可能。随着古希腊历史的终结，欧洲告别充满创造力的少年时代，开始迎接青春的雨季。毕达哥拉斯恣肆的想象，巴门尼德的神来之思，恩培多克勒奇诡的脑洞，苏格拉底洞穿真理的豁达，柏拉图的卓越洞见，亚里士多德的博大深邃，都随着亚历山大之死而光芒黯淡。

黄金时代的浪漫和想象力一去不返，世界被对抗和分裂笼罩，人们开始聚焦自身的命运和对死亡的思考。

理性在与信仰的对抗中败下阵来，哲学神开始为宗教神让步。为什么会出现这种理性的倒退呢？

首先，人们安全感的普遍丧失。马其顿帝国的分崩离析，加之罗马的入侵，使人们长期生活在战乱中，生活颠沛流离，极度缺乏安全感。当人们无法把控现实甚至生命受到威胁时，安全感就成为第一诉求，而信仰正好可以给人们带来慰藉。这是宗教神重新崛起的一个重要原因。

其次，古希腊哲学理性精神曲高和寡。随着理性的深入，普通人越来越难以理解理性的艰深奥义。理性精神的门槛越来越高，使之只能成为少数知识阶层享用的奢侈品，而宗教神的神秘性和普适性则能激发起普罗大众的共鸣。

哲学神和宗教神的较量与外在环境息息相关。哲学的理性决定着哲学神的命运，而哲学的理性必须要有符合其生长的环境。当社会的外在环境发生变化，战乱取代了和平，帝国取代了城邦，人们普遍缺乏归宿感和安全感，理性的哲学神就被宗教神取代了。

伊壁鸠鲁主义
追求尘世的幸福

　　希腊化时代，动荡的环境让人们更惧怕死亡，而宗教却不断把人死后的罪与罚呈现给人类，从某种角度说，这是对人类的恐吓。这种恐吓导致人们的内心极度郁闷，伊壁鸠鲁致力于剥离人们的这种恐惧，让幸福成为可能。伊壁鸠鲁倡导人们在理性之下追逐一种享受感官的生活，追求一种自然的享乐和安逸。

　　伊壁鸠鲁认为，神生活在超越尘世的宇宙中，神很忙，没有时间关注人间；人类也没必要关注神和魔鬼的事，那些东西远远超越了人类的经验，人只要享受生活带来的快乐就好了。因为我们随时都可能死去，纵享现世的生活才是人类应该追求的目标。

　　有人以为伊壁鸠鲁是一个纯粹的享乐主义者，这是对伊壁鸠鲁的误解。伊壁鸠鲁虽然认为人生唯一的目的就是追求内心的幸福，但并不是提倡人们毫无节制地去享受感官快乐，他认为每一种超出界限的快乐都会适得其反，随之而来的会是更大的痛苦和绝望。伊壁鸠鲁认为，追求幸福必须通过理性的引导并且适可而止，只有在轻松愉快的氛围中人们才能够享受到最大的快乐。

　　伊壁鸠鲁认为，人生的智慧比知识本身更重要，肉体的痛苦和快乐与精神的痛苦和快乐是彼此独立的，肉体的痛苦和快乐是暂时的，而精神的痛苦和快乐可以在人们的意念中实现，可以是持久而永恒的。

不要恐惧死亡，也是伊壁鸠鲁的著名观点。他认为，死亡没有来临前我们没有必要恐惧死亡，而当死亡来临的时候我们已经不知道恐惧了。所以，对死亡不需要恐惧，因为死亡是超越经验之外的事，死亡和我们的生命体验其实没什么关系。

伊壁鸠鲁学派是希腊化时代西方思想的典型代表。在混乱的希腊化时代，伊壁鸠鲁主义符合人们从对城邦公共事务的关心退回到个人内心，追求感官快乐的趋势。这是人们精神追求的一次退缩。

斯多亚学派
自然之道

斯多亚学派是希腊化时代另一个著名的学派。"斯多亚"这个词最初来源于雅典的一座公众建筑,意思是彩色的回廊,所以斯多亚学派又叫画廊学派。一群大哲在彩色的回廊下溜达辩论,这就是斯多亚学派名称的来源。

斯多亚学派的创始人是来自塞浦路斯的芝诺,他的观点承袭于古希腊的犬儒主义。不过和犬儒主义相比,斯多亚学派的观念要柔和很多。芝诺认为,犬儒主义对普通大众并不适用,对城邦和公共事务缺乏影响力。比如第欧根尼放弃世俗生活和狗去流浪,这对公共生活显然没有益处。于是芝诺开始研究其他哲学家的思想,把犬儒主义和赫拉克利特的思想进行融合,诞生了斯多亚学派。

斯多亚学派对后世影响最大的是他们的伦理学。他们认为,对人这种理性动物而言,唯一重要的就是认识到神的规律,并且按照神的规律去生活。所以他们的一个重要观点是,顺应自然地生活是一个人最大的德性。

斯多亚学派所提倡的德性,就是善。斯多亚学派认为,一个人应该认识到什么是善,什么是恶,什么重要,什么不重要。人们在追逐自己的价值,按照自己的价值而生活时会被欲望困扰,因为欲望会蛊惑人的理性，让人看不清这个世界，欲望驱使人们追逐一些没有用的东西，这是对生命最大的浪费。所以，一个斯多亚学者终其一生的使命就是和困扰自己的欲望做斗争。只有当欲望被抑制，激情被克服，人才可以达到顺应自然的生活状态，其追逐的德性才能达到至高的境界。

斯多亚学派和犬儒主义还有一个重要的区别。犬儒主义的本质是自私自利，他们只关心个人的独立和自由，对这个世界漠不关心。而斯多亚学派除了追求个体的自由和独立，还关注社会的公正和爱。也正是因为对公共事务的关注，斯多亚学派的弟子非常广泛，不仅有罗马皇帝奥勒留，也有奴隶，更多的是人数众多的自由民。

在斯多亚学派的观念中，哲学神不再是理性的，而是神本身，它不再属于哲学而成了宗教，人们的理性成为论证神的工具。斯多亚学派关注现实生活和伦理学，他们提出了和自然和谐一致的生活目标，提倡人要勇于在社会中承担自己的角色并培养美德。

信仰与理性
一神教的诞生

在轴心时代，闪米特人的一支，即希伯来人的先知开始出现，他们缔造了基督教的前身——犹太教。有史学家认为，发展出上帝的概念是犹太人独特的贡献，直接导致了另外两个世界性宗教的形成。

在早期的犹太教经典中，耶和华不是一个虚无缥缈的神，他住在约柜（祭坛）中，那么为什么后来耶和华成了唯一真神呢？

这和希伯来人在巴勒斯坦地区的生存状况有关。希伯来原来是美索不达米亚一个游牧小部落，被周围强大的敌人环绕，古亚述人、古巴比伦人都对他们虎视眈眈。希伯来人时刻面临着战争威胁，他们需要用统一的信仰来提升民族战斗力。说到底，一神教的产生是为了方便资源调配。

在高压的生存环境之下，犹太教特别关注人的内在道德，因为让人们内心更有凝聚力和战斗力比祭祀一个偶像神更重要。于是，犹太教先知就把耶和华从约柜中分离出来，和其他那些被供奉的偶像神分开，让信徒相信，耶和华是一个无所不在、无所不能的神，这样他们才会从内心深处真正反思自己的道德。

早期的犹太教和其他原始宗教一样，教规是为了保护犹太民族不分崩离析而设计的规则。比如，为了维护犹太人的集体仪式，他们订立了一套复杂的饮食规范祈祷规范，这些仪式让犹太人具备了鲜明的民族性，能够被一眼识别。这套复杂的礼仪和规范也让犹太人产生了强烈的民族情感，强化了犹太民族的凝聚力。

另外一个是经济原因。任何宗教，只要有偶像祭祀就会产生祭司阶层，腐败也就随之而生。而当造物主是一个虚无缥缈的神，人们就不会对着某个偶像崇拜，就会更多地去关注内心。

在其他多神教中，诸神的能力都是有限的，并且各自掌管某一个特定领域，比如古希腊神话，每个神都有自己明确的职责。为什么在犹太教中耶和华能够成为一个全知全能的神呢？

这是一个有趣的问题。我们知道宗教信仰不需要理性，只要信就可以了，但犹太教先知在塑造犹太教的过程中为其注入了理性的成分。其后世的信仰者也不断地试图通过理性去证明神的存在。

为宗教注入理性，就要求造物主必须成为一个全知全能的神，如果不是全知全能的神，就不符合理性精神。推导过程是这样的，如果存在一种超自然力量，那么为什么只能是石头、河流或者动物这些具象的东西呢？全能的神应该无处不在、无时不在、先你而在、永恒而在，如果只是一个动物、一块石头或者你村口的一棵大槐树，那就表示这个神的力量是有限的，如果力量有限，就不是全能的神，这样就推出了悖论。通过这个思维推导，犹太教得出结论，只有一个具有全知全能力量的神才是唯一的真神。

在完成这个推导后，犹太教先知认为，任何想要描述造物主的存在都是一种荒谬，而试图给造物主画像的行为更是一种亵渎。所以，耶和华成了全知全能、无所不在、无所不能的唯一神。

和多神教相比，犹太教更关注宗教的道德性，把宗教推到了一个新的精神高度，让信徒变得更加自省。当其他多神教都在为了抢资源而不断倾轧的时候，希伯来人逐渐发展形成了一种融合道德和理性的宗教，这种对内在道德的重视让犹太教在与其他宗教的竞争中具备了先天的优势。

为宗教注入理性，为宗教注入道德，创造出唯一的真神，犹太教为后世两大世界性宗教——基督教和伊斯兰教的诞生奠定了基础。

自然神论与一神论

人类的两种世界观

什么是自然神论呢？自然神论者认为神是最高的原则和秩序。他们认为神并不是某种人格化的东西，而是宇宙本身的秩序，或者宇宙意志。宇宙不仅是自然神创造的，也是自然神本身的显现。世界演化的过程，就是自然神意志显现的过程。持自然神论的科学家和哲学家较多，如斯宾诺莎、牛顿、爱因斯坦、杨振宁等，他们认可某种最高的秩序和价值，但这种秩序却不是天启式的。

什么是天启信仰呢？天启信仰者认为，神是人格化的，神有智慧、有意志，神通过启示向人揭示神迹，昭示其救恩的秘密。对西方天启信仰来说，最高的启示就是耶稣基督道成肉身，耶稣完美地向人类解释了神的形象，这是最高的启示。天启信仰者认为，人类只有通过神的启示才能真正认识世界，进而认识人类自身的命运。因此天启宗教就是一个"启示的宗教"。

天启信仰包含犹太教、基督教和伊斯兰教。

自然神论认为，神是起因，也是造物主，但是神在创世之后就不再干预世界，而让世界按照它本身的规律发展下去。神在自然界的显现，不是通过启示，而是通过自然和推理。但天启信仰认为，神一直活跃在世界上，具备人格，也要干预世界，具备超越一切实体之上的超验性。

那么，自然神论是如何从天启信仰中分离出来的呢？这里有一个人类理性思考的过程。17世纪末至18世纪，自然神论思想在英国得到很大的发展，又从英国传至欧洲大陆和北美。当欧洲殖民者观察北美大陆，他们发现印第安人有宗教意识但不知道耶稣，也就是说，印第安人认为世界存在一个最高秩序但并不认可启示。这让他们陷入了深深的思考。

因为耶稣是天启信仰中神对世界最重要的启示，当欧洲人发现美洲人信神却不信耶稣的时候，反思就产生了。

特别是17世纪牛顿三大定律的发现，人们认为世界存在终极的秩序，这种秩序可以通过人类的理性精神被发现。神更像是秩序的建立者，它创造了自然法则，它的法则又被牛顿、哥白尼等人揭示了出来。

自然神论的诞生，其实是关于人类如何理解神的一次重大思想转折。也是人类自一神论被犹太教提出之后的又一次最重大的转折。在自然神论中，神并不干预世界，它仅仅是立法者和创造者。

自然神论者把神解释为非人格的起源和秩序，所以自然神论又称理性神论。在自然神论的基础上，诞生了近代的唯物主义。他们反对蒙昧主义和神秘主义，否定迷信和各种违反自然规律的"奇迹"，主张用自然神代替"天启信仰"。

人类信仰史基本经历了这样一个过程：理性的超自然主义——自然神论与天启神论的并存——怀疑主义——无神论。

新纪元

基督教的诞生

作为深刻影响人类文明的基督教，它是如何产生的，又对西方思想史产生了怎样的影响？

在亚历山大去世后的希腊化时代，希腊文明和东方宗教进行了深刻的碰撞，在多种宗教和思想的交流中，希腊人逐渐厌倦了奥林匹斯山上的众神，开始被来自东方的神秘力量所吸引，对宗教有了崭新的理解。

此时，希腊人已经从信仰层面和思想层面都做好迎接新纪元——基督教诞生的准备。那么基督教是在什么背景下诞生的呢？

第一个原因是罗马对异族的压迫。虽然罗马下属的行省众多，但罗马对诸邦并非一视同仁，而有着严格的阶层划分。罗马把人群分为贵族、平民、异族、奴隶四个阶层，前两个阶层属于罗马公民，而异族和奴隶则不享有罗马公民资格。

罗马靠强大的武力征服了整个地中海，罗马公民过着穷奢极侈的生活，每天纸醉金迷开轰趴。据说为了腾肚子多吃几轮饭，他们还发明了催吐的药，吃完吐，吐完吃。

而异族和奴隶，一出生就注定了被压迫的悲惨命运，想跨越阶层成为罗马公民几乎不可能。反抗更是痴人说梦，因为那时罗马的战斗力对各族都是降维打击。活得悲催，又反抗无能，念天地之悠悠，独怆然而涕下，到底该怎么办？没办法，只能靠信仰活下去。

要信仰，为什么不加入现成的犹太教，而是要创造基督教呢？

问题是犹太教不要他们呀。那时的犹太教是一个自我封闭的宗教，只接受犹太人，不接受异族的皈依。在希腊化时代的前期，很多犹太人从耶路撒冷流散到希腊，在希腊的哲学、艺术、文化、政治结构的影响下，犹太教受到了很大的冲击。这引起了犹太教对外族人的强烈排斥，于是他们更加强调犹太教与血缘、民族、律法和信仰的关联，这种封闭的结构让很多对犹太教感兴趣的非犹太人无法皈依。

一边被罗马压迫，一边被犹太教排斥，罗马底层人的精神状态被挤压到极度悲惨的角落，想哭都找不到坟头，于是他们开始思考新的道路。

生命的本能就是寻求突破，宗教也是如此，在极度高压的环境下往往容易产生突破，于是一个影响世界的宗教诞生了。公元 30 年左右，基督教诞生于迦南地（"上帝应许之地"）。

斯塔夫里阿诺斯在《全球通史》中有一个观点，认为宗教最根本的目的是解决为底层人制造意义的问题。所以，最早的基督教教徒基本以罗马的底层人为主。到了公元 2 世纪，基督教的影响力已经不仅仅在底层人群，一批知识精英也加入进来，他们将基督教和古希腊时代的哲学进一步结合，比如将柏拉图的"善"类比上帝的无限完满，把新柏拉图主义的本体类比上帝的位格。知识精英的思考极大地丰富了基督教的理论，让基督教得到了快速发展。

公元 313 年，罗马皇帝君士坦丁一世颁布《米兰敕令》，放开了罗马对基督教的限制，承认基督教的合法地位。于是，基督教、古希腊哲学、罗马多神教等，多种思想百花齐放，形成了信仰的"自由菜市场"，迎接罗马民众的挑选。

从此，基督教逐渐走上历史舞台，它深刻改变了欧洲人的认知模式。人类的认知从原始的多神教到古希腊的理性精神，再过渡到对一神的崇拜，人类对世界的认知产生了第二次重大转折。这个后文将详细介绍。

那么，作为基督教的创立者和先知，"道成肉身"的耶稣又有着怎样的哲学思想呢？

公元元年12月25日，少女玛利亚在伯利恒的一个马槽诞下一个孩子，这个孩子就是耶稣。如果你不知道上面的人名、地名，这不怪你，但12月25日圣诞节你一定熟悉。耶稣被钉于十字架上大约发生在公元30年，这年耶稣30岁，并且于三日后复活。当然，以上都是宗教传说。

史学界普遍认为，耶稣是犹太籍教师，住在罗马的偏远地区，远离希腊文明的中心。耶稣不关心柏拉图的理念论和亚里士多德的形而上学，但如果论对后世哲学的影响，耶稣毫不逊色于这两位大师。

基督教哲学广泛吸收了古希腊哲学思想，柏拉图、斯多亚学派的思想都对基督教哲学产生了深远的影响。

关于道德，耶稣说，不能以恶报恶。这个观念柏拉图在《理想国》中早有阐释。耶稣特别指出要促进邻里和谐，兄弟相爱，爱邻如己，这是基督教对所有人的道德要求。因为基督教认为所有人都是上帝之子，都是兄弟姐妹，这是基督教伦理学对社会关系的规范，和古希腊斯多亚学派的仁爱观十分相似。但一个明显的区别是，斯多亚学派并没有提倡人们要脱离尘世到另外一个世界去寻找人生终极的意义和目的。而基督教却把人生的意义建构在彼岸世界，建构在上帝的超验的世界里，即"彼岸关怀"。

关于荣誉以及享乐，耶稣说要对任何物质和享乐保持警惕和鄙视的态度，而这个观念又和斯多亚学派多有相似。

基督教之所以能从一个备受打压的边缘教派成长为罗马的国教是有原因的。基督教从犹太教继承了理性和道德的双重特质，但它更加关注信众的内在精神。同时基督教从诞生起就有一种超越种族的特征，耶稣派他的使徒向所有人布道，传授他的学说。基督教提倡平等，不分阶层和出身，关注那些真正贫苦的人。这种自下而上的思想统一战线让基督教很快就成了社会的主流信仰。

还有一个疑问，为何耶稣对荣誉和享乐的态度和东方的释迦牟尼有着惊人的相似，为何早期的宗教领袖都对物质和享乐主义保持着高度的警惕？

笔者认为，主要是因为这两大宗教的历史使命比较类似，那就是团结大多数底层人去对抗主流宗教。基督教要团结底层民众对抗罗马多神教，而释迦牟尼则要团结印度底层民众对抗主体宗教婆罗门教。所以，不管是基督教还是佛教都在道德层面追求苦修，这样才能够最大程度团结底层民众。

基督教脱胎于犹太教，但和犹太教又有着很大的不同。犹太教只承认上帝耶和华是唯一真神，而基督教在承认耶和华的同时也承认耶稣是真神，是道成肉身的神子。

那么问题又来了，既然是一神教，为什么上帝之外耶稣也是神？

这涉及基督教和犹太教论战千年的三位一体问题。在这里给三位一体一个通俗的解释：神只有一个，那就是耶和华，而耶和华、耶稣、圣灵，是神的三种不同位格。三位一体的辩论中涉及哲学思辨的部分在于，如果用中世纪经院哲学讨论共相殊相的问题去解释，那就是，共相是唯一的，而三位一体是唯一真神在不同纬度投射出的殊相。

整个中世纪，关于三位一体的论战充斥着基督教内部。比如，有神学家提出，如果耶稣的人性区别于耶稣的神性，那么两者统一于什么？还有圣母玛利亚的问题，耶稣是神，而玛利亚是耶稣的母亲，这意味着玛利亚是神之母吗？有神学家认为，玛利亚给予耶稣的是人性而非神性，如果称之为神之母，就混淆了人神的关系。但立刻有神学家反驳说，如果你不相信玛利亚是神之母，那么你必然不是真的相信耶稣是真神。

好吧，神学家吵的啥，咱也不懂，咱也不敢问。幸好，大师黑格尔化解了东方人对西方神学理解无力的迷之尴尬。关于中世纪，黑格尔说要"穿七里靴尽速跨过"，那我们也不多停留，麻溜走过这一千多年。当然对毕业于杜宾根神学院的黑格尔来说，他并不是不懂中世纪神学，只是不想纠结而已。

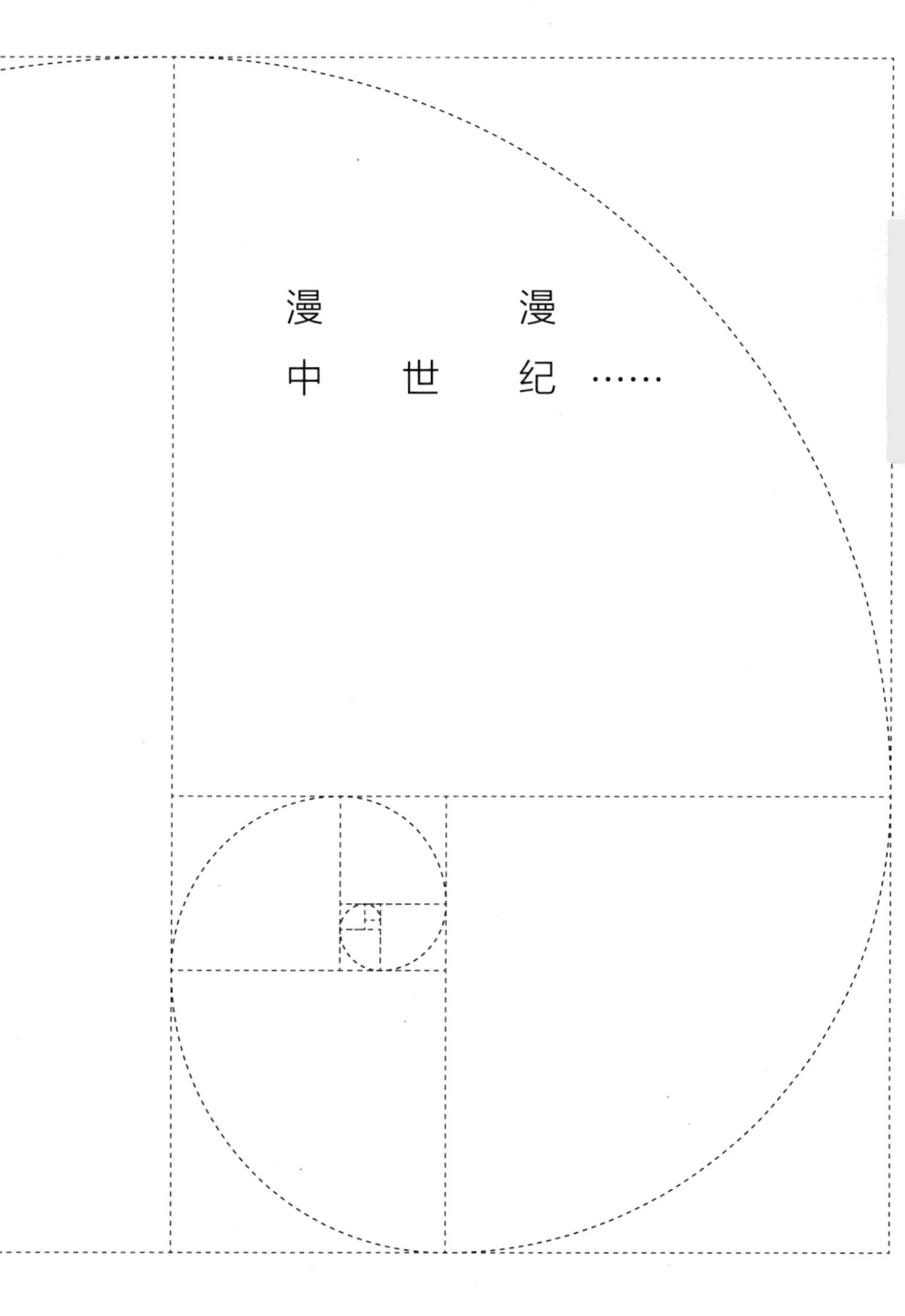

漫　　　　漫
中　世　纪 ‥‥‥

消失的千年

黑暗的断层？

从古希腊古罗马的黄金时代到文艺复兴的黄金时代，人们认为中世纪是横亘在两个黄金时代之间的一段黑暗时期。那么，在中世纪"消失"的千年里发生了什么？

首先是想象力的大爆发。因为精神和生活都被宗教控制，所以很多人认为中世纪是一个思想单一、想象力匮乏的时代。但其实并非如此，欧洲在中世纪充满了想象力，甚至在文艺复兴时期，他们所依托的思想多数也建立在中世纪的思想之上。

中世纪欧洲的很多艺术作品充满了诡异的想象力，如犬面人身兽、人头鸟身兽、独眼巨人、脸长到肚子上的怪兽、八个头的怪兽、头上长角的美女、章鱼怪兽，还有各种美人鱼。这些荒诞诡异、极富想象力的作品是后世欧洲造型艺术和视觉艺术的源头之一，他们的想象力突破天际，最知名的包括吸血鬼、狼人、女巫等。这些黑色荒诞又无比诡异的文化符号在现代欧洲依然可以看到，比如 H.R. 吉格创作的《异形》。

欧洲这种诡异的想象和荒诞的表达以及对黑暗的深刻挖掘，究竟源自何处呢？

罗马是一个对宗教非常宽容的帝国，除了早期基督教因为是一神教被罗马打压过，其他被征服的民族，罗马都没有试图消灭他们的宗教信仰，而是把他们的信仰融合进来，这实现了罗马多神共存的局面。在罗马广大疆域内的部落和氏族大多是多神信仰和自然神信仰，每个部落和氏族都有自己的图腾，比如一只乌鸦、一条鱼、一只山羊，等等。电视剧《权力的游戏》中四大家族的家族徽章都是动物，就是这种自然神崇拜的体现。

《米兰敕令》颁布后，基督教逐渐发展成罗马的国教。但罗马的疆域极广，融合的民族极多，虽然基督教成为国教，但自然神信仰依然在底层顽强地生存着。

公元476年，西罗马帝国灭亡，欧洲进入了长达千年的黑暗中世纪。在这个千年里，基督教教权达到了登峰造极的地步，基督教通过教会组织对世俗精神进行了极度的禁锢。世俗文化找不到突破口，也无法进行艺术表达，于是，有着自然神信仰传统的欧洲人把自己的信仰图腾进行艺术化创作，从而慢慢形成了这些荒诞离奇的作品。

因为基督教的压迫，中世纪欧洲的文化艺术诞生了人类文明中少见的扭曲和黑色。欧洲那些扭曲的视觉艺术，荒诞的人和动物的造型艺术，都是早期罗马自然神信仰的一种呈现。这种扭曲和荒诞让他们对人性探索到极幽深之处，从而开创了边缘的、灰色的、暗黑的思想流派。

但是，那个"消失"的千年仅仅诞生了这些荒诞黑色的艺术作品吗？当然不是，中世纪是欧洲历史上至关重要的一千年，它发生了一系列影响深远的事，和近代的欧洲以及现代文明都有着千丝万缕的联系。

有人认为中世纪"消失"的千年是人类走过的最愚蠢的道路。这一千年像一个荒原，横亘在古希腊、古罗马的黄金时代和意大利文艺复兴的黄金时代之间，像一根黑色的钉子，切断了两个黄金时代的荣光。但是这种认知现在已经改变，人们开始知道，中世纪"消失"的千年发生了众多重大的转型，从而直接塑造了近代欧洲。

唯名论

基督教与近代科学

近代科学是如何产生的？

它和中世纪有着怎样的关联？

为什么世界其他文明没有诞生近代科学，是因为不注重经验总结吗？并不是，世界其他文明的技术发展都是通过观察得到的经验的总结。比如古埃及的冶金术、天文历法等，都是在经验总结的基础上得出的。春天作物生长，夏天河水泛滥，通过观察，归纳法成为人类理性的自然延伸。虽然世界各地的文明都会使用归纳法总结经验，但是并没有必然地诞生近代科学。

既然归纳法不是充要条件，那么西欧文明一定有其他文明不具备的某种特质。这个特质是什么呢？如前文所述，古希腊通过本体论究极本原，通过逻辑演绎法推导本体。演绎法是古希腊特有的思维方法。通过严格遵照演绎的方式推导定理，古希腊人创立了数学、几何学的一般原理。

那么，归纳法和演绎法的结合是不是能必然带来近代科学？不一定，因为古希腊人过于偏重理论。对他们来说，科学仅是哲学的衍生物。所以这里还必须要增加一个新的维度，就是通过实践反向验证理论的过程。正是古罗马承担了这个角色，古罗马注重实践应用，他们把科学理论与技术结合起来，和现实世界保持密切联系。

有了理性的自然延伸——归纳法，有了古希腊的演绎法和古罗马的实践，已经完成了科学产生的工具准备。但具备了这些，并不会必然产生科学。在这些方法论之外，还需要一种人的主观精神。

这种主观精神是什么呢？这种主观精神就是基督教和现代科学之间的某种关联，就是坚信自然界存在一定规律，是可以被理性发现的。

欧洲以外的文明往往在探索自然的过程中浅尝辄止，不是因为他们不够聪明或者不够有毅力，而是因为他们在精神层面和基督徒不一样，他们不确信客观的自然规律一定存在。发现自然规律需要长期全身心地坚持，而基督教的信仰为这种坚持提供了内在的动力。比如天文学规律是从仰望星空而来，星空隐藏极深，动辄几十年的星空观察足以使人绝望，但中世纪的第谷·布拉赫坚持观测星空20多年，并发现了诸多天文现象。

那么基督教为何对自然规律抱有绝对信心？这是因为，他们坚信世界是被上帝创造的，而被创造的世界必然存在规律。这是欧洲在上千年的中世纪信仰中所自然孕育的一种观念，即天启主义。

什么是天启主义呢？天启主义是基督徒在启示录的影响下所形成的一种思想观念，这种观念总结起来就是，历史的发展不是虚无缥缈的，而是确定的，他们坚信他们必将达成上帝在人间的神的国度，他们关心历史如何产生，关心历史的走向，关心对历史终结和彼岸生活的设想。天启主义相信世界的走向是必然的，有着终极的结果。天启主义传达了欧洲人坚定的希望，虽然这种希望有时候经不起理性推敲，但可以对人类命运产生积极影响。

　　基督教的天启主义，其本质是圣经启示录的一种心理暗示，启示录要通过天启精神让信徒普遍相信，他们必将迎来一个完美的结局，这是基督教诞生初期就注定的逻辑。

　　天启主义让欧洲人产生一种必胜的信念，没有这种信念，就无法克服艰巨的困难，越过巨大的黑暗峡谷，发现隐藏于自然幽深之处的规律。他们内心有这样一个与生俱来的观念：有一个上帝的秘密存在，而且这个秘密是可以被揭示的。

　　基督徒研究自然规律最初的原因是什么？是为了洞察自然的幽深吗？并不是，相反，信徒们研究自然最初是为了荣耀上帝。

　　关于这点，我们要从唯名论的动机考察。唯名论不承认共相的实体性，不认为上帝会制造共相，认为这会限制上帝的全能。他们认为只有殊相（具体的事物）才是真实存在的，所以要通过研究殊相去洞察上帝的意志。在唯名论之前，他们花了大量的时间研究造物主，但发现超验的造物主不可知。于是，他们开始转向研究造物主的造物，这就开启了对自然事物的考察。

　　同时，唯名论忽略不同事物之间的彼此关联，孤立地抽象地研究个体事物。这种研究方法类似于哲学上的"悬置"，也是现代实验排除外在干扰推导因果律的思维模型。另一方面，唯名论相信唯有个别事物才是完全真实地存在的实体，这就意味着强调以经验的事实作为科学的基础。

　　综上，近代科学的诞生源于一系列因素的偶然组合，是工具、方法论、精神信仰的一次集体缔造。归纳法、古希腊的演绎法、古罗马对实践的应用、基督徒荣耀上帝的出发点以及对世界确定性的深信不疑、唯名论关注个体的实验观察，共同导致了近代科学的诞生。

【注】本章部分观点来源于英国哲学家怀特海《科学与现代世界》①。

---

① A. N. 怀特海. 科学与现代世界 [M]. 傅佩荣，译. 上海：上海人民出版社，2019.

奥古斯丁
上帝之城

神权和世俗政权的博弈深刻影响了欧洲中世纪的政治文明。比如，欧洲的君主制大多为虚君制。和东方相比，欧洲绝大部分君主的权力都弱到爆，君主和民众都认可"王在法下"。这成为欧洲一种普遍的社会认知，而不是依赖个别明君的偶然自觉，造就这种认知的背后原因是什么？

奥古斯丁是关键人物。

在西方思想史上，从亚里士多德去世到文艺复兴之间有两座高峰，一个是奥古斯丁，一个是托马斯·阿奎那。奥古斯丁是教父哲学的代表，号称基督教的柏拉图；阿奎那是经院哲学的代表，号称基督教的亚里士多德。

奥古斯丁是教父哲学的集大成者，对基督教产生了重大的影响，也对世界产生了重大的影响。

奥古斯丁从小天赋异禀，聪慧异常。在最开始接触基督教的过程中，他对基督教的教义不以为然，因为他认为基督教无法解决恶的根源问题。既然基督徒说上帝是万物的创造者，上帝是至高之善，那么，一个至高之善创造的世界，为何能允许恶的存在？

而摩尼教是典型的二元论，主张光明是善的本源，黑暗是恶的本源，光明和黑暗永恒存在，善恶永恒交锋。年轻的奥古斯丁被这种二元论所吸引，成为一名摩尼教徒。

但随着思考的深入，奥古斯丁发现，摩尼教这种二元论无法解决他根本的困扰。因为摩尼教把所有的恶外化为黑暗的影响，而无法解释人内心的动机。

在奥古斯丁的《忏悔录》中，他说明了自己转变的过程。一天他在一座花园的无花果树下独坐，忽然听到一个声音对他说，拿起来，读它！他在花园的凳子上找到了基督教的经典，于是如痴如醉读了下去。奥古斯丁说，那个瞬间内心被喜悦的光芒笼罩，愁苦与忧虑都不存在了，这就是著名的"花园奇迹"。在经历了花园奇迹的顿悟后，奥古斯丁皈依了基督教。

从一个异教徒到一个基督徒，奥古斯丁成为基督信仰的坚定捍卫者，他的哲学观也成为教父哲学的典型代表，深刻影响了后来新教的诞生，特别是对加尔文宗有巨大的启蒙意义。

在奥古斯丁之前，大神学家德尔图良认为，基督教应该抛弃古希腊的思辨游戏，因为哲学是哲学，信仰是信仰，它们属于不同的领域。但奥古斯丁用柏拉图思想把哲学和基督教进行了融合，他认为，真正的哲学就是基督教教义。柏拉图把世界分为可见世界与可感世界，把人也分为可见的肉体与不可见的灵魂。奥古斯丁借鉴了柏拉图的这种二元观念，把世界分为上帝之城和尘世之城，把天国和俗世这两个世界实现了二元对立，从而为基督教服务，这种观点可以说在某种程度上挽救了基督教。

奥古斯丁不但天赋异禀，而且异常刻苦，自从皈依基督教就开始为对抗异教徒而写作，其著作之丰富令人咋舌。因为奥古斯丁自己就曾是异教徒，深谙异教徒的思想，所以他在论战中总能精准击中对方的痛点。

他的《上帝之城》为欧洲中世纪信仰对抗世俗政权奠定了基础。

奥古斯丁认为，人可以分为两种，一种是爱上帝的人，一种是爱俗世的人。两种不同的爱会产生两种不同的社会，爱上帝的人组成上帝之城，爱俗世的人组成尘世之城。上帝之城和尘世之城并不是迥然分开、彼此隔离，而是彼此交融在一起。凡是有爱上帝的人存在的地方就有上帝之城，凡是有爱俗世的人存在的地方就有尘世之城。

公元 410 年，西哥特人洗劫了罗马。许多非基督徒据此谴责基督徒，说就是因为他们过分强调爱上帝和服务上帝导致了对世俗之爱的削弱，让伟大的罗马被蛮族洗劫。奥古斯丁反驳道，罗马的沦陷并非因为基督徒，而是罗马帝国中无处不在的恶导致的。在奥古斯丁心中，罗马的衰落就是上帝有目的干预历史的一个证明。他主张，人们要建立上帝之城来限制尘世之城，以对抗这种恶的蔓延。

奥古斯丁的上帝之城成为欧洲中世纪信仰对抗世俗的一个强有力的武器。自此，信仰开始和世俗分庭抗礼。上帝之城和尘世之城的二元化，是限制王权的根本保障。正如奥古斯丁所说，上帝把两把剑留给世间，给教皇以精神之剑，给国王以世俗之剑。

《上帝之城》在基督教世界产生了前所未有的影响力，可以说在西方除了耶稣和柏拉图，再没有人能像奥古斯丁那样取得如此煊赫的成就。这种信仰和世俗分离的二元权威之间的竞争，为欧洲多种制度的存在保留了空间。在世俗政权和教权之间，当一种权威过于残暴时人们会寻求另一种权威的保护。因此，不管是上帝之城还是尘世之城，唯有遵守基本的秩序和规则，才能更大范围地进行统治，这对后世的欧洲政治文明产生了重大的影响。

分裂与统一

信仰与理性的平衡

以往，人们认为欧洲中世纪是一个禁锢思想、压制创造的时代。但如果真是这样，欧洲为何能在文艺复兴后迅速崛起呢？在中世纪一定发生了什么。有观点认为，欧洲发展的突然加速和思想共识的形成，和人文学在欧洲的崛起息息相关。

公元 1000 年到 1500 年之间，欧洲发生了一系列重大的事件。

首先是逻辑提升。中世纪的欧洲变成了一个彻底的基督教世界。产生了遍布整个欧洲的教会组织，教会组织针对教会和国家、教会和国王的关系产生了争辩。这种争辩带来了典型的经院问题，而经院问题的形成又导致欧洲知识分子形成了人文学的共识，出现了思想层面的大统一。

所谓经院问题，就是欧洲的修士和神学家运用理性思维形式，通过抽象的、烦琐的辩证方法论证基督教信仰，为宗教神学服务的思辨哲学。在这种思辨的过程中，欧洲知识分子受到了严格的逻辑学训练，他们对神、社会、君主之间的关系做了重新梳理。人们开始发现，就算是在神学领域也需要精密逻辑的论证推导，这和奥古斯丁基于纯粹信仰的基督教精神有着本质的区别。

在基督教对知识的传播过程中有几个关键的人物，一个是格罗斯泰斯特，他是牛津大学的校长，创造了近代的实验方法。格罗斯泰斯特认为，如果欧洲要超越古希腊罗马时代，必须解决科学方法的问题，针对科学的方法论，他认为，只有实验才能让科学成为一个确定的事。从 9 世纪开始，欧洲就在实验领域取得了巨大的进步，发明了轮式犁、水磨、风车、冶金术等。这些都是通过实验取得的进步。

格罗斯泰斯特的归纳法让人们对科学的精确性有了新的认知，这种认知推动了欧洲人对测量的关注，这是一个深远的思想变化。

欧洲知识分子在中世纪对经院问题的研究是一次历史的偶然，但欧洲知识分子在经院问题的研究中提升了逻辑思维能力和论证方法，产生对世界的共识，这种共识对文艺复兴后欧洲的大逆袭有巨大的推动作用。

虽然在整个经院哲学时期，哲学始终被神学所压制，成了神学的婢女。但在公元 800 年到 1500 年，欧洲的经院哲学依旧绽放了新的活力。这个阶段的经院哲学是在修道院的僧侣教育中成长起来的，目的就是服务于神，就是把被信仰所证实的颠扑不破的真理用理性加以表达，使其更加通俗易懂，让那些没有接受过教育的民众也能够理解教义。

同时，经院哲学还面临着一个更加重要的任务，把亚里士多德的哲学融入经院哲学体系中。

经院哲学家在这个时期展现了对基督教改造的作用，他们必须借助理性去建立一种哲学，并且让这种哲学能够合乎教义，也合乎理性。他们必须完成三个使命：第一，利用亚里士多德的哲学方法将基督教的神圣真理和理性相融合；第二，以理性去获得一种洞悉真理的视角，让他们的心灵更加接近真理；第三，针对各种对真理的质疑，要用理性和逻辑进行反击，而不仅仅是信仰的反击。

经院哲学的这种观念推动了欧洲重大转变的发生，在经院哲学时代，基督教被经院哲学家注入了理性，这种以哲学为宗教注入理性的模式是世界历史上绝无仅有的。

托马斯·阿奎那是经院哲学的代表人物。在西方思想史上，阿奎那是介于奥古斯丁和牛顿之间最重要的学者。

阿奎那是世家出身，他爹是大领主，他妈是神圣罗马帝国的王室成员，他叔是基督教本笃会的院长。阿奎那从小展露出极高的天赋，他的家族希望阿奎那能够成为本笃会未来的掌门。但阿奎那学了几年神学后竟然倒戈加入了本笃会的竞争对手多明我会。阿奎那的这种背叛差点儿没把他爹和他叔气死，他们派人把阿奎那从多明我会绑回来，皮鞭铁链老虎凳走了一遍，问阿奎那，改不改？阿奎那说，呵呵。不吃硬的，那就来软的。他爹安排了两个女公关到监狱公关阿奎那，结果，两个女公关不但没有公关成功，还被阿奎那成功忽悠进了多明我会。

17岁那年，阿奎那终于穿上多明我会的修士服，从此开始了开挂之路。阿奎那一生最重要的两个贡献，一是把理性引入基督教，二是用自然法则论证君权神授。

对于第二个贡献，君主们都很开心，纷纷为阿奎那点赞。和奥古斯丁那种除了造物主谁都不信的纯粹信仰相比，阿奎那认可君权神授，认为君主的权力是神赋予的，具有无可辩驳的正当性。阿奎那这种为世俗政权花式洗地的做法导致了很多人对他的不爽，但直到后世霍布斯的《利维坦》把君主的权力定位为一种契约，才把人们从君权神授的观念中解脱出来。

当然，阿奎那最重要的贡献是为基督教注入理性。在阿奎那之前的基督教，只有与上帝有关的知识，世界既没有规律，也没有意义，世界只能通过上帝才能被认知。但阿奎那认为，虽然世界是上帝创造的，但世界有一个自然的秩序，这并没有否定上帝创世，而是认为上帝创世完成后，世界就按照自己的意志运动。阿奎那认为，世界存在一个能被理性掌控的自然法则。

阿奎那把知识和信仰做了区分，理性的归理性，信仰的归信仰。这是一种看待世界的崭新的方法，把神创论和自然秩序的运行分开。阿奎那认为只有把理性和信仰进行二分，这个世界才不会产生矛盾。基督教的信仰是超越理性的，但却不违背理性。

阿奎那认为，理性和信仰都是不可或缺的，要想了解造物主，必须找到一个信仰和理性的交叉点。阿奎那融合了古希腊的理性精神和基督教信仰，认为人们应该运用理性去理解关于造物主的一切，这样才能获得世界的真相并得到救赎。

作为亚里士多德的学生，阿奎那用亚里士多德的哲学成功改造了基督教。奥古斯丁认为，世界上所有的人生来就是为了经受苦难，幸福唯一的真正的希望在天堂。而阿奎那认为，今生今世才是我们幸福的源泉，人生真正的快乐是我们用理性对世界的理解。

阿奎那认为，世界存在着两种启示。一种是对自然秩序的理解，人们可以通过观察造物主所创造的世界而获得，这里面只涉及人类的理性和逻辑。但另一类知识不能通过逻辑获得，比如宇宙起源、三位一体等知识通过逻辑就无法获得。阿奎那的这个理论为后世克尔凯郭尔提出信仰的飞跃奠定了基础。阿奎那的理论让人们对世界的理解从天启的不确定性变成确定性，为后来牛顿的机械宇宙论奠定了基础。

阿奎那对基督教的改造是欧洲在文艺复兴后快速崛起的一个重要的内在动力。

奥卡姆剃刀

如无必要，勿增实体

如果老板让你出营销方案，在不给钱的情况下，要求做到"既要……也要……""不但……而且……"的时候，你应该怎么回怼？

打工人不知道奥卡姆剃刀，就缺少了称手的理论武器。知识就是力量，掌握奥卡姆剃刀，虽远也能怼成狗。

奥卡姆是中世纪著名的唯名论学者，对唯名论的发展起到了重要的作用。奥卡姆的名言是：如无必要，勿增实体。他只承认真实存在的东西，反对那些空洞无物的普遍共相。他广为人知的理论是奥卡姆剃刀准则。

奥卡姆用一把剃刀剃掉了经院哲学家怼了几个世纪的共相之争，干掉了唯实论的几员悍将，用一种简洁的高雅横空出世，终结了经院哲学佶屈聱牙、口水喷你一脸的群殴式辩论。

奥卡姆剃刀的思维方式，类似一种"最低能耗思维"，被现代多学科延伸和应用。比如生物学领域，生物进化过程中的最低能耗原则；物理学领域，运动物体的最小阻力原则等。

不过，奥卡姆剃刀因为过于注重实际而消解了多元思考，在思想领域一直被批判。人类思想的最宝贵之处并非低能耗，而是自由和多元。哲学的思辨也不需要务实，而是究极真理。奥卡姆剃刀貌似实用简洁的原则，会剔除人类思想中很多伟大的无用之学，进而失去对很多重大意义的拓展。所以，在思想层面对奥卡姆剃刀进行运用，一定要慎之又慎。

那么，奥卡姆剃刀的产生背景是什么？

奥卡姆是一个修士，唯名论大 V，秉承英格兰一贯的经验主义传统，早就看不惯那些唯实论的神神道道。奥卡姆认为，心灵之外，并无共相。世界上一切物体都是独特的个体存在，而不存在共同本质。他的一个经典反驳是，如果你承认共相，那么基督徒和犹大也有共同的部分，那么虔诚的基督徒就需要被谴责和批判。怼得一帮唯实论大咖气血淤积。

奥卡姆认为，共相只是文字符号系统，并没有实体存在。奥卡姆反对经院哲学的唯实论的喋喋不休，他要努力恢复宗教的纯净性。

奥卡姆在神学和世俗科学之间划定了一条界线。他认为教皇世俗化、教会插手世俗事物是违反基督教教义的。他提出了人的基本权利的思想，认为教皇并没有任意处置一个自然人的权力。奥卡姆对人的尊重是革命性的思潮，对后来欧洲的启蒙运动产生了决定性的影响。

白马非马

名家与共相问题

欧洲中世纪，经院哲学家围绕着信仰与理性的关系、人与神的关系开展了漫长的辩论。其中，共相与殊相的问题是欧洲经院哲学家争论的焦点。

什么是共相和殊相，我们从一个中国故事谈起。

两千多年前，一个老头骑着一匹白马来到函谷关前准备过关。

驻守函谷关的士兵说，为了预防传染病，马不能入关。

老头说，我骑的是白马，不是马。

士兵想，这老头的脑子可能被马踢过，出于关爱弱者他耐心解释道，不管是白马、黑马还是斑马，是马就不能过关。

老头说，我叫公孙龙，难道我是龙吗？

老头的神逻辑让当兵的一脸蒙，一时语塞。老头继续说，马是名称，白是颜色，一个名称加一个颜色，不等于一个名称。白是一切白色的共性，而不是马，马是一切马的共性，而不是白，白马是白色的共性加上马的共性，所以白马不是马。

士兵像对穿肠一样呕了八斤血，老头拍马过关，深藏功与名。

这是战国名家公孙龙的故事。名家讨论的就是名与实内在逻辑的问题，公孙龙因为白马非马一战成名，成为中国诡辩界的扛把子。

　　白马非马是中国逻辑学、形而上学的思想萌芽，名家通过白马非马的辩论把概念和实体进行切割，界定了日常思维中名与实的联系，区分了概念和实物的不同。

　　白马非马所探讨的问题也正是西方经院哲学的共相和殊相之争。古罗马哲学家波菲利把柏拉图和亚里士多德的分歧归结为共相问题三问，它们分别是：

　　1. 共相是独立存在的实体，还是仅仅存在于思想之中？

　　2. 如果共相是实体，那么它是有形的还是无形的？

　　3. 如果共相是无形的，它与可感世界是分离的还是隐藏于可感世界之中？

　　波菲利问题引发了经院哲学两大流派，即唯实论和唯名论的大争辩。唯实论认为共相是有实体的，殊相只是共相的投射；唯名论认为殊相才是真实存在的，而共相只是人的思维对殊相的抽象，只是概念和词语而已。

　　唯名论认为，这个世界只存在殊相，即具体的实物。比如对于马来说，存在的只是白马、黑马、赤兔马这样一个个具体的马，而"马"是不存在的。如果说马存在，也仅仅是以一个概念的方式存在，除此之外别无其他实体。

　　共相之争的本质其实还是柏拉图和亚里士多德的分歧，它涉及的一个根本问题是：柏拉图的理念是不是实体？唯实论者更倾向柏拉图，他们认为共相就是理念、就是实体；而唯名论者更倾向亚里士多德，他们认为殊相才是实体。在经院哲学后期，阿伯拉尔对共相和殊相问题做了调和，他给出了一个折中的观念，"共相存在于殊相"之中。所谓的共相存在于殊相之中，意思是共相不是实体，它存在于人们的心灵之中。从这个角度说，阿伯拉尔是一名温和的唯名论者。

由共相问题引出的唯名论隐藏着深刻的思维转变，对近代科学萌芽起着巨大的推动作用。

而公孙龙所属的名家在中国却只是昙花一现。在战国百家争鸣、诸子并举的时代，名家因其饶舌诡辩、不解决实际问题的浮夸之风让儒家沉默，道家流泪，法家自挂东南枝，到哪儿都不受待见。一次赵国平原君问属下众幕僚，如何看待公孙龙白马非马论。幕僚说，烦文相假，饰辞相悖，有害大道。众人无不附和，起立鼓掌。

战国时期名家的"白马非马"这种纯粹的逻辑思辨游戏为何在东方没有得到发展呢？因为它和中国先秦文明的整体价值相悖。名家不关注事物的整体价值，而是对概念进行分割，对思维和实物进行界定，通过概念和逻辑进行推理，这不但烧脑，看起来也很耍流氓。

那么，为什么古希腊和中世纪的西欧可以容忍这种纯粹的逻辑游戏呢？海洋文明发达的工商业经济带来了富庶的生活环境，古希腊先哲可以进行纯粹的思维游戏，而中世纪的经院哲学本身就是围绕超验的上帝进行思辨，经院哲学家专门干的就是为上帝辩护的活，所以运用逻辑学就顺理成章。

在中国，诸子百家崛起的一个根本任务是解决现实的社会问题，而白马非马这种逻辑概念游戏，不关心时事，不注重应用，自然不会得到各国君主的青睐。

十字军东征
文艺复兴的一扇窗

中世纪欧洲最荒诞的群体是哪个？

绝对是那帮披着白床单、扛着麻袋去耶路撒冷抢东西的理想主义青年——十字军。

公元1202年，中世纪最牛的教皇英诺森三世一声令下，十字军又又又一次踏上了收复耶路撒冷的征途。这次，他们发誓要把耶路撒冷的异教徒赶走。

穷得叮当响的十字军刚到海边就发现了一个重大问题，那就是没钱。过海总是要雇船的，而所有的船都在威尼斯人手中。威尼斯人是无利不起早的"威扒皮"，他们不可能为了信仰做义工。

威尼斯人看着这群穷得叮当响的十字军，贴心地说：你们没钱但有力气啊，这样吧，帮我们拿下扎拉港，过海船费打一折。有便宜不占王八蛋，于是，十字军在威尼斯人的忽悠下，掉转矛头，三下五除二干掉了同为基督教世界的扎拉港。

英诺森三世听到这个消息气得破口大骂：无耻小儿，我让你们去驱赶异教徒，你们这些沙雕竟然攻打基督教领土。于是英诺森三世开出绝罚令，郑重宣布，十字军都是傻叉，脑袋被门夹过，全部开除教籍。

在中世纪，被开除教籍有多严重？

神圣罗马帝国的亨利四世被开除教籍后，从德意志一路哭到罗马，在大雪里站了三天求原谅。对中世纪的人来说，被开除教籍，可能身份连异教徒都不如，相当于现在被开除出灵长类。

但十字军是谁？一群无所畏惧的理想主义战士。既然选择了出发，就不管风雨兼程！既然被开除了教籍，一不做二不休，他们准备接个大活，去抢君士坦丁堡。

英诺森三世被十字军的这个决定吓坏了。就算罗马再怎么反感拜占庭，但毕竟是自己的亲兄弟，同属基督教世界，放着异教徒不去收拾，竟然抢自己的亲兄弟？

但十字军才不管，抢谁不是抢？都是捎带手的事。耶路撒冷的那群异教徒不是很好对付，但收拾拜占庭信手拈来。

不得不说，十字军虽然神经大条脑子不好，但战斗力爆表。1204年4月，十字军攻陷了君士坦丁堡，并且在城里烧杀抢掠了三天。

欧洲历史上除罗马之外的第二座永恒之城，永不沦陷的君士坦丁堡，竟然被自己的兄弟十字军砍瓜切菜一般拿下。八百年来，北欧蛮族、波斯人、保加利亚人都没干成的事，被十字军轻松办成。

英诺森三世气得吐血，但绝罚令都发了还能怎么办，总不能去罗马骂街吧，这群流浪在外的二货，已经完全失控了。

历史总是在黑暗中绽放一缕亮光。占领君士坦丁堡后，十字军心血来潮，他们想让分离已久的西欧和东罗马再一次融合起来，让天主教和东正教重新结合。为了拍英诺森三世的马屁，十字军宣布，君士坦丁堡主教不再和罗马主教（教皇）平起平坐，君士坦丁堡主教成为罗马教皇英诺森三世的下属。

　　这个温暖又有力的马屁让英诺森三世老泪纵横。收复拜占庭统一基督教，是罗马八百年都没有完成的梦，竟然让十字军这帮二货给办成了。于是，英诺森三世宣布，十字军护教有功，功过相抵，全部恢复教籍。

　　真是剑外忽传收蓟北，初闻涕泪满衣裳。听到教籍被恢复，十字军泪飞顿作倾盆雨。终于可以衣锦还乡了，他们背上麻袋把在君士坦丁堡抢到的金银财宝悉数打包装箱，不能打包的就就地销毁。为了庆祝这次伟大的胜利，他们还一把火烧了君士坦丁堡，无数的财宝、建筑、艺术品被付之一炬。

　　第四次十字军东征就以这样荒诞的方式收场了。他们在君士坦丁堡滥杀无辜，几乎彻底摧毁了整个拜占庭。这群理想主义青年、信仰忠诚的仆人、迷失的远征骑士，就以这样黑色荒诞的方式，完成了自己理想主义的远征。他们甚至连耶路撒冷的土地都没踏上过，从此迷失在拜占庭。

　　但第四次十字军东征也打开了一扇窗。

　　在中世纪，欧洲早就远离了古希腊文明，古希腊的哲学、数学、天文学资料也遗失殆尽，但是拜占庭保留了古希腊丰富的遗产和书籍。十字军惊奇地发现，原来在中世纪之前大欧洲居然还有古希腊这样一个风骚的存在，欧洲原来不是一直蠢，竟然也有那么牛哄哄的黄金时代。君士坦丁堡的古希腊文献成为打开欧洲古典文明的一把钥匙，为200年后欧洲的文艺复兴埋下了一颗充满生命力的种子。

但丁
人性的复苏

2001 年，一队驴友深入重庆一个原始森林探险，在人迹罕至的密林深处他们竟然发现了一对与世隔绝的老人。更想不到的是，为了方便妻子上下山，丈夫耗费 50 年，凿烂了 20 多把凿子，在荒山上硬生生开辟出 6000 多级石阶。这 6000 多级石阶被称为"爱情天梯"，成为当年中国的爱情图腾。

这是一个令人震撼的爱情故事。人们之所以被震撼，是因为这种行为已经远远超出了人的理性。用一辈子的时间，在深山中凿 6000 多级台阶，只为心上人不滑倒，这种投入产出根本无法用理性去衡量。

爱情令人动容，正因为其超越理性的这一面。

如果说父母对孩子无条件的爱存在着进化残留，是基因的驱动而非自由意志，那么两个没有血缘关系的人之间为什么会迸发这样深邃的情感？千百年来，无数大师都想为爱情找到一个答案，问世间情为何物，谁都没有标准答案。哲学显然也对爱情无能为力，因为哲学基于理性探讨，而爱情本身是超越理性的。

柏拉图对爱情给出了一个有趣的解释。柏拉图认为，一个男人或一个女人都不是一个完整的人，在远古时代，男人和女人是长在一起的，他们两个头，四条腿，宙斯看人类长得这么感人，于是就提了把斧头，把人从中间一分为二。于是，我们每个人一生的宿命，就是寻找另一半，这就是爱情。

连体人，四条腿，两个头，一斧头劈开，寻找另一半！柏拉图这个掺杂着神棍鸡汤的重口味志怪小说看着很狗血八点档。不过这只是大师的一个寓言，柏拉图想说的是，人类对于自身完满性的希冀和追求，就是所谓的爱情。

对自身完满性的希冀和追求，这个观点细品起来别有风味。它比那些从进化论、经济学、生理学、种族繁衍的角度去阐释爱情更有意义。

伟大的爱情能超越时间。伟大的文艺复兴先驱，西方最杰出的诗人但丁，一生的至爱并不是他的妻子，而是一个叫贝阿特丽采的女人。

根据为数不多的资料显示，但丁一生只见过贝阿特丽采两次，但这仅有的两次，让贝阿特丽采成为但丁永恒的白月光。

在但丁少年时代，父亲带着他去邻居家聚会，在这次聚会上，但丁第一次邂逅贝阿特丽采。与君初相识，犹如故人归。贝阿特丽采有一双湖水般的绿色眼睛，第一眼看到贝阿特丽采的但丁就被她深秋湖水一般的双眸迷住了。从此，他开始了一生的相思。

第二次见到贝阿特丽采，是几年后，在一座小桥边。但丁在桥边看到贝阿特丽采和一个女伴娉娉婷婷从远处走来，夕阳把她的头发染成金色，像一个梦中的天使。很多年后但丁回忆说，小桥边的贝阿特丽采光彩照人，一袭白衣胜雪，当时他甚至忘记了如何呼吸。

遗憾的是，贝阿特丽采红颜薄命，她于 1290 年去世，时年 24 岁。贝阿特丽采在最美丽的年龄香消玉殒，成为但丁心中永恒的白月光。在但丁的很多作品中，都有对贝阿特丽采的描述。在《神曲》中，但丁把贝阿特丽采写成引导自己进入天堂的向导。可能在但丁的心中，只有贝阿特丽采的爱，才能引导他回归永恒。

但丁的《神曲》是文艺复兴的开山之作，对爱情、人性的关怀体现了一种伟大的转变。从《神曲》开始，人性从漫长中世纪神性中逐渐复苏，在人间开出美丽的花。从但丁开始，信仰不再是唯一的道德标准，文艺作品中开始重视人的感悟，人的善恶成为新的评价标准。所以老舍说，读了《神曲》，才知道什么是伟大的文艺复兴。

达·芬奇

拖稿惯犯

　　佛罗伦萨公国美第奇家族的大当家教皇利奥十世曾满脸鄙夷地说，达·芬奇这货干啥啥不成，吃啥啥不剩。

　　教皇为啥看不上达·芬奇？因为当时达·芬奇接了个大活，给教堂绘制大壁画，但他还没开始构图就已经开始研究后期的壁画保护技术，这让利奥十世很不爽。这相当于刚写了个 PPT，就开始四处路演说自己将来如何吊打世界五百强。

　　达·芬奇 PPT 创业忽悠投资人的事可不止这一件。有一次，找不到工作的达·芬奇给米兰大公写了一封求职信，一通云山雾罩舌灿莲花立 flag（旗帜），说自己如何无所不能，如何能建造史上最雄伟的雕像。米兰大公兴高采烈地把他请过去，结果达·芬奇预支了一年工资，只做了个泥塑模型交差。

　　除了忽悠投资人，达·芬奇还是拖稿惯犯。

　　1481 年，达·芬奇为奥古斯丁修道院绘制一幅大型祭坛画《三博士朝圣》，讲的是耶稣诞生时东方三博士朝拜的故事。投资方看到画师是达·芬奇一句多余的话都无，要多少钱你说了算。但前提是要签订一份合同，两年内必须完工，否则不但一分不给还要按照欺诈罪审判。这说明，达·芬奇作为拖稿惯犯在业内早已臭名昭著。

达·芬奇为米兰圣玛利亚感恩教堂画《最后的晚餐》，有时他会连续几天独自一人用挑剔的眼光审视着画中人物，让人觉得他是在摸鱼。据说达·芬奇画了七年还丝毫没有结束的迹象。最后，甲方老神父受不了，拉着达·芬奇的手说，小芬咱能快点吗？你还年轻，但我老了，还想活着看到这幅画完工。

闻名宇宙的《蒙娜丽莎》是达·芬奇给一位公爵夫人的画像。说好一年交稿，但达·芬奇一画就是四年。如果他不是达·芬奇估计早就被甲方举报拉黑踢出供应链了。完工后按照合约，达·芬奇应该及时交货，但达·芬奇说，因为天天钻研这幅画已经对画中人产生了感情。现在，这幅画的肖像权已经不属于公爵夫人了。这相当于你带着女朋友去拍婚纱照，摄影师小哥让你女朋友在大太阳下摆拍了三天，P完图却说，抱歉，你女朋友的肖像权归我了，照片你不能拿走。你想不想打他？

但问题来了，达·芬奇动不动拖稿，敲诈投资人，为啥这些大佬还找他下单呢？

因为人家牛啊！

看起来是拖稿，其实是达·芬奇要把事情做到极致。

在《三博士朝圣》这幅画中，达·芬奇探索人物的各种不同手势、身体扭转的方式和表情，在草图中就勾画了繁杂的透视线。以现在的眼光看，精确程度简直不可思议。

在《蒙娜丽莎》中，现代人通过 X 光分析发现蒙娜丽莎嘴部涂画了40 多层颜料，这是达·芬奇把颜料涂在手上画上去的。

在《最后的晚餐》中，达·芬奇仅搜集十三门徒的人物模特儿就花了几个月。他像个二流子一样没事就蹲在街头，混迹于集市，研究市井人物的神态和表情，寻找符合他想象的人物表情。

在创作《维特鲁威人》时，达·芬奇几乎用尺子把人体量了个遍，记录每一个关键的数据，从发际线到下颌，从下巴底到头顶的距离，比例关系无一不标注清楚。为了研究人体比例，他甚至自己去解剖尸体。

认真到极致的达·芬奇到底是一个什么样的人？

艺术史学者海伦·加德纳说，达·芬奇的思想超出常人，对世界有不可遏制的好奇心，这种好奇带给世界极具创造力的结果。达·芬奇的水平达到了文艺复兴时代前所未有的高度和深度。

达·芬奇那些看似拖稿、忽悠和嘴炮的行为，都是因为他对世界的好奇。因为好奇，他要探索一种新的模式，发现新的材料，创作新的表现技法，以达到一种极致的表现。

从公元 5 世纪西罗马帝国灭亡到 14 世纪文艺复兴，漫漫千年，中世纪神学一统欧洲，古希腊的文明烛火被扑灭，理性被笼罩于穹隆之下，哲学沦为神学的婢女。

文化和艺术只有一个方向，就是为神服务。所有的绘画、雕塑、文学、诗歌都充满了宗教的象征主义。那些超越人之上的神的意义，成为一切意义的根源。

当欧陆沦为暮光之城时，阿拉伯地区却正进入思想的黄金时代。百年大翻译运动如火如荼，阿拔斯王朝把古希腊诸多经典翻译成阿拉伯文保存，托勒密、欧几里得、亚里士多德、柏拉图的著作进入阿拉伯图书馆，为欧洲文艺复兴保留了火种。

14 世纪到 16 世纪，由于奥斯曼土耳其的入侵，拜占庭帝国的大批学者带着古希腊的哲学、艺术、文学纷纷逃往西欧避难，古希腊思想重新在欧洲落地生根。历经千年，理性的种子终于在故乡再次萌芽。

　　中世纪后期，欧洲的思想精英首先要面对的是如何摆脱神的束缚，转而观照现实世界。而达·芬奇正是这个转向中的重要代表。他对自然充满了好奇，为什么河水会有漩涡，为什么树叶排列如此神奇，为什么彩虹总是在雨后出现，为什么鸟儿能够飞翔……

　　达·芬奇和他的《蒙娜丽莎》之所以成为文艺复兴的旗帜，是因为他们不仅是一个人或者一幅画，而是一种符号、一种意义，他们打破了人只为神作神曲的卑微，吹响了文艺复兴伟大的"人曲"。

米开朗琪罗

不羁放纵爱砸石头

拉斐尔的名作《雅典学派》里隐藏着一个有趣的秘密。在这幅画中，拉斐尔把古希腊先贤收入画中，他以达·芬奇的外貌为原型绘制柏拉图，以米开朗琪罗的外貌为原型绘制亚里士多德，拉斐尔本人也出现在画面右边的角落，凝视着这场盛会。

拉斐尔为什么要用米开朗琪罗的样子去画亚里士多德呢？

作为文艺复兴三杰之一，米开朗琪罗和另外两位格格不入。

据说，达·芬奇聪明绝顶，帅到让人打110。而拉斐尔看长相就是小奶狗，风流倜傥，颇有女人缘。唯有米开朗琪罗长得比较一言难尽，且屋漏偏逢连夜雨，年轻时因为和人抬杠还被打歪了鼻子。

工作上，米开朗琪罗和其他两杰差距更大。达·芬奇和拉斐尔在艺术领域都以画画为主，结交的都是富商名门，而米开朗琪罗却是个石匠。达·芬奇、拉斐尔为贵妇人画画时，米开朗琪罗在砸石头；达·芬奇、拉斐尔和达官显贵高谈阔论时，米开朗琪罗在砸石头；达·芬奇、拉斐尔和富家名媛偎红倚翠时，米开朗琪罗还是在砸石头。

因为天天砸石头，米开朗琪罗性格比较刚烈，一言不合就怼人。有一次，他跟达·芬奇当街争执，如果不是德艺双馨老艺术家达·芬奇原谅了他，文艺复兴这二杰很可能会在佛罗伦萨的街头对砸酒瓶子。这场面想想都相当感人。

长得丑，脾气暴，不会聊天儿，不甩甲方，米开朗琪罗靠什么混入文艺复兴三杰呢？

1508 年，教皇让米开朗琪罗创作西斯廷教堂天顶画，他很不乐意。因为米开朗琪罗认为画画太低级，他的爱好是砸石头。看在教宗的面子和不菲的稿费上，他才勉强接受了订单。但前提是，在创作完成前谁都不能看。经过四年漫长的等待，教皇在验收的时候傻了，发现和自己想要的完全不是一个东西，但教皇还是心悦诚服满分验收。因为米开朗琪罗天才的创意和艺术水准已远远超越甲方需求。

西斯廷教堂天顶距离地面差不多 20 米高。米开朗琪罗要在这样的高度创作一幅 500 多平方米的油画，而且他对作品要求极苛刻，不允许助手帮忙，所有的细节都亲自绘制。他每天拎着颜料桶爬上爬下，仰着头举着胳膊整整创作四年。

米开朗琪罗完成《创世记》壁画，爬下脚手架的那一刻，一个永恒诞生了。但米开朗琪罗因为颜料长期滴到眼睛里几近失明，脖子也歪了。

换一般人，脖子以下估计要截肢了，但米开朗琪罗老而弥坚。他每天不是在脚手架下沉思就是在教堂穹隆下仰视，为了校正颜色他亲自磨制颜料，每天除了休息四五个小时外，全部时间都在研究构图和人物。

除了天才的灵感和专注力，对痛苦的忍受以及对艺术的极致追求让米开朗琪罗每一幅作品都成为传世之作。他是文艺复兴时期伟大的画家、建筑师、诗人，但最牛的是他还是个优秀的雕塑家。

和绘画相比，砸石头不仅是技术活，更是体力活，需要超强的体力和顽强的意志。叔本华认为，意志就是生命的意志，意志的本质源于人的缺陷而产生的无休止挣扎，挣扎遇到阻碍就会痛苦。意志一天得不到满足，意志的主体就要痛苦一天，人成为实现意志的手段和工具。

因为自身不完美，米开朗琪罗更渴求作品的完美，他成为自我意志的工具。据说米开朗琪罗曾有过一句名言，天使被囚禁于大理石中，我必须将他们释放。

在创作《大卫》的过程中，米开朗琪罗把这种意志贯穿到底。米开朗琪罗生活在意大利动荡混乱的年代，大环境的不稳定让他深切渴望一种强大的精神寄托。所以，在米开朗琪罗的手中，战胜巨人歌利亚的牧童大卫从一个少年变成了一个健硕的成年人。大卫坚强的面部表情和硬朗的身体线条都体现了米开朗琪罗内心对安全感的极度渴望。

《大卫》雕像创作历时三年，在米开朗琪罗每天不知疲倦的构思、敲打和精雕细琢中，一座伟大的、完美展现人类精神的、成为人类身体美学符号的雕像诞生了。

在欧洲文艺复兴三杰中，拉斐尔活了 37 岁，达·芬奇活了 67 岁，而米开朗琪罗活了 89 岁。米开朗琪罗一辈子没有结婚，所有的精力都用于艺术创造。和达·芬奇草稿画了不少做出来的不多不同，米开朗琪罗在即将离开人世的时候，一把火烧掉了自己所有的手稿，让他的创作过程和极致才思成为永恒。从此，人间只留下他完美的作品。

香料传奇

地理大发现的起点

公元 410 年 8 月 24 日，是欧洲历史上最黑暗的一天。这一天，号称永恒之城的罗马被西哥特蛮族攻陷。这是罗马建成以来第一次被外族攻陷。八百年圣城，永恒的罗马，在这一天黯淡无光。

伟大的罗马完蛋了，欧洲人听到这个消息就像北宋的士大夫听到开封被金兵圈成了猎场。罗马人的荣光被摧毁，很多人痛哭流涕，大哲学家奥古斯丁听到消息后顿足捶胸说，让你们不信神，报应来了吧！

西哥特首领放任手下的蛮族在罗马城烧杀抢掠三天。罗马派人问西哥特，要多少金子，您说话。西哥特首领叼着牙签说，黄金你看着给，但重要的不是黄金，这样吧，你们拿 3000 磅胡椒我们立马走人。罗马人听到这个消息当场崩溃，太狠了，还以为你们来抢鸡蛋呢！竟然抢胡椒，还 3000 磅，这是要动摇我大罗马帝国之根本。

这就是永恒之城的陨落和 3000 磅胡椒的故事。

在欧洲历史上，香料是个传奇，在一些关键时刻，它甚至改变了欧洲的历史。让罗马哭成狗的胡椒，为啥这么珍贵？

首先要明白什么是香料。欧洲所谓的香料就是我们现在所说的调味料，比如胡椒、肉桂、茴香、豆蔻、八角，等等。欧洲人为啥要抢这些？欧洲人普遍对吃无感，饿不死就行，他们抢这么多香料是要开卤肉铺吗？

　　欧洲对香料的追求在罗马时代确实和食物有关。罗马人穷奢极侈，为了吃更多的东西甚至发明了呕吐药，吃饱了吐掉再去吃下一轮。所以罗马时代的香料主要是为了保存食物和调味。

　　而北方蛮族最早是不吃香料的，他们是在罗马文明人的影响下学会了使用香料。他们发现香料调味过的肉味道真不一样，感觉以前自己吃的就是猪饲料。当然，就算在香料供应比较稳定的罗马，香料也不是普通百姓能享受的。比如，罗马皇帝狄奥多西二世给人送礼，礼品名单是印度珠宝和胡椒，这份大礼得到了收礼方诚挚的欢迎。

　　西罗马被蛮族消灭后，蛮族发现情况有点不对，胡椒越来越贵，贵族也开始吃不起了。他们就问咋回事，以前跟罗马大哥混的时候还挺好。下面人说，罗马没了，现在阿拉伯人接管香料贸易，他们的骆驼百公里草料消耗高，运输成本高，香料的价格自然也随之上涨。于是，干掉了大罗马的北方蛮族再一次吃回了白水氽猪饲料，他们有点后悔，心想还是跟着罗马大哥混吃得比较舒服。

　　香料之所以贵，绝不仅仅因为吃货嘴馋，还有其他的一些原因。

　　一是医疗。在希腊时代人们就相信，胡椒可以让人的身体变温暖，还可以改善人的消化功能。后来被西方尊为"医学之父"的希波克拉底认为用胡椒可以治疗各种疾病。这些观念导致人们在医学领域大量使用香料，对香料的需求也自然增加。

　　二是宗教。中世纪，基督教统领欧洲，无处不在的宗教仪式处处都要使用香料。比如甘松香、肉桂、番红花等，这些香料被频繁使用于基督教宗教仪式。基督徒认为，这些香料的气味能让人心灵澄净，直达天堂。

那么欧洲为什么不自己种香料呢？因为香料大部分是印度和东南亚热带国家的作物，欧洲地处高纬度，根本种不活。

不过，香料之所以贵，最重要的原因是高昂的运输费。从遥远的印度和东南亚运到西欧，中间横亘着一千把镰刀，印度人、马来人、阿拉伯人、热那亚人，无数的中间商要来薅一把羊毛，到了欧洲，本地的各级代理商再撸一遍。最后香料到欧洲老百姓手里时已经成了天价。

全世界围绕着香料这个产业逮着欧洲薅羊毛。这导致了一个很严重的问题，欧洲的老百姓，包括贵族，都成了香料贸易链上最底层的韭菜。

哪里有压迫，哪里就有反抗。天天只能吃白水氽猪饲料的欧洲人有一天终于掀了桌子。香料价格你随便涨，我买得起算我输。不玩了，老子要凭自己实力去抢，这样很公平吧？

于是，西班牙、葡萄牙纷纷开始探索通往亚洲的道路，他们喊着"船在手，跟我走，找胡椒，抢豆蔻"的口号，悍然一路向西，开启了波澜壮阔的大航海时代，开始反向收割全世界。

所以，老祖宗教导我们的话很有道理，做人留一线，日后好相见。薅羊毛可以，但好歹给人留点活路，万一遇到欧洲这种狠角色，最终会把自己也搭上。

小小的香料，见证了从罗马帝国到中世纪再到大航海时代的欧洲发展史。从这个角度说，欧洲人外拓的脚步甚至可以浓缩为一部香料秘史。

地理大发现

近代文明的序章

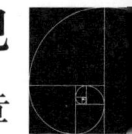

2020 年，一群热血青年冲上纽约街头，举着条幅说，哥伦布犯下了弥天大罪，是个十恶不赦的人渣，他来到美洲，掠夺、奴役当地的土著，叔可忍婶不可忍，为了替天行道，所有正义的人应该联合起来，弄他！于是，哥伦布的雕像轰然倒塌。

这个世界最荒诞的是，探索者不但要被后来的受益者喷，还要被鞭尸，不但鞭尸，还要罗织一千条罪名，踏一万脚。

如果没有哥伦布，这些欧洲白小将和各种肤色的小将现在还不知道在欧洲、非洲哪个山旮旯儿放羊、铲牛粪。

哥伦布为什么要大航海？当然不是为了维护宇宙和平、拓展人类福祉，除了为发财，哥伦布主要是被忽悠了。

忽悠哥伦布的人有两个。一个是马可·波罗，他的《马可·波罗行纪》把哥伦布看得鸡血上脑。马可·波罗在游记中写道，跨过幽深的亚欧大陆，在神秘的东方有一条龙，那里所有人都穿丝绸，厕所镶钻，满大街铺的都是金砖。看了《马可·波罗行纪》，哥伦布暗自发誓，总有一天自己会找到神秘的东方。自从有了这个梦想，哥伦布睡觉都经常笑醒。

另一个是哥伦布的学者朋友。这哥儿们在为哥伦布做航行计算时出现了重大失误，导致他算出来的地球周长比实际长度少了八千多英里，折合一万两千多公里。但他又迷之自信，他拍着胸脯向哥伦布保证，老哥稳，没问题，凭着我的计算、你的能力，大西洋平蹚。哥伦布一看，距离不远嘛！走起！

神秘的东方近在咫尺，无数的金砖香料和穿着丝绸睡衣的美女在向哥伦布招手。作为航海小王子，哥伦布开始盘算有了钱怎么花这个重大问题，他看好了房子，加了玛莎拉蒂业务经理的微信，突然想起一个重大的问题，那就是没钱。

没钱，那就找风投！任何时代创业青年思路都如出一辙，仿佛风投都是脑积水，在漫长的岁月里坐等他去坑。

哥伦布带着自己的 PPT 开始找各国王室路演，毕竟那时最大的投资人只能是王室。他吹资历，说自己有几万英里的航海经验；吹未来，说谁找到了印度、中国，谁以后可以在欧洲横着走，胡椒豆蔻十三香可以吃一碗倒一碗。哥伦布本来口才就好，再加上他声情并茂舌灿莲花地激情演说，直接把英国、法国、意大利等国王侃晕，他们纷纷为哥伦布的梦想窒息，然后异口同声地说，没钱。

为什么各国王室不按套路出牌呢？因为哥伦布的要求有点过，他开出的条件是如果找到东方，他要做总督，并且要世袭给自己的儿孙。国王们想，忽悠我的智商可以，忽悠我的钱就不行，为梦想窒息的套路我们也见多了。

但哥伦布牛在，纵千夫所指也一往无前。无数的成功学大师都说，只要你足够努力，总会碰到一个脑子不那么清醒的投资人。在哥伦布不懈的忽悠下，他的天使终于出现了。这个人就是西班牙女王伊莎贝拉一世。伊莎贝拉不懂数学，也不懂航海，更搞不清印度、中国在哪儿，她单纯地凭感觉认为哥伦布浓眉大眼是个人才，日后必成大器。国库不给钱，女王就用自己的小金库投资。

有时候不得不佩服女人的直觉，很多伟大的历史转折都是靠她们的直觉完成的。比如十几年前那些凭感觉去抢房的女人现在都混成了豪横的包租婆。而那些天天深度解读国家政策，懂基本盘，会看数据，理性缜密地推导出房价药丸的男性，现在在工地都混上了工头。

怕哥伦布拿了钱跑路，伊莎贝拉女王和哥伦布签订了《圣达菲协定》，约定找到东方后哥伦布享受 10% 的收益，如果找不到，女王一个人扛。果然有时女人比男人大气！

1492 年 8 月，哥伦布率领三艘帆船，悬挂着王室旗帜，从西班牙出发一路向西，驶向烟波浩渺的大西洋。按照哥伦布那个学者哥儿们的计算，只要一个月就能看到亚洲海岸线。一个月过去了，大西洋上连只鸟都没有，哥伦布有点慌，船员更慌。这不对啊，说好的亚洲呢？是不是我们下海的姿势不对？要不回欧洲调整一下姿势再来？船员要求立即返航。为了稳住船员，哥伦布说，快了快了，再走两天。

彼时的地圆说仅仅是个理论，地平说还有很大的市场。船员说，再这么走下去，怕不会走到地球尽头掉到月亮上去吧。又走了一个月，周围还是一片汪洋大海，船员已经准备哗变，哥伦布看到局势失控，于是答应再往西走三天，如果不行就返航。

终于，在最后一天，他们看到海的尽头出现了黑色的影子，船员欢呼着涌向夹板，庆祝自己伟大的胜利。此时距离开欧洲已经过了 70 多天。他们看到的海岸线，正是美洲的巴哈马群岛，但哥伦布笃信，这就是印度。

因为地理大发现，天主教那些激进的教徒都跑到美洲向印第安人传教了，天主教后方空虚，而马丁·路德和加尔文的新教已经做好了准备。

无论怎样，一个伟大的时代开启了。地理大发现对世界产生了深刻的影响，直接导致了一系列影响深远的变化，拉开了近代文明的帷幕。

大逆袭

欧洲为何突然加速

在漫长的中世纪，欧洲到底发生了什么，让它在经历了千年中世纪的矮矬穷后突然加速，成功从一个穷小子逆袭成霸道总裁呢？

中世纪后期，欧洲发生了三大影响世界的事件，一个是文艺复兴，一个是哥伦布的地理大发现，一个是马丁·路德的宗教改革。

这三个事件并不是孤立的，而是彼此存在着千丝万缕的联系。文艺复兴重塑了欧洲的人文精神，让欧洲人从神权中逐渐走出，开始追逐现世的幸福，他们相信凭借个人的奋斗和努力可以实现个人的价值。在文艺复兴的启蒙下，地理大发现开始了。

哥伦布发现了美洲，高兴的不仅是西班牙女王，欧洲激进的基督教传教士更是雀跃无比。他们高兴的原因很简单，如此广袤的美洲大陆，那么多印第安人，竟然没人信基督，这是一个多么广阔的蓝海。从公元1500年起，欧洲基督教的各教会组织如方济各会、多明我会就纷纷组团去美洲传教。

驱动欧洲向外拓展的一直是两股力量，一个是经济的因素，那就是发财；一个是宗教的因素，那就是传教。经济为殖民外拓提供了物质的诱惑，而宗教为殖民外拓提供了精神的驱动。

为什么基督教这么热衷于传教呢？这和基督教的教义相关。基督徒认为，非信徒需要神的帮助才能得到自我的救赎。他们就是看着非信徒在歧途上挣扎很不放心，决定拉你一把，真没有什么坏心思。

基督教的骨干力量都跑去了美洲，欧洲出现了后防空虚。再加上教廷明目张胆向神圣罗马帝国兜售赎罪券，这直接导致了马丁·路德的宗教改革。1517 年 10 月 31 日，马丁·路德以学术争论的方式在维登堡城堡大教堂的大门上张贴出了"欢迎辩论"的大字报——《九十五条论纲》，公开炮轰罗马教廷，揭开了宗教改革的序幕。

路德所倡导的基督教新教强调"因信称义"，他们认为，人的得救在于信仰而不在于教廷，他强调《圣经》的权威高于教会的权威，提倡削弱教会和神职人员的权力，转而追寻人们内心对神的信仰。

受到路德影响的加尔文则为基督教新教提供了一个更加务实奋斗的精神指引。和路德相比，加尔文更加关注人与神的沟通，更加关注个人奋斗。加尔文宗的诞生直接推动了基督教新教的重大转向，它和近代资本主义的崛起以及新教个人奋斗精神的起源都有着十分重要的关联。

德国思想家马克斯·韦伯在《新教伦理与资本主义精神》中深刻分析了新教的崛起对欧洲的影响。韦伯认为，欧洲的宗教改革，特别是加尔文宗的诞生，让欧洲人的精神出现了一次前所未有的转变，它建立了一种恪尽职守的精神和投身于天职的使命观，只有这样，他们才认为自己会被救赎。

加尔文是如何做到这点的呢？他提出了"预定论"的观念，他认为只有神预定的少数人才有资格获得救赎，而绝大多数人不会得到救赎。但这少部分人是谁呢？加尔文说，不知道，这是神的秘密。你能不能上这个名单要看你的努力程度，看你对神的虔诚程度。你要想进入神的名单就得踏踏实实地遵循自己的天职，拼尽一切努力去增加上帝的荣耀，用实际行动来证明你值得神的救赎。

因为这是一个不确定的秘密名单，所以每个人都可能落选，每个人也都有希望。这引发了一种心理学上的普遍的焦虑。新教的这种心理暗示和现代自媒体的两大特征基本相符，一个负责兜售焦虑，一个负责安抚你焦虑的内心。前一个是广告，后一个是鸡汤。所有的信息都被囊括在这两个范围。但兜售焦虑不一定是坏事，加尔文的焦虑诱导直接导致基督教新教教徒焕发了全新的人生观和价值观，他们努力工作恪尽职守，用尽一生去荣耀神，以期换来自己被神救赎。

宗教改革和文艺复兴一样，对欧洲的近代加速起着不可替代的作用，把被基督教禁锢千年的心灵重新释放出来，让信仰重新回归人的内心，这种回归成为欧洲进步的内在动力，并从此成为欧洲崛起的一个重要推动力量。

地理大发现及宗教改革的发生都受到文艺复兴的影响，文艺复兴所表现出来的人文主义精神是一种为创造现世的幸福而奋斗的进取精神，而地理大发现就是在这种精神的鼓舞下完成的。同时，地理大发现为欧洲资产阶级开辟了大显身手的舞台。宗教改革为资产阶级在欧洲推倒天主教的统治提供了重要的精神武器。这三种力量共同推动了近代欧洲的大加速。

除了文艺复兴、地理大发现和宗教改革的影响，英国思想史学者彼得·沃森认为，欧洲的加速还存在着其他方面的原因。

首先是地理决定论。法国历史学家布罗代尔认为，食物的种植方式及能量密度和现代文明之间存在着明显的关系。布罗代尔认为，在亚洲人们普遍食用大米，大米种植区高强度的劳作使人口越来越密集，而人口稠密的区域容易产生严格的纪律，这会导致极权国家的形成；在美洲人们普遍食用玉米，玉米几乎是一种不需要耗费体力打理的作物，印第安人有大量的空闲时间，所以他们会有充足的时间修建大型的金字塔用于祭祀；在欧洲人的食物主要是黑麦等谷物，并不需要太多人工的干预，因为产生的食物能量效率不如中国高，所以没有产生类似中国的高密度人口聚集和高强度的社会管理压力。

布罗代尔认为，欧洲的崛起和气候有着密切的关系。欧洲的大部分地区是温带海洋气候，较为寒冷，天气不好的时候多。因为天气恶劣，人们户外工作的天数就比较少，但人们一样需要养家糊口，这导致欧洲人单位时间的劳动成本更高。雇主为了节省劳动力的费用，转而寻求发明自动化的机械，致力于技术发展，推动了后来的工业革命。

布罗代尔的这个观点是典型的地理决定论，但地理决定论存在明显的局限性，它只表明外部环境对生产关系和生产力有影响，但没有从内在逻辑层面提供令人信服的证明。

第二种观点是从经济学角度对欧洲崛起进行解释。珍妮特·阿布－卢格霍德在《欧洲霸权之前》中认为：公元 1250 年到 1350 年是世界历史的一个重要转折点，在这个时间，连接地中海东部和印度洋的中东中心地带构成了使东西方大体平衡的支点；曾经的八个基本贸易体系逐渐瓦解成三个——欧洲体系、中东体系和亚洲体系，它们一起构成了世界主要的贸易中心区。

她认为，13 世纪之前，世界贸易体系还相对比较稳定，基督教、伊斯兰教、佛教、儒家思想、琐罗亚斯德教等不同的宗教大体可以在这种贸易体系下和平共处；这个体系在 13 世纪开始瓦解，东方开始衰落，西方开始崛起；且欧洲并不是自然而然地崛起，而是在东方衰落的基础上崛起。

为什么会出现这种情况呢？她认为，欧洲的黑死病大流行直接导致了世界贸易的失衡。黑死病沉重打击了西亚及蒙古帝国，西方世界失去了通过陆路连接东方的纽带。在丧失陆路贸易后，欧洲人要进行贸易必须走大西洋。往返于大西洋的船队从混乱中受益，西欧成为商贸往来的必经之路，世界贸易的中心从西亚转到西欧，从此西欧开始崛起。

第三种观点是李约瑟的商业自由说。李约瑟认为，在中世纪以前，欧洲无论是社会、政治还是文化方面都不如中国稳定，发展一直落后。更严重的是，因为欧洲字母书写比较灵活，不同的部落和群体形成了不同的语言，从而加剧了欧洲的割裂，导致欧洲越来越落后。

但来自东方的两种发明改变了这种状况，一个是马镫，一个是火药。马镫增加了骑兵的战斗力，进而产生了骑士阶层和封建制度。火药则相反，它摧毁了封建制度，削弱了骑士阶层的权力。随着火药对骑士阶层势力的削弱，商人阶层出现了，这促成了欧洲在整体上的财富崛起。

李约瑟指出了中国和欧洲的一个重要的区别：中国的城市是自上而下的政治统治区，而欧洲的城邦是自下而上的商业聚集区。李约瑟认为，没有形成真正的商业是近代中国落后的根本原因，而欧洲的工商业在近代的快速发展，奠定了欧洲在近代崛起的基础。

第四种观点是托比·胡弗的科学共同体说。美国社会学家托比·胡弗认为，在伊斯兰世界，学生的能力是由国家和师傅判定的，个人化倾向非常强，知识分子没有形成自己的集体身份，导致其很难拥有独立的权利和思想。

11世纪末，欧洲颁发了《查士丁尼法典》，这部法典保障了可以供人们讨论和争辩的共有知识的思想。在这个基础上，欧洲迅速形成了科学共同体，欧洲第一所大学——博洛尼亚大学——随之诞生。

托比·胡弗认为，伊斯兰世界对知识有一种奇怪的认知——他们不允许新的思想和旧思想进行碰撞，不允许讨论和争辩，更不允许一种新思想成为主流。所以，没有产生有组织的怀疑主义，更无法对旧有的知识进行系统的反思和批判。

托比·胡弗认为，阿拉伯天文学家和开普勒知道的知识差不多，但因为阿拉伯没有形成天文学科学共同体，所以阿拉伯科学家的发现迅速被淹没在历史中，没能产生"阿拉伯日心说"。科学共同体的概念就是有独立地位的群体，他们共同对某个科学问题进行探讨和质疑，这是科学发展的基础。

综上，西方学者从不同领域，对近代欧洲崛起进行了思考和阐释，涉及地理、环球贸易、商业发展以及科学共同体等方面。他们从不同角度考察了近代欧洲崛起的背景，试图论证欧洲的崛起并不是偶然的产物，而是有其内在的逻辑。这些不同的视角共同表明了欧洲在中世纪后快速崛起并不仅仅是文艺复兴、宗教改革和地理大发现的产物，而是从中世纪就开始孕育的一场思想巨变的结果。

有人说，欧洲中世纪是古希腊罗马的黄金时代和文艺复兴的黄金时代之间的一道黑色疤痕，欧洲人迷失了一千多年，到文艺复兴才重回文明的坦途。也有人认为，漫漫中世纪，看起来四分五裂的欧洲其实内在是统一的，欧洲人凝聚在基督教世界的思想观念下，教会建立了统一的教科书体系，人文、法律、宗教神学成为人们共同的关注。这种表面上的四分五裂和精神层面的共识，才是欧洲在中世纪后迅速进入近代文明的根本原因。

　　当然，以上因素都不一定导致必然的结果，文明的发展太过复杂，存在着太多偶然的因素，它所呈现出的结果可能并不必然，执拗于必然的因果关系也会导致独断论的发生。不过，从不同的视角考察欧洲的崛起，对我们认识现代文明有着重要的指导价值。

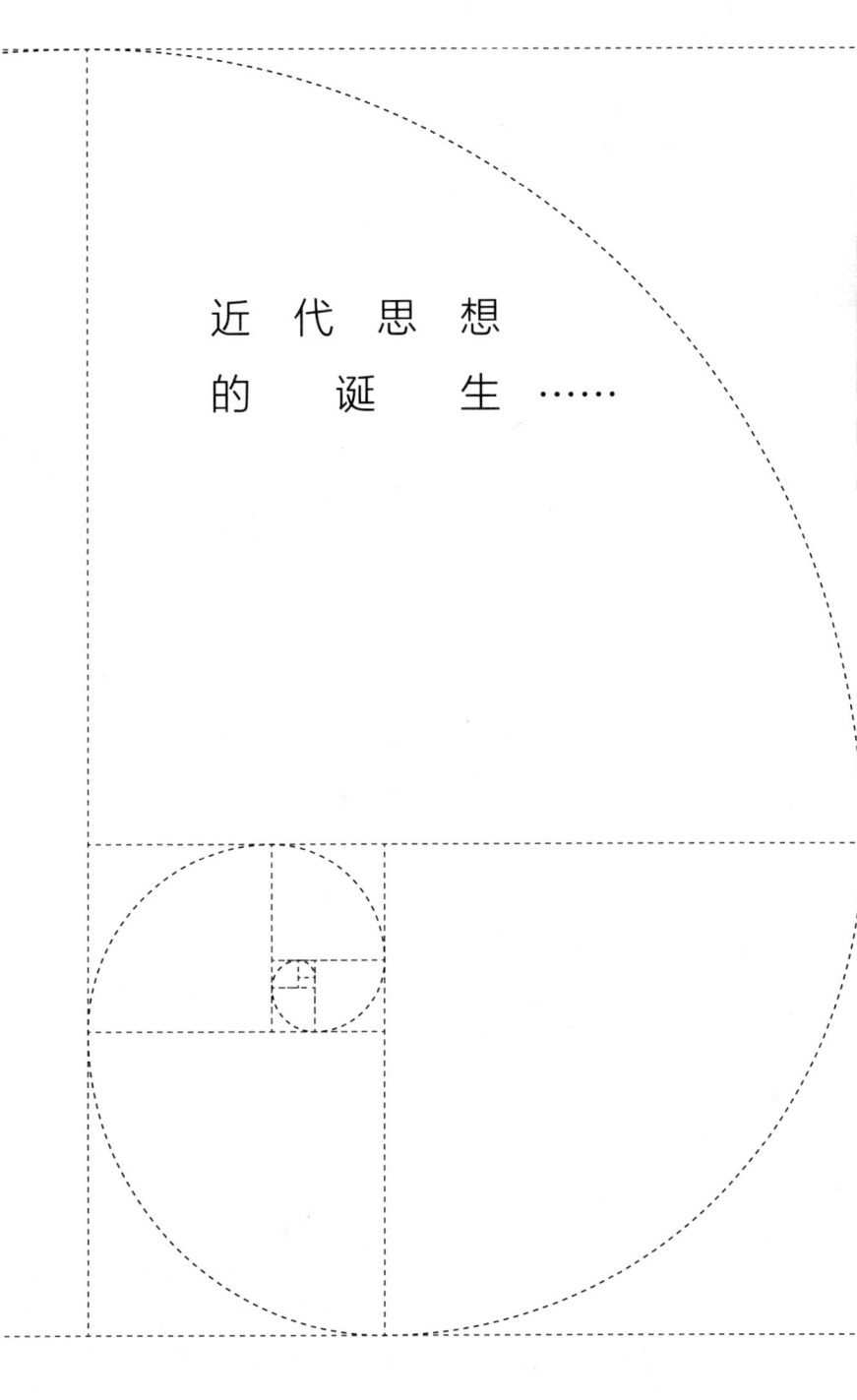

近 代 思 想
的 诞 生 ……

马基雅维利

被嫌弃的一生

电视剧《冰与火之歌》之所以能够在全球收获大量粉丝，是因为这部作品把西方厚黑的权力哲学表现得淋漓尽致。

《冰与火之歌》的成功需要感谢一个人，那就是马基雅维利。权力游戏中所有暗黑的斗争策略都不过是马基雅维利政治权谋在艺术作品上的实践。在马基雅维利的眼中，所有的美德、荣誉、善良、忠诚，都不过是权力游戏的一个注脚，通往铁王座才是终极的方向。

马基雅维利出身一般，但聪明异常，他从小就对权力充满渴望。老马基雅维利看这孩子骨骼清奇日后必成大器，就借债让他上了最好的贵族学校。

1494 年，法国入侵意大利，当时的佛罗伦萨由美第奇家族统治。美第奇家族擅长放高利贷和养艺术家，对打仗不是很熟。法国军队离佛罗伦萨还有 500 多千米，美第奇家族就已经收拾好了蛇皮袋。看到主子这么尿，佛罗伦萨民众认为养他们还不如养条狗，于是联合起来把美第奇家族彻底撵出了佛罗伦萨。在这场运动中，马基雅维利一马当先成为革命的中坚力量。1498 年，马基雅维利凤凰男飞上枝头，在新成立的佛罗伦萨共和国谋得一个主管外交的职位。外交大臣马基雅维利开始全欧洲出差，动不动就出访法国宫廷，出入罗马教廷如入无人之境。很多年后，穷困潦倒的马基雅维利在农村刨了一天地，回到自己的破房子躺在咯吱作响的床上，还经常梦见自己和法国国王一起品鉴葡萄酒的峥嵘岁月。

在共和国当官员的那段日子是马基雅维利一生最辉煌的时光。但马基雅维利的事业线是起落落落落，本来以为外交官只是一个序章，没想到出道即巅峰。

1512 年，美第奇家族在西班牙的支持下卷土重来。佛罗伦萨共和国的领导人流亡的流亡、跑路的跑路，马基雅维利还没反应过来就被美第奇家族端了老窝。美第奇家族以为马基雅维利是个有风骨的知识分子，准备用炮烙好好招待他一下，但炉子还没生好马基雅维利已经用蝇头小楷工工整整写好了万言认罪书。美第奇家族看这货厼得如此清奇，就把他发配到了农村老家刨地。

刨地是不可能只刨地的，马基雅维利刨地的时候完成了《君主论》。

马基雅维利一边刨地一边为主子操碎了心，他做梦都想重回政坛。于是，马基雅维利忘了自己曾经在美第奇家族的渣滓洞被打到怀疑人生的黯淡时光，脸上的伤还没好利落就觍着脸给美第奇家族写信。开篇就是：亲爱的洛伦佐（洛伦佐美第奇）······信中大概的意思就是，我有奇书一册，助君安邦治国，谁能重整河山，唯有使君与我。只要给他一官半职，他必将唯伟大的美第奇家族马首是瞻。

让马基雅维利迷之自信的《君主论》到底是一本什么书？马基雅维利的这本君主之书里面充斥着缺德冒烟的阴损招数。比如，君主如何收拾民众，如何让民众怕你，如何拔最多的鹅毛听最少的鹅叫，如何一边欺诈民众一边自己捞好处。马基雅维利说，君主不要有人性，只要有兽性就好了。这本意大利版的厚黑全书被后世思想家称为暴君的权杖。

马基雅维利呕心沥血创作了这部奇书，以为凭这个投名状能够继续去凡尔赛宫喝葡萄酒。可惜，现实狠狠抽了马基雅维利一耳刮子。洛伦佐美第奇拿到这本书微微一笑，对属下说，看到没，这就是小人。马基雅维利没有等来美第奇家族的提拔，却等来了另一个消息，神圣罗马帝国查理五世率军血洗罗马，教皇被推翻，美第奇家族又倒台了。佛罗伦萨共和国复辟。

听到这个消息，正在刨地的马基雅维利老泪纵横。天道好轮回，你美第奇不识货，活该！新生的共和国总不能忘了自己这个老臣。他翻出尘封已久的正装，星夜兼程一路小跑去共和国报到。共和国看了看他，呵呵，搞笑吗？你给洛伦佐美第奇的信我还给你留着复印件呢，要不要再跟我一起重温一下，亲爱的洛伦佐······共和国不需要你这样的人才，还是刨地更适合你。

被共和国拒绝后，马基雅维利抱着《君主论》黯然回到老家，很快郁郁而终。这个意大利商鞅在生命的尽头也没有想明白，自己的一生为何总是被嫌弃。

马基雅维利留下的《君主论》和商鞅的《商君书》一样，成为千古奇书。以至于欧洲历代知识分子提起马基雅维利都要先吐为敬，甚至说过他的名字都要清水漱口。马基雅维利到底有什么样的哲学观？先从一个故事说起。

1940 年，德军闪击英国城市考文垂，在连续 10 多个小时的轰炸中，考文垂变为一片废墟，数以万计的生命在轰炸中逝去。丘吉尔早已得知德军的此次行动，但他依旧决定，不做防空预案，不提前撤离市民，而是眼睁睁看着数以万计的英国平民命丧德军大轰炸。丘吉尔为什么要这么做？当时图灵已经破译了德军恩尼格码机的密码，掌握了德军的动向。丘吉尔要保护这个最高秘密不被德军发现，用它换取最终的胜利。这个最终胜利的代价，就是考文垂数以万计平民的生命。

为了大多数人，牺牲少部分人，这种功利主义的观念在现代早就被以赛亚·伯林为代表的一批思想家批成了漏勺。但是，我们还是要问，丘吉尔做出这种决策有道德依据吗？

在奥古斯丁用上帝之城建立基督教道德观后，欧洲确定了君主和民众同样的道德体系，君主也必须在基督教的道德体系内行事。而马基雅维利之后，君主有了第二种道德体系。

马基雅维利对道德体系进行了重大创新，高屋建瓴地为君主洗地。马基雅维利认为，民众的道德是民众的道德，君主的道德是君主的道德，这是两种体系。马基雅维利认为民众必须遵守基督教道德，这是保障社会稳定的必要手段，但君主不需要，因为，我们不一样！

马基雅维利认为基督教道德就是一些假惺惺的陈规陋习，只会让人变得懦弱，一个君主如果完全被基督教控制，那就成了一团烂泥扶不上墙。他认为，君主面对复杂的形势必须审时度势随时调整他们的道德以应对瞬息万变的世界，以保证君主不受任何道德胁迫。马基雅维利认为，成就伟大的事业，必要的牺牲是值得的。君主应该熟练掌握欺诈术，一个循规蹈矩的君主被干掉是活该。政治是广袤的黑暗丛林，你不干掉他，他就干掉你。

马基雅维利说，只有当道德能够实现君主最大利益的时候君主才可以讲道德。当君主为了生存而背叛道德时，必须要精心掩盖，做到演技高超忽悠有术，拿不到奥斯卡也得拿个金马。

马基雅维利洞察了民众的心理，并由此对民众充满鄙夷。他说，民众都是忘恩负义、反复无常、虚伪奸诈、出尔反尔的小人，一旦你成功，他们立马跪舔，一旦你失败，他们一起过来围观并向你吐痰。所以马基雅维利认为民众都是脑残，如果君主被民众的道德绑架，君主也就是个脑残君主。

《君主论》自诞生之日起就成为人们争论的焦点。有人对它极其热爱，称赞它为君王之书。但大部分欧洲知识分子都对它嗤之以鼻，认为马基雅维利不管从哪个角度看都是知识分子里的败类。有学者不同意马基雅维利是彻底的败类，因为他还有另外的著作《论李维》。在这本书里，马基雅维利又表现出强烈的共和思想，充满了对君主制的批判。一会儿吹君主，一会儿捧共和，马基雅维利分裂得有点明显。

备受争议的马基雅维利之所以会被称为近代政治哲学之父，是因为他用功利主义的价值观提出了政治非道德的观点，让政治哲学摆脱了神学和道德。他认为，主宰人行动的不是正义或者道德，而是人对生存本能的欲望、对生存安全的追求，这些都需要靠权力获取。

马基雅维利的观念开创了近代政治哲学，它深刻影响了霍布斯、斯宾诺莎等人。马基雅维利充满黑暗丛林法则的价值观，也深刻改变了西方近代思想史的走向。

霍布斯

跑路小王子

英国历史上跑路最快的两个人，一个是牛顿，一个是霍布斯。

牛顿上午刚听说伦敦有了传染病，下午人已经瞬移到郊区老家，而他的同学还一脸蒙。至于霍布斯，跑起路来会进入量子态，根本无法确定他到底人在哪。

霍布斯活了91岁，之所以如此长寿，得益于他常年坚持跑路这种健身方式。霍布斯第一次跑路，是听到克伦威尔已经杀到伦敦城下，作为保王派，落到克伦威尔手里肯定没个好，于是霍布斯连夜打包细软，当天人就跑路到了巴黎。

第二次跑路，属于霍布斯吃饱了撑的去用腿别火车。在巴黎闷头发财的小日子本来过得不错，但知识分子擅长没事找事，他发表了《利维坦》。这下捅了马蜂窝，不但惹恼了法国保护者，也惹恼了一起流亡的保王派。克伦威尔说，这货是个保王派，抓活的。圣公会说，这厮竟然说相信君权神授的都是蠢货，抓回来炮烙了吧。上穷碧落下黄泉，到哪儿都是个死，霍布斯后悔得直撞墙，只得又连夜从巴黎逃回了英国。

第三次跑路是1666年，天降异象，伦敦发生大火，教会说，都是霍布斯这小子诽谤神惹来天怒，赶紧烧好炮烙给他发邀请函。霍布斯吓得连夜翻墙逃走，跑路前还一把火烧了自己的手稿。没想过两天圣公会又说，算了，看你是个人才，回来吧。霍布斯一口老血，手稿还得重写。

霍布斯为啥这么喜欢跑路呢？

据霍布斯自己交代，他妈生他时，天空成群的白乌鸦飞过，英吉利海峡波涛滚滚，西班牙无敌舰队气势汹汹扑向英国，英国人情绪非常不稳定，妈妈一激动，提前诞下了霍布斯。

所以霍布斯说，我是个孪生儿，和我一起诞下的，还有一个叫恐惧。

因为恐惧，霍布斯对秩序充满了迷恋，他认为有秩序总比无秩序好，就算是最差的秩序也强过最好的无秩序。

霍布斯据此提出了自然状态理论。他认为，人类最开始的时候，没有社会，没有秩序，没有道德规矩，在这种自然状态下每个人都是单独的个体，这些单独的个体表面看起来平等但实质却充满了争斗，是一切人对一切人的战争。这种自然状态是反文明的，谁都不会想经历。

霍布斯说，造成一切人对一切人战争的原因，第一是资源匮乏导致的竞争，第二是欲望和猜忌，第三是对荣誉的纷争。如果无法找到一个最强的主权者，就必将陷入纷争不止的自然状态，在这种自然状态下，什么文明发展、科学进步，统统都是做梦。翻译一下就是：要想富，先抱腿。找一条最粗的腿抱紧，在秩序中才能有活路。霍布斯认为必须找到这条最粗的腿，不管这条腿是不是美观，是不是腿毛丛生，有没有静脉曲张，有腿抱总比没有腿抱好。

那么，如何找到这条大腿呢？

霍布斯说，君权神授不靠谱，而应该人授，我们应该建立契约，通过契约授权的方式把规则的制定权交给那条最粗的腿——利维坦。他说的利维坦是比喻，是《旧约》里的一个巨大的怪兽，它吞噬一切，笼罩一切。

霍布斯认为，只有利维坦才能保护所有人，只有这条最粗的腿才不会让我们天天吓得要跑路。

那么，被波普尔誉为英语世界最牛的政治哲学家——霍布斯的深刻影响世界的著作《利维坦》到底讲了什么呢？

据说，一次霍布斯在朋友家参加聚会，无意间看到桌子上摆了一本《几何原本》，霍布斯一瞥之下惊为天人，从此深深爱上了几何学严密的论证体系。此后，在哲学思想上，他也致力于用《几何原本》的演绎法论证自己的理论体系。

来看一下霍布斯论证利维坦的逻辑。

第一，恐吓。霍布斯先抛出了自然状态，给人们展现了一幅一切人对一切人的战争的悲惨景象，从而推导出如果没有一个绝对的主权者，自然状态就不可避免。

第二，论证自然状态为何出现。因为资源的匮乏，因为人的贪婪和私欲，完全无序的自然状态必然出现。

第三，人类要脱离自然状态，要维护自身的安全，就必须通过团结来自保。

第四，如何自保呢？就是要找到一个主权者，由主权者来进行管理。

第五，如何找到主权者呢？人们需要通过契约的方式把自身权利让渡给主权者。

从此，主权者的意志就是你的意志，主权者的爱好就是你的爱好，主权者的法律就是你的法律。因为主权者是你意志的一部分，所以他完全代表了你的意志，在权利交出后，你的意志已经不存在，它已经和利维坦融为一体。而你，就是利维坦的一部分。

至此，霍布斯这个跑路大师的观念已经露出了庐山真面目，他用严密的论证让人绝望地发现，个体的意志毫无存在的空间，要么被笼罩于中世纪无所不在的神权之下，要么被镶嵌于庞大的利维坦冰冷的身躯里挣扎。

霍布斯的《利维坦》几乎改变了当时的哲学走向，他把逻辑演绎法应用于人性和哲学，通过对人类的本性研究推导出自然状态，并最终推演出一套逻辑缜密、高度自洽的理论。霍布斯凭借自己的才华和思辨，把人类社会的治理形式从神的国度带到人的国度，却又将刚从中世纪解放出来的人的意志再次捆绑到冰冷的利维坦身上，他在拯救的同时也形成了另一种囚禁。

《利维坦》提出君权人授的概念，把神的威严打落凡尘，明确了社会体系中权力的来源和契约的构成形式。然而，霍布斯对君权神授做出巨大的颠覆之后，却保留了父权的绝对性和不可置疑性。他指出，人们一旦向利维坦让渡管理权，将不可再收回。利维坦的权力是绝对的、不可逆的，具有父权的先天性和不可置疑性。

霍布斯的《利维坦》看似论证缜密、逻辑严谨。但问题是，自然状态这个论证的起点出了问题，同时代的英国自由主义大师洛克抓住霍布斯的这个漏洞，把霍布斯的理论打成了筛子。

洛克
古典自由主义先驱

美国真正的精神国父是谁？美国立国精神的来源到底是什么？

这种精神就是古典自由主义。杰斐逊起草《独立宣言》时，几乎是照搬了洛克关于古典自由主义的观念。

霍布斯认为，一个社会如果没有主权者将进入一切人对一切人战争的自然状态，自然状态没有秩序，没有安全，更不可能有自由。而洛克和霍布斯的观念恰恰相反，他认为，没有主权者社会也不会进入霍布斯所说的自然状态，因为人类还有理性精神。

洛克指出，人们基于理性精神在一起生活并形成自然秩序，在这种秩序之上，人间并不存在至高无上的裁决，唯一的裁决只有人们心中的律法，这才是真正的自然状态。

在理解洛克的自然状态之前，我们需要简单理解自然法的概念。自然法的诞生背景众说纷纭。一般认为，自然法和宗教信仰相关，最早源于古希腊，后来被宗教学者演绎。人们相信在远古的黄金时代，一切都自然有序，先祖们基于一种共同的价值观一起生活，这个共同的价值观就是自然法。

自然法中的自然，在基督教的价值体系中就是神的意志。他们认为，自然赋予人们绝对的善，自然法是独立于任何国家、政治机构和意识形态的一种共同的价值体系，类似于柏拉图理念世界的善，是至高无上的秩序，是独立存在的实体。

自然法提倡天赋人权、人人平等、公正公平。在洛克的描述中，自然法保障人类的三种权利不受任何成文法的侵犯，它们是生命权、自由权和财产权。

洛克说，只有依托于神之下的理性原则，人与人之间才会实现对等的尊重与和平共处，才会在没有主权者的时候产生秩序，因为只有这样，所有人的利益才能最大化。而霍布斯的自然状态是一切人对一切人的战争，每个人都得不到安全。洛克认为，这完全消解了人的理性精神，也不符合神的意志。

洛克的自然状态是一群有德行的人根据自然法组成的一个共同体，不需要主权者，但也不是一个无主权者的乌托邦。在洛克眼中理性代替了主权者，自然法所建构的观念是所有人都认可的基本的道德理念。比如，不可杀人、不可抢掠、不可限制他人的自由。

在人类其他地区的文明体系中，也有自然法的影子。比如中国的孔子说，己所不欲，勿施于人。你不想自己的生命受到侵犯，就不要去侵犯他人的生命；你不想自己的财产被掠夺，就不要去掠夺他人的财产；你不想被人剥夺自由，就不要去剥夺他人的自由。所以，自然法呈现的是一种对等的尊重原则，并通过对等实现所有人的权利最大化。

在洛克的政治哲学中，财产占有非常重要的位置。他认为，财产是政治权利中非常关键的因素，人们天生有权惩罚对自己财产进行侵害的人。当你的财产被侵害，你有天然的权利去对侵害人进行惩罚。

首先，洛克要论证生命权。他说，对幸福的追求是人类天赋的权利，但是，要享受这种幸福，必须有生命作为前提，生命是人们享受幸福的基础。人类要追求幸福，必须有自我保全的能力，造物主注入人们内心第一位的欲望就是自我保全的欲望，这种欲望是人类的天性，保护自己的生命免受伤害。洛克认为，任何与自我保全这个观念不相容的事物，都不可能是正义的，也不符合自然权利。

在提出了自我保全这个人类底层诉求之后，洛克继续论证，他说，除了生命之外，人类的幸福还要以财产为前提。如果人们创造的财产会被随意剥夺，那么人类就享受不到创造的幸福，文明就失去了发展的动力，生命的保全能力也会被损害。所以，一个社会最根本的目的就是保护财产，保护社会中勤劳而智慧的人的财富，免于被充满惰性的人侵犯。

问题是，洛克为什么要赋予财产权神圣性呢？

这源于洛克对财产来源的思考。他认为，财产的正当性在于你如何获得它，只有获得过程正义，财产才是正义的。人们合法占有财产的唯一正当方法，就是直接从自然，也就是从造物主那里获取。这个过程就是，通过自己的劳动把自然的东西转变为自己的财产，比如你在深山采摘的果子，从河里钓的鱼，从森林中砍伐的树木，当这些自然资源和你的劳动融为一体的时候，就成了你独有的财产。

洛克说，除了劳动和由此衍生的交换以及赠予，从他人那里获取的财产都不符合正义原则。比如乞讨、盗窃、掠夺，这些行为就违反了自然法。劳动是唯一与自然权利相吻合的财产占有方式。获得正义就是——把原来不属于任何人的、来源于自然界的、人人都可以获取的东西，通过劳动变成私有财产。

洛克认为，人类是自己肉身的主人，更是自己的肉身通过劳动所创造之物的主人，人类对自己肉身的真正拥有，就包含着对肉身所造之物的真正拥有。每个人都天然地是自己肉体的独一无二的所有者，这是他财产权的基本逻辑。

但洛克还要论证另一个问题，到底是什么促使了人类去劳动呢？他说，劳动创造财产只是结果，背后另有原因，这个原因就在于人类不满足的贪欲。但洛克认为，贪欲增进了人类的整体福祉。

洛克说，如果每个人的劳动仅仅满足于个人必需的财产，那么将有大量的自然资源无法成为财富。只有当人们贪婪，去创造出远远超越自身必需的财产时，人类整体的财富才会增加，人类的福祉才会增加。没有贪婪，就没有真正的富足，因为少数人的贪婪，他们愿意吃苦耐劳自律工作，这些人会推动绝大多数并不愿意吃苦耐劳的人被迫参与劳动。这将极大地提高自然资源利用率，让那些没用的自然资源成为人类的财富。

洛克的思想深深影响了麦迪逊、杰斐逊、富兰克林等人，可以说洛克才是美国的精神国父。在洛克的古典自由主义基础上，人类驯服了权力，保护了权利，脱离了丛林法则，进入了文明2.0时代。

时至今日，我们依然被洛克深深影响。他告诉我们自然权利是天道，人们与主权者之间的关系是契约，三权分立是对利维坦的驯服，基于同意的权利是一切政治文明的基础等重要内容。洛克提供了一个坚如磐石般的思想蓄水池，他的思想对现代文明至关重要。

埃德蒙·柏克

保守主义是什么？

据说英国国王乔治三世精神不太好，在美国独立战争期间，看着北美革命形势愈演愈烈，他的病情也越来越严重，出现了狂躁的症状，每天想的都是如何派重兵拍死这帮刁民。

在疯王的不断施压下，英国国会通过了《强制法案》继续对北美进行高压统治，他们派出军队去镇压北美的抗税刁民。于是，莱克星顿第一枪打响，北美殖民地与英国开始了全面的武装对抗。

这时，一个辉格党的议员站了出来，在议会发表了一篇重要演说——《论与北美殖民地的和解》。这篇演说的核心内容就是，别打了，随他去吧。这种典型的不和谐音符，赤裸裸的"英奸"行为，居然没被疯王拿下，可见乔治三世真的没什么权力。

这个议员在这篇演说中说，我之所以支持北美殖民地独立，源于我们共同的情感、共同的血缘、共同的利益以及在法律上所拥有的共同的平等地位。你们因为想拥有北美而伤害北美，你们想得到的东西已经在战争中失去了原有的价值，还消耗了整个大英帝国的力量。

这个端着英帝的碗砸着英帝的锅的家伙到底是谁？他就是保守主义奠基人——埃德蒙·柏克。

柏克认为，做一件事要考察收益与成本，对北美殖民地发动战争的目的是征税，但以当时的状况看，征的税还不够养军队的开支，还要倒贴，如果输了不但捞不到钱还丢了宇宙第一强国的面子。你打北美刁民到底要干啥？

柏克认为，北美殖民地抗税是一种追求自由的行为，这和英国自光荣革命后提倡的自由主义是同一种原则，都是咱们不列颠臣民，伟大的乔治三世不能说一套做一套。

柏克援引经济学之父亚当·斯密的观点说，咱们大不列颠不能继续成为一个领土性的帝国，今时今日，这种只想着抢地盘的土鳖行径毫无技术含量。大英帝国作为文明范式的开创者，要与时俱进，考虑用一种新的模式去实现自己的目的。比如可以放弃高成本的军事殖民及资源掠夺性的模式，转而寻求和殖民地之间的经济合作，拓展成一个商业性互惠互利的文化圈。毕竟，北美的刁民和不列颠同宗同族，做生意没有障碍。

柏克和亚当·斯密的这种观念代表了英国殖民模式的转变。从此，英国逐渐实现了从重商主义到自由市场主义的转型，其不再以资源掠夺、领土占领为主要的目标，而是转向自由市场的贸易合作。

柏克尊重传统，他认为，向殖民地征税这种行为在英国古老的传统中并没有先例，违背了保守主义的基本价值观。

那么，柏克的保守主义要维护的是怎样的一种价值观呢？

很多人对保守主义概念存在严重的理解偏差，认为保守主义是陈旧、迂腐的旧体系的维护者。其实，英美保守主义指的是保守自由传统的一个思想流派。他们认为，人先于国家而存在，国家存在的目的是保障民众的自由，而自由和财产密不可分，他们相信私有产权的神圣性和基于自发秩序的传统道德规范，对任何纯粹的形而上学和建构理性充满警惕。保守主义保守的是自由的传统，是财产权和自由权。

阿克顿勋爵说，妥协是政治博弈的灵魂。在英美的思想体系中，阿克顿勋爵这句话的前瞻性不断得到验证。正因为有了埃德蒙·柏克、亚当·斯密、托马斯·潘恩等人的推动，英国和新兴的北美殖民地之间才没有陷入持续战争的泥潭而两败俱伤。在这种妥协的思想观念中，诞生了一个现代性强国——美国。而英国也逐渐从领土性帝国转向商业性帝国，不再沉迷领土的扩张和资源的掠夺，而是依托商业获取丰厚的利益，并得以保持世界头号强国地位一百多年。这都是保守主义、古典自由主义观念带来的红利。

笛卡尔

我思故我在

在人类思想史上，许多伟大的传奇和梦境有关。比如，庄周梦蝶遂成《齐物论》，弗洛伊德通过《梦的解析》创立了精神分析法。

笛卡尔在 1619 年 11 月某日的三个梦境影响了世界 400 多年。

笛卡尔和现代打工人一样讨厌上班，喜欢赖床和做梦。笛卡尔虽然裸睡在床上，但总是梦见自己在火炉旁思考。笛卡尔逐渐分不清现实和梦境，进而认为整个世界都可能只是南柯一梦，他对世界产生了彻底的怀疑。

如果一切都是不可靠的，一切都可能是梦境，那就必须把整个世界的确定性悬置。要理解这个世界，就必须找到世界唯一的确定性，在这个确定性的基础上才能展开对世界的讨论。那么，这个世界唯一的确定性是什么呢？

我们眼睛看到的世界是确定的吗？不一定，它可能是梦境。因为在梦境里我们的世界依然存在，我们可以呼吸，可以感受身体的疼痛，可以用手掌抚摸坚硬的石头并产生触觉，一切的真实在梦境中都会存在。所以，我们见到的这个世界不一定是确定的。

那我们的身体是确定的吗？也不一定。我们的身体在梦境中可以飞翔，身体甚至可以不存在而成为一个飘浮的思维，比如《黑客帝国》所塑造的 matrix（承载和控制人类身体和思维的"母体"）世界，人们的身体不过是某种程序的映射。所以，身体也不一定是确定的。

如果眼前的世界和我们的身体都不一定存在，那么唯一的存在是什么呢？笛卡尔认为，这个世界唯一的确定性就是"我在思考"这件事本身。

于是，"我思"成为笛卡尔思辨的开端。笛卡尔在这里所说的我，并不是我的肉体，因为我的肉体不一定存在。这里的我，是思想的主体，可能是一个心灵，可能是一种理性，它是超越有形物体之上的存在。思想在这里成了一个实体。由此，笛卡尔推导出身心二元论。

所以，"我思故我在"的真正含义，不是我思考所以我存在，而是，在对整个世界真实性产生怀疑后，我唯一可以确定的是自己思想的存在，因为我正在思考。

"我思故我在"的伟大之处在于，它是一个纯粹的逻辑证明。"我思"是直观感受，"我思在"是逻辑演绎。笛卡尔把人类知识的大厦建立在直观感受和演绎的基础上，直观给人类提供了基本的观念，而演绎则从直观中引申出更多的信息。笛卡尔认为，演绎法是获取知识最可靠的线路，因为它坚如磐石，不可撼动。

"我思故我在"确立了意识的第一性，摒弃了一切表象的不确定性。在笛卡尔的思考下，人类的理性幡然醒来。人们开始明白自我意识才是第一位，一切神都不能僭越。笛卡尔打碎了神学的桎梏，依靠纯粹理性建构起一个坚实的世界。他从中世纪的阴影中走出，建立了一个不依靠神而独立存在的自我，完成了近代哲学主体性的崛起。笛卡尔思辨的意义可以说是人类精神的一次直立行走。

至此，西方哲学开始从古希腊哲学追寻"世界的本质是什么"的本体论转到"我可以认识什么"的认识论，从对外部的追寻转向探讨人类本身的认知。这是一个从 what 到 how 的过程。如果连人类认知的边界都没搞清，那怎么去追寻本体呢？

基督教学者和其他学者一个最大的不同，在于他们不满足对神的纯粹信仰而是寻求对神的理性解释，从而形成了有理性的信仰哲学。笛卡尔在完成了只有"我思"存在的证明后立刻要进入下一个沉思，那就是证明最高本体，也就是神的存在。笛卡尔之前的安瑟尔谟和阿奎那，笛卡尔之后的康德，都从不同角度对本体的存在进行了证明。

首先，来围观安瑟尔谟的本体论证明。安瑟尔谟的证明不能不说脑洞清奇、神逻辑满满，属于蛇咬尾巴式的证明。这个证明极其简洁，只要三句话。第一，一个你想象中完满的神是存在的；第二，一个你想象中完满的神是不存在的；第三，因为存在比不存在更完美，所以第一句话是正确的。所以，神存在。

就这？但人家就这么简洁，多思考几遍，会陡然觉得安瑟尔谟很牛、很暴力。一句话，只要你理解了神的含义，神就必然存在。

其次，是阿奎那的宇宙论证明。阿奎那认为，事物必然是运动的，只要是运动的事物就存在推动者，只要有推动者就会存在第一推动。因为没有第一推动就没有第二推动，就没有第 N 推动……世界任何运动到最后都会追溯到第一推动。这个第一推动就是第一因，就是神。

和安瑟尔谟比起来，阿奎那可以说是中规中矩了。

那么，笛卡尔是如何证明神的存在呢？

笛卡尔怀疑一切，抛开一切，因为世界和所有的物质都不一定存在，它们不是自明的，所以当然不能作为论证的起点。在笛卡尔这里，唯一确定的存在是"思"，所以他要证明神，唯有依靠直觉和演绎的方法去实现。

笛卡尔首先提出，人类的观念是有原因的。因为直觉告诉我们，无中不可能生有，你有某种观念就必定有一个背后的原因让你产生这种观念。直觉还告诉我们，完满的观念不可能由不完满的东西产生，当你思想中产生一个完满的神的时候，一定有其原因。因为人类不完满，这种天赋观念中的完满性一定不是来自不完满的人类，背后一定有一个完满的存在，那就是神。

以上，证明完毕。

没看懂？再补充一个例子。比如，你看到一个圆，就立刻知道它够不够圆，哪里有缺陷。你判定这个圆是不是真圆的标准源于你思维中的完满的圆的概念。因为人是不完满的，所以你不可能产生这个完满的圆的概念，这个完满的圆的概念一定来源于某种完满的存在，而这个存在就是神。笛卡尔对神的证明是人类第一次不依靠经验、不依赖外物，纯粹用直觉和理性对神的证明。

笛卡尔在他的观念中引入神是一个令人吃惊的表现，因为这与他怀疑一切的思想并不符合。而且，笛卡尔在引入神的观念后其实在某种程度上也抛弃了他对外部世界的极端怀疑。因为完满的神必然具备真实性，如果神不是真实的，那就不可能是完满的。如果真实的神会给我们塑造一个虚假的世界，这本身就是一种逻辑不一致的表现。

笛卡尔对神完满性的论述也引出了另一个问题：如果神是完满的，那么神为什么会产生罪恶？

笛卡尔从认识论的角度对这个问题进行了一番考察。他认为，世界之所以存在恶，是因为神赋予了人类自由意志。所有错误的根源都在于人类的自由意志。因为自由意志会让人肯定某种观念而去否定另外一种观念。只有我们遵循一种无可辩驳的确凿无疑的事实，进而对其他似是而非的事实持有怀疑的态度，我们才可以奠定一个确定的世界图景。

笛卡尔对西方思想史的影响是极其深远的，被认为是近代哲学之父。

首先，笛卡尔的理性主义致力于反对信仰高于一切的中世纪宗教观。他用知识代替信仰，用理性取代非理性，用逻辑取代权威。笛卡尔认为，理性是人类认知世界的唯一方式，这消解了自奥古斯丁开始的信仰至上的思想传统，构建了人类基于直觉和理性的认识论。笛卡尔是第一个把人的意志从神学中拯救出来的人，这比哥白尼把天文学从神学中拯救出来更加伟大。从笛卡尔开始，人们不再匍匐于神的脚下，理性成为人类的第一原则。

其次，笛卡尔对理性的推崇引发了唯理论的诞生，深深影响了斯宾诺莎、莱布尼茨和康德对理性主义的理解。在笛卡尔这个巨人的肩膀上，理性主义引领了近代西方四百多年哲学和科学的发展，成为西方哲学的最高原则。

理性主义为近代自然科学指明了方向，人们逐渐形成了完整的科学方法论，那就是基于某种确定的前提或者公理进行思维的推导。人们可以身居陋室仅仅通过大脑就能演绎出一个精彩纷呈的世界。从这个意义上说，笛卡尔是现代科学理性的祖师爷。

再次，笛卡尔的身心二元论将心灵和物质彻底进行了割裂。从此，心灵实体的精神和物质实体的广延被分开研究。在笛卡尔身心二元论的影响下，有人认为物质是世界的唯一构成，形成了唯物主义；有人认为精神是世界的唯一构成，形成了唯心主义。

由笛卡尔所开创的理性主义缔造了我们今天这个日新月异的世界，无数科学家通过理性思考带来改变世界的力量。

斯宾诺莎

自由是风中飘荡的羽毛

世界上最宅的哲学家是谁?

我认为是斯宾诺莎。他既没有家人,也没有朋友,还没钱。他躲在小黑屋里磨了二十多年望远镜镜片。

在斯宾诺莎的时代,信仰宗教和现代信仰科学一样属于天经地义的事。但斯宾诺莎明显是个另类,在所有人都在虔诚祷告的时候,斯宾诺莎说,造物主的本质并不是一个有着无限意志、无限能力的人格神,造物主其实是自然实体。否定神的人格,这在当时是大逆不道的事。

斯宾诺莎这种否定《旧约》、否定神的行为不但是对犹太教的挑衅,也是对基督教的不敬。教会的人早就看出了斯宾诺莎作品里的含沙射影,于是快刀斩乱麻开除了他的犹太教教籍。教会认为斯宾诺莎被魔鬼附体,下令任何人不得和他说话,因为飞沫会传染魔鬼的信息。斯宾诺莎的家族也和他划清了界限。

被全世界抛弃的斯宾诺莎被驱逐出阿姆斯特丹,他搬到了郊区开始了持续一生的磨镜片生涯。作为一个哲学天才,斯宾诺莎众叛亲离,没钱,没朋友,吃不饱饭,还时刻面临着教会的暗杀。

但和某些学术能力与人品严重分裂的思想大师不同,斯宾诺莎是一个真正德艺双馨的人,做到了知行合一。当全欧洲都因为他的自然神论对他进行谩骂和排挤时，他从不回骂；当教会驱逐他时，他默默搬离；当他的姐妹为了争夺家中的财产起诉他时，他即使最后赢得了诉讼却还是把财产分给了姐妹。路易十四曾经想让斯宾诺莎为自己的一本书写序，作为交换，将回赠他一笔不菲的费用。这对当时土豆都快买不起饿得前胸贴后背的斯宾诺莎来说是一个巨大的诱惑。但斯宾诺莎却毅然回绝了大金主路易十四。他说，谢谢老板，但我想自己努力。

1677 年，一直独自努力着的斯宾诺莎因为吸入太多的玻璃粉末患肺结核去世，年仅 45 岁。然而对他的批评并没有因为他的去世而终止。在他去世后的几个世纪里，人们不断对他进行质疑、批判。直到人们真正走进他的著作和思想时，才终于发现，斯宾诺莎是一个如此深沉而丰富的思想者。荷兰把斯宾诺莎的肖像印于面值 1000 的荷兰盾上，以此悼念斯宾诺莎。

连罗素这位看谁都不顺眼的哲学大拿提起斯宾诺莎都一脸虔诚，说斯宾诺莎是哲学家中品格最高尚的人。而黑格尔说，要达到斯宾诺莎的人格是不可能的。

斯宾诺莎一生如烟花寂寞，但他的思想早已穿越黑暗的天空，照亮了人类理性主义的黎明。

在斯宾诺莎之前，近代哲学之父笛卡尔提出了身心二元论，认为身体和心灵是不同的实体。这就导致了一个问题，二元论割裂了两种实体的联系，那么身体与心灵之间要如何沟通？

比如，当你想要走路的时候，你的腿就会抬起，那么，你的心灵是如何控制你的身体呢？如果身体和石头都属于实体，那么，为什么只有身体才可以和心灵相通，而石头却不可以呢？

笛卡尔的身心二元论遭遇了理论盲区，于是斯宾诺莎出场了。

在斯宾诺莎看来，世界只有一个实体，这个唯一神圣的实体就是神。我们的身体和心灵都是神意志的体现。

看到这，你脑袋里会闪出一个问号，斯宾诺莎一口一个神，而且把神奉为唯一最高实体，这明明是虔诚的信徒，那为什么会遭到教会的迫害呢？

因为斯宾诺莎的神不是传统宗教所认为的神。他只是为了不被烧死才一口一个神，教会的知识分子早已看穿了这一切。

宗教的神是超越自然之上的外在力量，是自然规则的创造者，不受自然规则限制并且有自己的意志。而斯宾诺莎认为，神不是超越自然的存在，神就是自然和变化本身。这非常明确地指出，神和自然属于一回事，神即自然。斯宾诺莎把超验的神拉下凡尘，成为和自然、天地、万物一样的等级，这从根本上颠覆了宗教神学的观念。

从这个角度讲，斯宾诺莎就是典型的无神论者。他的理论之所以处处挂着神的名头，只是因为怕被教会烧死。为了避免被烧死，斯宾诺莎也心不在焉提出了神存在的证明，其基本论证逻辑类似安瑟尔谟。但这个投名状也没什么用，教会还是认定他居心叵测。

这里我们需要重新审视两个概念，人格神和自然神。

宗教神和很多科学家、哲学家口中的神到底有什么区别？笔者查阅了大量资料，发现概念的定义比较混乱，没有一个大师对自然神和人格神的概念进行明确阐释，资料观点不一，这里还是简单谈一下笔者的观点。

自然神基于原始自然崇拜，原始人在面对无法通过理性掌握的自然现象时，比如风雨雷电鸟兽鱼虫，就把它们当成崇拜的对象。在对自然事物崇拜的过程中人们逐渐赋予它们人的属性，比如一只乌鸦被奉为有人的意志的神鸦，那么这只乌鸦就成为自然神，所以自然神有人的意志。

而人格神，特指闪米特一神教三大宗教——犹太教、基督教、伊斯兰教的唯一真神，他超越万物，超越宇宙规律，没有形体，具有无限能力与意志。他比自然神更高远、更超越，是超验而不可知的。严格来说，因为神具备无限的意志，所以人格只是神无限全能的一部分。但神并不是人，所以叫人格神也不是精准的定义。

可以看出，自然神和人格神的定义都不够精准，它们各有包含，是人格和自然的兼容。

而斯宾诺莎的神既不是自然神也不是人格神，而是——神即自然。他只是把自然改头换面，换了一个名字，他的神是自然本身、变化本身、规律本身，既不是被赋予神的能力的自然物体，也不是超越宇宙规律的具有无限意志的人格神。从这个角度看，斯宾诺莎确实是一个无神论者。这就是教会要驱逐他的根本原因。

斯宾诺莎论述了人的自由意志。斯宾诺莎认为，唯一的实体是神，是世间所有广延（物质世界）和精神的"内在因"，神通过自然法则来主宰世界，所以世界上发生的每一件事都有其必然性，存在着不可改变的因果律。

斯宾诺莎这个观念否定了人的自由意志。他的证明方式是，意志只有被另外一个原因决定才可能存在。比如，我决定今天给自己放假，我这个意志产生的原因是我累了。而我为什么累，一定是其他原因导致的。如此一层一层无限递推，一定会推到一个终极的原因，这个终极的原因就是神的意志，这和阿奎那的第一因论证完全一致。

斯宾诺莎认为，我们以为的自己的心灵控制身体其实是一种错觉。不管是身体还是心灵，都不是你的意志的产物，而是神的意志。在斯宾诺莎这里，生命就像一片风中飞舞的羽毛，我们以为所有的舞蹈都是自由意志的选择，其实，那都是风的意志。这片风中飘飞的羽毛，正如斯宾诺莎的一生，那浩荡的长风裹挟着他一生悲惨的命运，但他却在无法抗争的命运中旋转出自己动人的舞蹈。

斯宾诺莎一生坎坷，但他高尚的人格和深邃的思考，成为西方思想史一缕灿烂的光。他和笛卡尔、莱布尼茨一起，被称为西方理性主义的奠基人，拉开了用理性主义反思神学的序幕。

牛顿

从半神到喷子

有人说天才是因为被上帝摸过脑袋。如果按这个标准，牛顿的脑袋应该被上帝摸出了包浆。牛顿智商到底有多高，我们不知道，不过，在西方影响力排行榜中，牛顿排第二，而排第一的是圣子耶稣。

牛顿的粉丝、英国诗人亚历山大·蒲柏称颂他：

自然的法则隐藏在幽微中，

上帝说，让牛顿去吧！

于是，一切都被照亮。

牛顿到底有多牛？牛到超乎你的想象。

1665 年至 1666 年，伦敦鼠疫横行，作为英国历史上跑路最快的两个人之一（另一个是霍布斯），牛顿撒丫子跑回了老家林肯郡。在老家农村被隔离的日子，牛顿钓鱼放羊，闲庭信步，顺手完成了几项开天辟地的工作，开启了全世界学生的梦魇。他的成就包括，创立微积分，完成光的散射实验，以及万有引力的体系搭建。它们是数学、光学和力学的基础。于是，1666 年被西方称为人类的科学奇迹年。

此时，牛顿才 23 岁。

有人问，牛顿这三项工作很牛吗？打个比方，如果牛顿的时代有诺贝尔奖，那么牛顿可以垄断三届物理学奖和一届化学奖，因为微积分的创立还需要给他发一次菲尔兹奖。牛顿的经典力学体系直接推动了欧洲科学革命的兴起。

欧洲人认为，正是因为有了牛顿的自然科学理论奠基，人类才得以摆脱经验循环进入现代文明。可以说，牛顿几乎是凭一己之力把人类从蒙昧时代拽入科学时代。

因为牛顿的成就太令人瞠目结舌，所以在英国他几乎被捧成了半神。在欧洲，他的粉丝也从阿尔卑斯山排到了波罗的海，拉格朗日、伏尔泰、洛必达都是牛顿的铁粉。

牛顿在 23 岁几乎完成了人生所有最重要的理论创建。剩下的那么多年，他岂不是更厉害？并没有！牛顿 23 岁的成就已经前无古人，可以躺平去嘲笑别人，往后余生，牛顿的主要工作就是喷莱布尼茨。

牛顿智商爆表，情商为 0。走在熙攘人群中，牛顿看所有的人都是智障，脸上总是流露出一种看傻子的嘲讽微笑。对一般人，牛顿根本不稀罕搭理，多看一眼算你赢，更别说骂你。但他就是和莱布尼茨过不去。

了解科学史的人都知道，牛顿和莱布尼茨不共戴天。1684 年，莱布尼茨发表微积分论文《一种求极大极小的奇妙类型的计算》。而牛顿认为，自己在 1666 年就在正流数和反流数的论文中提出了微积分，只是没有发表。这么小的理论，我忘了，莱布尼茨这小子明显是抄我的。为了捧牛顿的脚丫子，英国皇家学会也指控莱布尼茨剽窃牛顿的微积分成果。

莱布尼茨也不是圣母，回骂牛顿，我发表得可比你早，你这是猪八戒倒打一耙。

牛顿：呵呵，你也配让我抄？我上趟厕所的工夫都能再发明一套微积分你信不信？还嫌公开骂不过瘾，牛顿换了个马甲，给莱布尼茨写匿名信继续偷偷骂。

牛顿和莱布尼茨的口水大战，仅仅是因为微积分之争吗？当然不是，他们之间还有更深刻的矛盾。

有人可能会认为，牛顿是因为年轻时一鸣惊人，江郎才尽破罐破摔，才浪费自己被上帝摸秃噜的脑袋开始研究神学炼金和喷人，从一个斜杠青年堕落成了一个职业神棍。

事实上，牛顿并不是晚年才皈依造物主。在那部划时代的闪闪发光的《自然哲学的数学原理》中，牛顿已经表现出对造物主的狂热信仰和赞美。他说，完美到不可思议的宇宙，只能归功于拥有完美能力的造物主。可见，牛顿从一开始就是个虔诚的信徒。

牛顿还说，我们不可能真正地认知造物主，只能通过它的所造之物去认知它。造物主所造之物，必然有其规律，我们要洞悉这个规律，进而去证明造物主之伟大。

至此，一个清晰的逻辑浮出水面。牛顿研究数学和物理不是因为热爱科学，不是为了得三好学生，也不是为了发财致富迎娶白富美出任CEO（首席执行官），他起心动念就是为了荣耀造物主。他的目的单纯到匪夷所思，所有那些金光闪闪的数学、光学、物理学，都不过是牛顿在荣耀造物主的过程中不小心破解的隐藏于幽微之中的规律，仅仅是副产品。

牛顿认为，造物主不会干涉宇宙的运行，而是设计了一套精密的运行机制，造完之后，造物主踢了宇宙一脚，用这个第一推动启动了宇宙的运行，然后，造物主就出门旅游了。这种观念，就是典型的机械宇宙论。

莱布尼茨和牛顿的信仰存在重大分歧。莱布尼茨在《神正论》中提出，神学的秘密就是人类学，造物主的完满观念是造物主通过对人类完满性的清除（不完满性）产生的，正如绝对的广延是我们地球的观念组成。翻译一下就是：造物主为了人而创造世界，为人而成为人本身。莱布尼茨的观点和主流的信仰出现了分歧，以至于费尔巴哈认为，莱布尼茨只能算半个教徒。

莱布尼茨的《神正论》听得牛顿一脸黑线。牛顿觉得，《神正论》的作者就是个二货，这个信仰的叛徒药不能停。还造物主为了人而创造世界，我看是你莱布尼茨的脑子有问题。还造物主为了人成为人本身，造物主忙着旅游，有空搭理你？

莱布尼茨对牛顿的机械宇宙论也不屑一顾。他讽刺道，如果造物主像造机械一样造宇宙的话，那是不是还要定期给宇宙上发条？

可见，牛顿和莱布尼茨之间的矛盾，除了微积分之争外更严重的是信仰的分歧。牛顿的机械宇宙观和莱布尼茨的神正论，对于造物主的意志、能力，以及世界的构成和运行都存在重大分歧。这才导致了科学史上这段世纪互喷。

1716 年，因为长期被牛顿举报、拉黑、投诉、泼脏水，莱布尼茨郁郁而终。牛顿闻讯咧了咧嘴，不声不响指示皇家学会删掉了《自然哲学的数学原理》中所有提到莱布尼茨名字的文字。11 年后的 1727 年，84 岁的牛顿寿终正寝。

作为半神，牛顿去世后英国为其举行国葬，他成为人类历史上第一个享受国葬的科学家。牛顿的雕像矗立在剑桥大学三一学院礼堂的正中，他的身边是培根、丁尼生等人的雕像。众星捧月，牛顿昂首远眺，目光早已洞穿星辰大海。

这个故事教导我们，身体好才能取得最终的胜利。

牛顿一辈子沉溺于对造物主的追求，对艺术、友情、爱情不屑一顾，他一辈子没有结婚，也没有孩子。或许，在他心中，隐藏于极致幽微处的造物主的秘密，早已胜过人间一切！

休谟
推翻因果律

先看两个命题：

1. 天空是蓝色的。

2. 平面三角形内角和是 180 度。

对于命题 1，如果一个人一辈子生活在地下，从没有见过天空，也没有人告诉他，那么他永远不会知道这个答案，只有他亲自看到天空，才能确定这个知识。于是，我们得出结论——知识源于经验。

对于命题 2，只要你掌握了一定的数学能力就可以通过演绎法推导出来，这个过程中你不需去实践，去获取新的经验。于是，我们得出结论——知识来源于理性。

那么，人类知识到底如何产生？

笛卡尔认为，人类拥有天赋观念，只有通过天赋观念演绎出的知识才是普遍的、必然的知识。比如命题 2，才是人类真正的知识。

以笛卡尔为代表的这种观点，后世哲学家称之为唯理论。唯理论认为，人们具备天赋观念，真正的知识来源于人的理性，理性独立并高于感官存在，而基于感官和经验构建的知识是不可靠的，比如海水是苦的，天空是蓝的，这些并不是真正的知识。

　　英国人则构建了以人类感官为主导的经验论。从培根开始就强调实验科学的经验对认识论的重要性。培根认为，感官是认识的开端，是完全可靠的，是一切知识的根源。培根强调归纳法，认为它是唯一可靠的方法。同样来自英国的经验主义大师洛克认为，笛卡尔的理论存在方向性错误，人类的知识恰恰是构建于经验的基础之上。

　　洛克的白板论认为，一个新生婴儿就像一张白纸，不存在任何天赋观念，新生儿能获得知识，是因为这个孩子在成长的过程中不断用感官认识世界，不断被外部环境刺激。他认为，一切知识的来源都是经验。即便是数学这样的纯粹逻辑知识，它演绎的起点也是公理系统。公理系统就是自明系统，而所谓的自明一定是基于经验的认知，比如，两点之间直线距离最短，这种公理来源就是经验。

　　至此，以笛卡尔为代表的欧洲大陆唯理论一派和以洛克为代表的英国经验论一派，针对知识的来源问题展开了难解难分的思辨。

　　正当唯理论和经验论缠斗得难解难分之时，另一个英国人横空出世，用怀疑一切的思维给经验论和唯理论各捅了致命一刀。这个人就是大卫·休谟。

　　休谟首先剑指英国老乡洛克。他说，经验论存在一个无法回避的问题——如何确定感官是可靠的。比如，因为光线的折射我们看到水中鱼的位置其实并不是它真正的位置，如果按照看到的位置去抓鱼，必然产生误差。这说明人的感官并不是可靠的。休谟敏锐洞察到感官不可靠，人类的感官对自然的认知有着巨大局限，基于感官经验得到的知识就不可能是普遍的、必然的知识。

　　接着，休谟又反对培根的归纳法。休谟认为，归纳法也不能带来必然的知识。比如我们每天都看到太阳从东边升起，于是我们归纳出太阳必然从东方升起这个知识。但如果有一天地球被小行星撞击改变了自转方向，那么太阳就可能从西边升起。这种概率虽然极低，但总是有可能的，所以，归纳法无效。

在干掉了英国老乡洛克和培根后，休谟立马挑战唯理论。休谟说，唯理论是主观上的幻想，仅凭理性演绎去认知世界是不靠谱的，因为人类的理性也不是绝对的。为了证明理性不可靠，休谟必须完成一个前所未有的挑战，那就是推翻因果律。

那么，休谟是如何推翻因果律的呢？先看一个小故事。

通用汽车公司接到一位用户投诉，说他开通用汽车去买冰激凌时发现一个现象，只要他买的是香草冰激凌出来后汽车就无法起动，如果买的是其他冰激凌就可以顺利地起动汽车。用户认为，通用公司的汽车对香草冰激凌过敏。

通用的工程师当然不信这种鬼话。随着调查深入，工程师很快找到汽车故障的源头——"蒸汽锁"。因为其他种类的冰激凌买的人多，排队时间较长，发动机有足够的时间散热，而香草冰激凌没人买不需要排队，发动机太热以至于无法让"蒸汽锁"有足够的散热时间。

这是一个典型的发现因果律的例子。客户认为汽车对香草冰激凌过敏，属于原始的因果认知，类似人类早期的巫术。工程师则是理性精神的代表，他们要找到深藏于表层之下的真正因果律。

但因果律有绝对的真相吗？

在西方思想史上，不管是洛克还是贝克莱，都对因果律保持着起码的尊重。直到休谟出现，因果律被连根拔起。

休谟问，人类为何会产生因果律这个观念？这个问句的高明之处在于，他并没有直接对因果律提出反击，而是考察人类产生因果律的原因。

到底是什么样的原因让我们产生了因果的观念呢？休谟考察了一圈，发现并没有一个直接的现象能够产生因果律的观念。那么，为什么在人类的观念中总会产生因果的联想呢？休谟认为，因果律并不是真实存在的，而是在我们经验到对象之间一定的关系后产生的。休谟的这个观念给了康德先验哲学根本性的启发。

休谟对因果律的观念形成提出了两种关系：

第一，接近的关系。因为 A 总是和 B 紧靠在一起，所以人们把 A 和 B 进行关联。著名的例子是信鸽迷信。设置一个每隔一定时间就会自动掉下米粒的装置，然后让鸽子进去。鸽子在茫然无意识的状态下挥了一下翅膀，发现有米粒掉下来，下意识地重复了一下这个动作，又有米粒掉了下来。于是，鸽子不断地重复挥翅膀。这时，鸽子已经形成了某种观念，它认为米粒掉落和自己挥动翅膀之间存在因果律。

第二，时间在先的关系。比如，公鸡打鸣之后天总会亮，所以人们认为，公鸡打鸣是天亮的原因。现实是，就算杀光所有的公鸡，天依然会亮。

休谟认为，接近的关系和时间在先的关系导致了人们产生因果律的观念。但这两种关系都无法反映因果律的本质。如果把因果关系中的对象分开去考察的话，没有一个对象能包含另一个对象的存在。比如，无论你考察多少次氧气，也不能得出氧气和氢气反应会得到水这个结论。我们之所以知道氧气和氢气反应会生成水，是因为我们考察了水的形成过程，经验到了这个事实。所以，因果律根本无法考察，从一个对象推断出另一个对象的存在只能依赖经验。

休谟的结论是，因果律并不是真实的存在，它仅仅是我们的主观认知。因果律并不是我们观察到的现象的真实性质，只是我们观念中产生的"习惯性联想"。一句话，因果律是人主观创造出来的用以描述世界的关系，因果律不是自然客体要遵循的，而是人要遵循的。

也就是说，人类所有关于现象的知识，所有关于因果的规律，其实并不是真正的知识。因为知识一定是普遍的、必然的，而因果律仅仅是一种习惯性联想。在这种习惯性联想中，我们总是希望事情的发展是由A到B，遵守某种确定性，但这种确定性并不存在，它仅仅是经验告诉我们的。我们基于以往经验的认知，比如太阳会从东方升起，并不具备逻辑的完备性，所以明天的太阳不一定从东方升起。

休谟的这种论证，对人类知识的建立无疑是一种釜底抽薪式的打击——因果律不存在，它只是人类经验到对象之间的关系之后而产生的联想。

如果因果律是人的主观想象，那么这个世界就不存在终极的因果。比如感冒，原始人会认为感冒是某种渎神行为引发的，古代医学则认为是风邪入侵导致。现代医学认为感冒是某些病原体引起的上呼吸道感染，但这只是我们现在认识的"真相"。如果再往前探寻，到细胞层面、分子层面、量子层面，那么，小小的感冒所蕴含的因果律可能永远也无法被真正洞察。

在休谟看来，所有看起来坚不可摧的因果律都是浮于表面的粗浅认知，都会在持续深入的追究中土崩瓦解。人类的理性无法触及世界的本质，无法触及真正的因果关系。所以，演绎法不可靠，理性更不可靠。

休谟用怀疑主义的两把板斧，一斧头撂倒了经验论，一斧头砍翻了唯理论。他揭开了一个令人瞠目结舌的真相——人类的感官靠不住，归纳法靠不住，甚至连人类理性本身也靠不住。如果所有的认识方法都靠不住，因果律就存疑。

如果世界没有确定的因果律，人类依据因果律而建立的庞大的知识大厦也就成了海市蜃楼，人类将面临前所未有的知识危机和信仰危机。特别是在 20 世纪量子力学兴起后，因果律是否存在再一次成为争论的焦点。在量子力学的世纪大辩论中，哥本哈根学派的玻尔等人用铁一样的实验数据证明了在微观领域因果律是不存在的，对传统物理学大师爱因斯坦等人来说，这个结果是无法接受的。爱因斯坦直到去世也依然坚信上帝不掷骰子。爱因斯坦断言，量子力学所表现的非确定性是因为这只是一种过渡理论，肯定存在某种基本的定律可以决定粒子的行为，只是我们现在的认知能力还不足以窥探这个真相。

人类在自然发现的路上，越来越明确一个真理，那就是——人的理性是限性的。如果如休谟所言，终极因果律不存在，那么这是人类理性的不幸——我们永远不可能洞悉绝对真理，但这又是人类的幸运——在一个没有终极确定性和因果律的世界，人类的温度、自由意志才能成为可能。

康德
人为自然立法

休谟开着怀疑论的挖掘机刨根问底，几乎刨掉了人类整座知识大厦。前路一片迷茫，身后一片废墟，唯理论和经验论大咖站在摇摇欲坠的知识大厦前一脸蒙，难道人类普遍的、必然的知识不存在了吗？谁来救救知识？

于是，德国资深宅男康德登场了。

休谟的怀疑论的核心观点就是，别再研究什么理性、心灵实体了，啥都靠不住。康德坦言，看了休谟的理论，仿佛挨了一记闷棍。康德陷入沉思，他决定不再去考察什么心灵实体、本体，他要去考察人的认识能力。

先天综合判断

对人类的认识能力的探究该从哪里开始呢？知识的本质是判断，先看下面两个判断：

1. 物体是有广延的。

2. 物体是有重量的。

命题1，结论包含在主词的定义里，因为物体的定义就包含广延的属性，所以它是普遍的必然的知识，康德称这种判断为先天分析判断。

命题2，结论并不包含在定义里，从物体的概念本身并不能分析出它包含重量的属性，重量这个结论是我们通过感官感知得到的经验，因此这个命题不具备普遍性和必然性，康德称这种为后天综合判断。

先天分析判断具备必然性和普遍性，结论是对主词的解释，但在先天分析判断中我们并不能得到新知识；而后天综合判断不具备普遍性和必然性，结论是基于经验的认知，但我们在后天综合判断中可以得到新知识。

康德必须解决唯理论和经验论的撕裂，建立一个新的理论重新筑起知识的大厦。于是，康德结合先天分析判断和后天综合判断，提出了"先天综合判断"这个概念。先天综合判断的特点是，主词不包含谓词，但主词和谓词之间存在普遍必然的联系。比如，"两点之间直线距离最短"。

先天综合判断既像先天分析判断那样具有不依赖经验的普遍必然性，又同后天综合判断那样可以拓展人类的新知识。如果先天综合判断成立，那么对人类知识的必然存在就不再有分歧，人类认识论的巴别塔就可以继续建设。

但，仅提出先天综合判断还远远不够，问题的核心是，先天综合判断如何能够成立？康德承认唯理论的观点，认为感官经验无法带来普遍必然的知识。所以，康德的认识论要从这个前提出发，找到人类感官之外的确定性。

这是一个漫长而艰深的过程，经过 11 年的思索，康德终于开始下笔写作《纯粹理性批判》。

康德认为，虽然我们的一切知识都开始于经验，却并不都来源于经验。除了经验的知识，还存在纯粹理性的知识。纯粹理性的知识是在经验之前的先验知识，这一知识是必然的、普遍的，它不是来自经验，而是来自人类自身。

先验知识成了康德认识论的核心。康德说，普遍必然性来自人先验理性形式的整理和加工，是人类主体性的意志。人类先天存在一个先验的理性形式，这个理性形式在逻辑上先于任何经验，在人类探索世界的过程中，所有的感性材料都会被人类大脑中的理性形式进行整理和加工，从而导致了知识的必然性。

举个例子，人类的先验理性形式类似于电脑上运行的一款软件，是早已被写好的程序，我们通过鼠标和键盘输入的信息相当于表象被感知的过程，只有当你输入的各种信息满足这款软件的要求时程序才会响应。

而经验本身是没有理性形式的，只是一堆凌乱的材料。经验只有被人通过先验理性形式整理后才能获得普遍性和必然性。而人通过先验理性形式也无法反映真实的自然，它仅仅是人能够"理解"的自然。这里需要引出康德先验哲学的两个重要概念——现象和物自体。康德认为，人只是认知到能被人类先验理性形式整理的"现象"，而自然客体的本质，即"物自体"是什么，我们是无法知道的，即"物自体不可知"。

比如一块石头，我们可以从质量、密度、颜色、体积等诸多维度对它做全方位研究，但石头的真正的本质是什么，我们永远不可知。我们为石头所定义的质量、密度、颜色、体积，仅仅是我们为研究石头而设定的模型，因为这些参数可以被观察到，可以被人类的先验理性形式整理。

人有哪些先验认知能力呢？康德说，人类的先验认知能力包含先验感性能力和先天知性范畴。先验感性能力包含时间和空间。空间和时间内在于人的感性之中，内含于人类的所有感觉、知觉、印象。而先天知性范畴包含4组12个范畴，只有满足这12个范畴，才可以被人类认知。

康德先验哲学是人类认识论的一次重大颠覆，它虽然肯定了经验包含知识，但创造性地掉转了主体和对象的关系。此前，经验主义者的心灵是被动的，他们认为对象有什么就在心灵上映射什么，获得的知识都是映射于心灵上的经验。而在康德的认识论中，主体是主动的，人类获得的是经过先验理性形式整理后的知识，是人类内在知识和经验知识的统一。

这是一次人与认识对象的大翻转，所以康德自己将先验哲学称为"哥白尼式的革命"。哥白尼提出日心说翻转了地球和太阳的关系，不是太阳围着地球转而是相反。康德的先验哲学也反映了和哥白尼一样的观念，人不是围绕着自然客体去认知世界的，而是自然客体必须满足人的先验理性形式才能被人认知。

康德认为，人的认知能力才是中心，人才是绝对的主体。现象围绕着人的认知能力转，而人类无法追究现象背后的"本质"。我们看到的姹紫嫣红，是因为不同频段波长的光在眼中的呈现；我们听到的风啸水吟，是耳朵接收到的不同声波；我们体会到的万物冷暖，是神经细胞的感知。所有的外部经验只有引发人类的感知才能被人类认识。康德所说的"人为自然立法"，就是这个意思。

围绕先天综合判断、人为自然立法这两个中心点，康德用先验哲学弥合了唯理论和经验论之间的纷争，得出了人类如何凭借先验理性形式获得确定性知识这一重大结论。

康德认为，唯理论之所以独断是因为其混淆了先验理念和可以经验的理念的界限；经验论之所以走向怀疑论，则是未意识到现象的世界是可知的而物自体不可知这一事实。一句话，我们的知识不能超出我们的经验之外，只有在可知的现象领域，理性才能成为我们认识世界的一条坦途。

先验知识

康德先验哲学中的"先验"，到底是什么意思？要了解先验的概念，就要先了解先天的概念，那么，先天又是什么？

假设有一条狗，你给它丢个肉包子它会冲你摇尾巴，你给它丢个板砖，它会咬你一口。

狗为啥吃肉包子而不吃板砖呢？因为吃肉包子是它的先天知识。这种知识没有源头，不需要经验，不需要学习，也不能再向前追溯，属于胎里带的，所以叫作先天知识。先天知识的本质是生物进化的属性，西方人管这叫上帝预设的禀赋，无法追溯。

所谓先天知识，是指人类拥有的、与生俱来的、固有的认识形式，它包含时间、空间、形式逻辑。

时间和空间的知识是先天的，因为如果没有这两个知识，我们将无法思考和描述一件事，也就无法生存。任何生物的生存都依赖于时间和空间的先天知识的内化，这是它们生存的基石。

形式逻辑也是先天的。举个例子，如果 $a=b$、$b=c$，那么，$a=c$，这是一种必然推导。人类在做出这种推导的时候不需要任何经验，是一种先天的认知。形式逻辑是普遍的必然的放之四海而皆准的，它是被先天植入我们大脑中的一种操作系统，是人类认识自然世界固有的格律，可以处理人类基本的思维和判断。

先天知识独立于经验而存在，它来源于纯粹理性本身。没有先天知识就无法理解和思考这个世界，就算一个没有受过任何现代教育的人也会在大脑中形成这种先天知识，他可能不会表达，但他一定知道时间有先后，知道空间有左右，知道基本的形式逻辑。

但是，形式逻辑是普遍的一般性的规律，它并不和现实世界发生关系，也不管对象的真假及对象是否存在，只管它的形式是否正确。比如，从张三 = 李四、李四 = 王五，推出张三 = 王五。从形式逻辑上说这是对的，但在真实的世界里，他们是 3 个人，完全不一样。

在形式逻辑里，"小飞象会飞"这一判断的谓词包含在主词里，是符合形式逻辑的，是先天知识。但是，这个世界没有会飞的小象，它不符合实际的经验。

先天知识只管形式不管真假。而先验知识和先天知识的区别在于，它要用先天知识的认知格律处理自然界的信息，让真实世界符合我们的先天知识。就是说，先验知识不仅仅要符合先天认识形式的普遍必然性，还要和现实世界结合，和经验结合，这样才能带来普遍必然性的知识。所以，先验知识一定是先天知识，但先天知识不一定是先验知识。

康德对先验知识的定义是，基于先天认知形式使经验成为可能的知识，就是先验知识。

康德举了一个例子。比如，有个人在挖一座房子的地基，在他挖的过程中或者挖之前他就知道这样挖下去房子要塌，他在房子塌之前就知道结果，这个知识是先验知识。

在康德看来，数学和几何学是先验知识，因为它们不受任何外在干扰，是一种必然的普遍的知识。比如，5+7=12 这个先天综合判断，它不是理性逻辑推导的结果，而是当我们经验到"5""7""12"等直观概念后，把它们综合在一起产生的。数学这种先验知识不管是在地球还是在遥远的火星，不管是现在还是到宇宙的尽头，5块石头和7块石头放到一起，永远都是12块石头。

先验知识的概念是康德重要的理论创建，没有先验知识，我们就不可能理解这个世界，所有的经验知识都需要被纳入人的先验知识中才能具备有效性。这就是康德先验哲学的核心——不是我们如何去认识自然，而是只有当自然满足我们的先验知识才能被我们认知。

二律背反

二律背反是康德哲学的一个重要概念。那么，二律背反说的是什么呢？

我们经常会遇到这样的问题——从同一前提下用不同的逻辑推导出完全相反的两个观点，而且每个听起来都那么丝滑，比如下面这两个命题：

正题：男子汉大丈夫，宁死不屈。

反题：男子汉大丈夫，能伸能屈。

是不是觉得这两句话都有道理？但说白了，就是自己打自己脸。类似这样的命题，人们借用康德哲学的概念，把它们叫作二律背反。但这个例子真的是二律背反吗？并不是，举这个例子只是为了让大家理解二律背反的内容和形式。

二律背反要深邃得多，康德把二律背反定义为人类理性认识世界本质的局限性，探讨的是理性的终极话题，是我们无法经验到的东西。我们日常所见到的互为矛盾的所谓的二律背反，既可以经验，也可以用理性到达，所以它们不能用二律背反定义。

那么，康德的二律背反是什么呢？分别是这四组。

1. 正题：世界在时间上和空间上是有限的。

　　反题：世界在时间上和空间上是无限的。

2. 正题：物质不是无限可分的，存在最小的基本粒子。

　　反题：物质是无限可分的，不存在最小的基本粒子。

3. 正题：世界上不仅存在因果律，还存在自由意志。

　　反题：世界上不存在自由意志，一切都是因果律。

4. 正题：世界有上帝。

　　反题：世界没有上帝。

康德的四组二律背反分别关于时间和空间、基本粒子、自由意志、上帝，每个问题都大到吓死人。这四组二律背反都是人类思想的终极大问题，它们都超越了人的经验，人们无法通过经验去证实宇宙的时间和空间是否有限、是否存在最小的基本粒子、自由意志是否存在、上帝是否存在，因为人类的经验现在还不足以掌握这些信息。

这里不讨论康德如何论证这四组二律背反，从现代角度看，康德的论证问题也很大。但是，康德并不反对理性，他只是以二律背反证明了理性的局限性，证明了物自体不可知。

康德所谓的物自体到底是什么？这里一定要理清，物自体指真实的世界，也就是我们所谓的自然客体的"本质"。自然客体的本质，其实不过是我们抽象出的一种理论模型。比如我们说的"电子围绕原子核做运动"，就是一种理论模型，真实的世界里，电子不是像卫星一样围绕着原子核兜圈子，而是以概率云的方式出现在不同的轨道上。但是，电子围绕原子核做运动是一种最便于我们理解的理论模型，真实的电子和原子核的关系，我们可能永远也不知道。

既然康德的四组二律背反人类无法经验，也无法推翻论证的逻辑，那么康德提出二律背反的意义是什么呢？

其实，康德要说明的是，二律背反涉及世界的本质。康德想证明的是，根据不同的前提我们可以推论出完全相反的结论，并且逻辑也不能被证伪，所以我们无法知道这两个命题谁对谁错。康德想表达的是，人类的理性只能观察到感官接收到的"表象"世界，即"现象"世界，而追求现象世界背后的物自体是注定不会成功的。

让知识生长

康德对人类文明的巨大贡献是他扶大厦于将倾，重新让人类的知识生长。人类曾经在唯理论和经验论的群殴中陷入了迷雾，这险些摧毁了文明的根基，而康德用先验哲学匡扶了这座摇摇欲坠的大厦。

后世对康德的哲学也提出了诸多的批判，比如对物自体这个概念的批判。有哲学家认为康德提出物自体的概念完全是狗尾续貂，因为如果我们对某种东西一无所知而且也不可能知道时，它的存在就没有意义，我们完全可以用奥卡姆剃刀把它删除。

康德的贡献在于，他重新让人类进入确定性。人类在文明的征途上总是在寻找一种确定性，从亚里士多德到笛卡尔，从笛卡尔到康德，每一次确定性都带来文明的飞跃。康德用敏锐的洞察和深邃的思维再造了知识，重新赋予了知识确定性，现代文明才能在康德身上枝繁叶茂。

叔本华

世界是我的表象

不要轻易去招惹一个哲学家，否则他会用全部的生命来骂你。

1820 年，叔本华在柏林大学找了份工作。当时黑格尔在柏林大学如日中天，人们说黑格尔的课程重新赋予了哲学生命，引发了学生狂热的兴趣。初出茅庐的叔本华不服，心想踢馆的机会来了，得想办法把黑格尔办了。

于是，叔本华要求把自己的课程安排到和黑格尔同样的时间，看看到底是选黑格尔的学生多还是选他的学生多。这种明显的挑衅行为让柏林大学的工作人员很不满，他们认为这个年轻人疯了。

开课那天，黑格尔的教室锣鼓喧天，鞭炮齐鸣，人山人海。而叔本华老师的课堂稀稀拉拉坐着几个蔫头耷脑的学生。叔本华长叹一声，安慰学生说，为你们的品位点赞！学生说，误会，主要是黑格尔老师的教室挤不进去了。

踢馆不成蚀把米，被狠狠羞辱了的叔本华从此和黑格尔结下了深仇大恨。往后余生，和牛顿喷莱布尼茨一样，叔本华把自己的全部生命奉献给了喷黑格尔的大业。

敏感多疑但才华横溢的叔本华喷起人来马赛克都挡不住。他不认同黑格尔的哲学，说精神现象学是最空洞、最无意义的词藻堆砌，根本是不值一文的陈词滥调。他喷黑格尔的讲课风格，说黑格尔根本就是喋喋不休的祥林嫂，这种人应该送到精神病院去给病友上课。

后来，叔本华对黑格尔甚至上升到了人身攻击。他说黑格尔无知、平庸，是个令人厌恶的江湖小混混。为了黑黑格尔，叔本华还掘地三尺不知道从哪儿扒出了黑格尔的幼年经历，你们看，我小时候都是读古希腊经典，但黑格尔这个下三滥小时候天天看三俗作品，大家要珍爱生命，和黑格尔保持距离。

最后，叔本华干脆给自己的狗起名叫"世界精神"来侮辱黑格尔。

叔本华之所以这么记仇，和他的经历有关。叔本华的父亲是个富商，他是哲学家中有名的富二代。叔本华本来可以夜夜笙歌玩转夜场，但他却独独爱上了哲学，而他的哲学又是最痛苦的哲学。所以有人说，叔本华愤世嫉俗的性格和行为怪癖是因为自己的思想不被人理解，失望之下产生的反应。但叔本华说，这是我的天性。

不只怼黑格尔，叔本华怼起人来连亲妈都不能幸免。《充足理由律的四重根》发表后叔本华把书送给母亲，他母亲生性刻薄，说，你这本破烂是不是卖不出去才送给我？叔本华比他妈更刻薄，他说，如果说我的书是破烂，那么你的书连废品站大爷看了都流泪。于是，叔本华被母亲一脚踹出了家门。

被母亲赶出家门的叔本华从此开启了漫长的宅男生活。因为长期离群索居，他性格越来越偏执。他要么一个人躲在小黑屋咬牙切齿诅咒黑格尔，要么游荡到植物园和一棵树聊两个小时人生，然后去问植物园管理员，我是谁？你能把我送回家吗？叔本华还怕死，听说城里有了传染病，吓得以牛顿的速度跑到了郊区。叔本华和牛顿真的很像，牛顿喷了莱布尼茨一辈子，叔本华喷了黑格尔一辈子，并且跑起路来都是风一样的男子。

叔本华如此记仇偏执，依然有一大群粉丝。其中，尼采是叔本华的铁粉。尼采说，自己一生最受震撼的著作就是叔本华的《作为意志和表象的世界》。尼采第一次看到这本书时惊呼，牛啊"叔老师"，请收下我的膝盖。华莱士在评价叔本华时说，《作为意志和表象的世界》是一本绝无仅有的书，这本书里没有康德那样能把人绕晕的定义和概念，没有黑格尔顾左右而言他不知所云的絮絮叨叨，没有斯宾诺莎数学课本一样的几何学推理，一切清楚又有序，却震撼而颠覆。

在《作为意志和表象的世界》的开篇，叔本华就说，世界是我的表象。

叔本华从康德的先验哲学出发，他认为，我们认识到世界所谓的万事万物、天地星辰其实都是感官给我们的反馈。不是客观世界不存在，而是客观世界不可知，人类只能感知到被我们感官加工过的信息。每个人的感官对信息的接受度不一样，比如，全色盲者看不到彩色的世界，人对自然界声波频率的感知范围不一样，导致听到的声音也不一样。所以，从每个个体来说，世界都是你自己的表象。

康德认为，人们通过现象认识自然客体，但自然客体也就是物自体是人类无法认识的。康德认为，在现象和物自体之间存在一个无法跨越的天堑，人们只能通过先验逻辑形式实现对现象的认知。叔本华的表象即康德的现象。

同时，叔本华结合了贝克莱的观念，认为万事万物的存在是因为被感知。叔本华之所以说世界是我的表象，是因为这里存在一个认知的主体——"我"。脱离了"我"这个主体，所有的事物就不存在了。所以，这个"我"是一个绝对存在的前提。

在对物自体的理解上，叔本华和康德分道扬镳。康德的两个世界是现象世界和物自体的世界，而叔本华认为所谓的物自体就是我的意志。我们对自己的存在具备内在的意志，即生存的欲望、情感的欲望、繁衍的欲望，这个意志才是世界的本原，它超越时间、空间，没有原因也没有目的，它是盲目的强烈的自我存在的驱动。

叔本华认为，身体和意志属于同一种东西，我的身体是我的意志的现象，而我的意志是身体的本体。如果说我的身体是现象，那么我的意志就是物自体。我们的指尖有灵敏的神经，因为我们有感触世界的意志；我们的腿部有强健的肌肉，因为我们有奔跑的意志；我们的牙齿坚硬，因为我们有吃东西的意志；我们的眼睛明亮，因为我们有看到万物的意志。不仅仅人类，世间万事万物一样，草木的身体也是一种意志，只是草木的意志太弱，没有发展到人类的自觉程度。

有人认为"will"这个词翻译成"意志"不准确，"意志"包含了太多的人的计划性和主观性，翻译成"意欲"比较好。叔本华的"will"，并不是人类独有的意志，一棵树、一朵花、一块石头，都有自己的意志。这种意志是万事万物的生存驱动。

对人类而言，意志永远不可能得到满足。因为一旦得到，就会感到厌倦，人们的阈值会不断提升，无法获得长久的满足感。因此，人永远在痛苦和厌倦之间徘徊。比如，单身狗幻想二人世界，真的结婚后阈值立刻被拉高，又会感到厌倦。叔本华说，人生一半是得不到渴望的痛苦，一半是得到后产生厌倦的痛苦。

黑格尔
被误解的命运

作为马克思的导师，黑格尔有多牛就不用多说了。他是教授中的教授，精英中的精英，也是最后的形而上学大师。

黑格尔是德国古典唯心主义的巅峰人物，他以辩证法为工具，对本体论、认识论、逻辑学做了全面的建构，缔造了哲学史上最庞大的形而上学体系。

黑格尔唯一被人诟病的，是他对中国文化的评价。黑格尔说，中国压根儿没有历史，不过一次次的轮回而已，任何进步都不会从中国产生。连罗素看了黑格尔的发言都说，黑格尔对中国唯一的了解，就是知道遥远的东方有一条龙，仅仅知道名字而已。

黑格尔经常 diss 别人，自己也成了西方近代思想史上被喷得最惨的大师。后世所有的批判者，如果要找一个形而上学的靶子，靶心都是黑格尔。黑格尔拥护什么他们就反对什么，吃饭睡觉骂黑格尔成为欧洲思想家的时尚。他们通过曲解黑格尔而练就的一身抬杠本事，可以把正常人杠出内伤。不过，这当然怪不得黑格尔，因为黑格尔完全不是这个意思，有意思的是那些误解了黑格尔的人，他们把黑格尔的理论歪曲得能让黑格尔气得挠棺材板。

第一个被误解的是——辩证法。

现在，网络上随时都能看到有人在用辩证法抬杠。辩证法已经不是个坑，而是《西游记》里白毛老鼠精的无底洞。杠精对黑格尔辩证法的滥用已经到了意识流的程度。他们的精髓是，凡事要一分为二地看。好像只要一分为二，就能让你在任何抬杠上立于不败之地，能让你杠到惊天地泣鬼神。最可怕的是，这个辩证法没有适用范围，而是"放之四海而皆准"的。上到宇宙万物，下到吃喝拉撒，只要想杠，总能杠上开花。

黑格尔的辩证法真的是这个意思吗？

很多人以为，形式逻辑是静态的，辩证逻辑是动态的，辩证逻辑是对形式逻辑的颠覆。这无疑是荒谬的看法。形式逻辑基于归纳和演绎，大前提是归纳，结论是演绎，体现的是思维的确定性过程。黑格尔的辩证法是对一个事物宏观的、全面的、整体的描述，体现的是绝对精神演化的逻辑。黑格尔认为，矛盾是事物本身的属性，是事物产生和发展的动力，它不断推动事物的发展。辩证法描述的是事物的矛盾和发展的一种思维。

比如，小明是学生，这是一个静态的描述。用黑格尔的辩证法看，小明是学生仅仅是当下的状态，他未来可能是个教授或者乞丐，他通过自身的发展否定了学生这个身份。可见，辩证法体现的是事物总体的运动和发展状态。黑格尔把它用于绝对精神演化的、宏观的、在一定时间和空间范围内的逻辑。

有些杠精压根没搞清楚黑格尔辩证法的应用范围，就把黑格尔的辩证法应用于具体的事物上。他们在台下揣着辩证法的大杀器等着你，抽冷子就杠你一脸。比如，你拿着一个鸡蛋说——这是鸡蛋。杠精就笑呵呵地说，不一定哦，它虽然现在是鸡蛋但未来会变成小鸡，你说它是鸡蛋就错了，缺乏辩证思维。比如，你说 shit 不能吃，他又笑了——不一定哦，shit 里也含丰富的蛋白质和氨基酸，裹上面包糠炸至金黄也能把隔壁小孩馋哭。这种诡辩把精确的概念搞得模糊，让严肃的辩论变成互喷。

无数人在具体的、确定的领域用辩证法抬杠，抬得顺风顺水、所向披靡、沾沾自喜。其实，就是人们铁了心要在一个微观、确定、具体的事物上应用辩证法。要知道，辩证法也讲主要矛盾和次要矛盾，所有矛盾一起抓，相当于什么都抓不住。

但很多人并不管这些，他们看到一个问题立刻辩证法附体。他们的惯用语是，你的思维不辩证了，你的观点偏激了，没有一分为二。人们为什么喜欢滥用黑格尔辩证法呢？因为不动脑就能让对手脑梗，不战就能屈人之兵。如此妙计为何不用？

人们对黑格尔辩证法的滥用把哲学家波普尔气得呕血数升。波普尔懒得理这些人，他直接开始攻击黑格尔。他认为黑格尔的辩证法就是耍流氓，十分荒谬。波普尔说，矛盾当然是客观存在的，是事物发展本身的规律，但它对科学研究毫无价值。科学诞生于对复杂事物的抽象，把运动的流变的事物抽象成静态的不变的事物进行考察。如果眉毛胡子一把抓，没有任何价值。波普尔最后甚至连批判都懒得批判了，他觉得分析黑格尔的理论完全是一种令人厌倦的工作，最后总会沦为诡辩，有这个时间不如去抽烟喝酒烫头。

当然，导致这种误解，黑格尔本人有一定的责任。我们来瞻仰一下黑格尔《精神现象学》序言里的一段话：

花朵开放的时候花蕾消逝，人们会说花蕾是被花朵否定了的；同样地，当结果的时候花朵又被解释为植物的一种虚假的存在形式，而果实是作为植物的真实形式出现而代替花朵的。

如果看完这一段你还没掀翻桌子怒烧黑格尔的书，算你温润如玉。据说连德艺双馨的歌德看到黑格尔这么描述都生气了，小黑你到底在扯什么淡？所以，除非专业研究黑格尔，否则不建议大家看黑格尔的书。一千个人眼中有一千个哈姆雷特，但一千个人眼中会有一万个黑格尔，因为你每次看都是全新的体验。

除了辩证法，黑格尔还挖了另外一个坑，那就是"存在即合理"。

这有啥问题？我们不是已经说了几十年了吗？文字简洁，平仄规整，是绕口令大师黑格尔罕见的能被听懂的话。不管别人在说什么，只要把"存在即合理"这个终极大杠抡出来，人挡杀人佛挡杀佛，世界一片清静。人们总说，你可以不喜欢，但你要允许它的存在，因为黑格尔说过，存在即合理。

抱歉，黑格尔说，我没说过。

从字面意思看，"存在即合理"就是——存在的事物是合乎道理的。在这里，合理被人们理解成合乎道理，难道不对？

当然不对，几乎南辕北辙。哲学的奇葩在于，明明每个字你都认识，明明每个词你都熟悉，读起来也那么朗朗上口，但作者表达的就不是这个意思。你说气人不气人。

让我们先看这句话的德语原文：

Was vernünftig ist, das ist wirklich,
und was wirklich ist, das ist vernünftig.

看懂了吗？看不懂没事，我也看不懂。但我们要知道黑格尔到底说的是什么。黑格尔的原意是，凡是合乎理性的都是现实的，凡是现实的都是合乎理性的。

这又是什么鬼话？这句话也确实非常不好解释，我们可以举个例子。比如，江南皮革厂的工人说，黄鹤你不是人！黄鹤明明是个人还是个大老板，为什么说黄鹤不是人？因为黄鹤的工厂倒闭却没有给员工补贴，还带着小姨子跑了，做的不是人事，所以说黄鹤不是人。在这里，黄鹤违反了人的规定性，虽然黄鹤这个人是存在的，但因其违反了人的本质，所以他不是现实的，所以我们说他不是人。

黑格尔说本质必须与存在统一，这就是他所说的现实性。所以，黑格尔的意思是，存在的事物符合其规定性才是现实的，才能回归绝对精神。他的意思和所谓"存在的就是符合道理的"完全风马牛不相及。

其实，你不用知道绕口令大师黑格尔真正要表达什么意思，你只要知道，存在即合理是对黑格尔的误读，如果把这句话作为一种滚刀肉般的理论，其出发点就离题万里。比如，你刚出门就被狗咬了一口，有人在旁边说存在即合理，咬人也是合理。你想不想打人？如果你不想打人，那你也不符合人的规定性，人的规定性都是要维护自身的利益的，所以你不是现实的。

到这里，大家应该都明白了黑格尔的意思。我们要警惕对"存在即合理"的误用，很多人以这句话作为辩论的理论出发点，把"存在即合理"当成一种万金油般的终极大杠。

存在的并不都是"合乎道理的"，存在的并不都是合乎人的道德价值的。如果把存在当成现实，把实然当成应然，把事实判断当成价值判断，一定会导致混淆是非，善恶不分，流毒人间。

卢梭

乘风破浪的渣男

卢梭有部名著《忏悔录》，其实，这本书可以改名叫"渣男的自我修养"。

作为乘风破浪的渣男，卢梭有多渣？渣到渣渣辉崩溃，渣到三生三世三观尽毁。英国老绅士休谟评价卢梭，大概意思是：一个绝无仅有的恶棍，不仅忘恩负义，而且鲜廉寡耻，很无耻，很凶残，我为自己曾经认识他而恨不得自插双目。能把老实人休谟气得差点脑卒中，这个卢梭到底渣出了什么新高度？

卢梭从小没娘，父亲是个钟表匠。8岁那年，父亲送他去一个牧师家学习。卢梭在那里认识了牧师的女儿拉贝儿小姐。后来，他爹也跑了，拉贝儿收养了卢梭。因为卢梭太顽劣，拉贝儿小姐就经常拿皮鞭抽他。被抽，卢梭是专业的，在《忏悔录》中卢梭说他竟然在拉贝儿小姐的皮鞭下找到了一种隐秘的快感，每一鞭下去，对拉贝儿小姐的爱就增加了一分。

这个桥段为什么这么熟？尼采骂骂咧咧退出群聊。

12岁，卢梭辍学做了学徒。金鳞岂是池中物，天才少年卢梭怎么能看上这个土鳖小作坊，因为奸懒谗猾偷东西，他经常被师傅摁到桌子上抽。师傅抽他的手法可能不如拉贝儿小姐温柔，卢梭这次没找到隐秘的快感，反而有点吃不消。于是，他在一个月黑风高的夜里跑了，加入丐帮，正式成了三和大神。

拉贝儿小姐和师傅的皮鞭开启了卢梭的隐秘世界。他在《忏悔录》中说，他经常在月黑风高的夜里跑到大街上裸奔。如果当时法国有电车，卢梭老师一定是法国电车痴汉界的扛把子。

16岁，卢梭遇到了一生中最重要的女人——大他12岁的离异的华伦夫人。卢梭当时虽然没什么文化，但聪明过人，还有一副好皮囊。华伦夫人收留了他，两人以母子相称。华伦夫人看卢梭器宇轩昂，日后必成大器，于是对卢梭开展全面的养成计划。卢梭之所以能从一个三和大神混成欧洲启蒙运动的旗帜，除了天赋靠的就是华伦夫人的栽培。然后，八点档狗血伦理大剧开始。华伦夫人把自己的一身知识传授给卢梭后觉得还不够，顺手把自己也交给了卢梭，他们正式从养母子关系变成了情人关系。但令人百思不得其解的是，卢梭和华伦夫人交往的时候华伦夫人和自己的管家也是情人关系。

华伦夫人对卢梭的一生影响深刻。卢梭每次想到华伦夫人都会怀念自己幸福的软饭时光，他在《忏悔录》中写道，人生若只如初见，何事秋风悲画扇，希望自己和华伦夫人初次相见的地方能够被金色的栏杆围起来供世人观瞻。卢梭去世后，法国人帮他实现了这个梦想。

看了卢梭的独白，是不是觉得华伦夫人是卢梭一生至爱？呵呵。

卢梭40多岁的时候成了巴黎一代名士，启蒙运动的精神领袖，每天混迹于名媛和贵族圈。有一次华伦夫人去巴黎拜访卢梭，那时华伦夫人快60岁了，美人迟暮年老色衰，生活困顿。按《忏悔录》的说法，多年之后的重逢让卢梭找到了久违的母体精神，他抱着华伦夫人大哭一场，给了华伦夫人"一点钱"。华伦夫人养了卢梭十来年，教卢梭读书，最后把自己也给了卢梭，在卢梭混巴黎混到睡天桥的时候援助了卢梭四次。按道理说，昔日养母、精神导师、初恋情人来到你所在的城市看你，怎么也得给点安家费吧。但据笔者推断，以卢梭的人品他最多给了华伦夫人200块钱。在《忏悔录》中，卢梭强行给自己开脱，说自己没给华伦夫人很多钱，是因为怕他的钱被华伦夫人身边的无赖骗走。能把薄情冷酷忘恩负义说得如此清新脱俗，卢梭足以让陈世美汗颜。

看到这里是不是以为卢梭已经毫无底线了？格局小了，这才哪儿到哪儿。

卢梭唯一的合法妻子是个女仆，他们一共生了五个孩子，但这五个孩子都是在刚落地时就被卢梭打包送到了孤儿院。注意，是五个，全部。这种行为显然已经超越了哪怕那个时代的法国的道德伦理底线，所以伏尔泰说，卢梭，你不是人。

文艺渣和学术渣的特点是一边渣一边忏悔，给人营造一种浪子回头金不换的飞升感、蜕变感。卢梭在《忏悔录》中为自己的行为辩解，我其实挺爱孩子的，不是我不想养，主要是我没钱，想到抚养这些孩子要花那么多钱，耗费那么多精力，我就忧心忡忡。为了他们好，我才下决心把他们送到孤儿院。

后人评价卢梭的所作所为，只爱抽象的人，不爱具体的人，说白了就是嘴炮党。抛妻弃子的卢梭老师，竟然还写出了教育类名作《爱弥儿》，还能使康德看得如痴如醉。笔者只能说，牛！

有没有觉得卢梭已经渣出三界，渣到二次元了？还远远不够！

卢梭混成启蒙运动的大佬后，对做过女仆的女友充满了鄙夷，作为欧洲的大知识分子，他认为女友土鳖粗俗没文化。他和女友同居了 20 多年后才假惺惺举办了婚礼，这场婚礼主要是卢梭的个人演讲秀。更雷人的是，卢梭甚至允许他的朋友"共享"自己的妻子！

有人可能会问，这种视女性为衣服的人，应该会为朋友两肋插刀吧？这样看问题就片面了，卢梭的渣在于渣得全面，渣得综合，渣到不管是女人还是朋友，提起卢梭，都是默默无语两眼泪。

哲学家狄德罗是卢梭在巴黎的第一个朋友。因为欣赏卢梭的才华，狄德罗不断给三和大神卢梭提供物质帮助。后来卢梭和狄德罗闹掰，卢梭把诋毁狄德罗的文章分为九篇在媒体发表，气得狄德罗差点脑溢血。

1762 年，卢梭因为《社会契约论》和《爱弥儿》被法国当局迫害。在卢梭饿得啃砖头的时候，英国的休谟向卢梭伸出了天使之手。休谟帮卢梭找住所，还为卢梭向英王申请皇家特殊津贴。卢梭对休谟的回馈是决裂，他痛骂休谟两面三刀，和法国国王是一伙的，是反卢梭同盟的无间道。气得老实厚道的休谟指着卢梭说，老夫从未见过如此厚颜无耻之徒。

不但鲜廉寡耻，卢梭还是个被迫害妄想狂。

当然，还是要德术分离，卢梭在西方思想界能如此有名，其才华确实不可低估。

卢梭的《社会契约论》要解决的问题是，为什么人们应该遵守政府的法律。卢梭在这本书开始就引用了这样一句名言——人生而自由，却无往不在枷锁中。

卢梭认为，在自然状态中，每个人都可以活得很快乐，这不是因为人们天性会快乐，而是因为每个人都是为了自己而活，拥有绝对的地位。卢梭作为一个基督教教徒，却不认同基督教关于原罪的交易。他认为人的罪是人类社会发展到较晚的阶段产生的，和社会契约相关。在较早的自然状态中，人们的所作所为是一种纯真的情感，人们天然具备同理心和同情心，从而自发产生道德。但是，当私有财产出现，文明进化到社会契约的阶段后，罪恶开始诞生。在社会契约的阶段，人们的所作所为不再是基于天然的同理心和同情心，而是一种非自然的情感，这种情感让他们对别人充满了敌对和攻击性。

在社会契约下，人们追逐名利，恶性竞争，人性底层的恶比如敌意、嫉妒、虚荣、傲慢和侮辱都被释放出来。卢梭认为，契约社会的形成是因为技术的发展和人口的稳定增长而导致的群居模式，这也是文明发展的一种必然结果。

那么，如何解决人的独立性和集体之间的矛盾呢？卢梭说，要找到一种方式，既能以集体的名义来保护每个成员的人身安全和利益，又能让每个个体和他人之间产生一种关联。这种方式就是，每个成员把他自己连同自己所有的权利完全交给主权者。卢梭的这个观点和霍布斯基本一致，他们认为走向自由之路的唯一路径就是把自身的权利交给主权者。

卢梭认为所谓的社会契约并不是某种历史主义的形成结果，而是一种普适性的结果。因为在世界的任何角落，凡是有合法政府的地方就有社会契约，这种现实存在的契约是一个政府得以存续的前提。它维护了社会秩序，杜绝了社会暴力，维护了公民权利。

但是卢梭又认为，因为社会契约的形成人们获得了财产权，却丧失了自由。社会契约的本质在于一个人交出自己的人身权利和全部的自然权利，每个成员都成为某个集体不可分割的一部分。

卢梭在政治哲学的重要贡献，体现在"普遍意志"理论的建构。他在《社会契约论》中提出了普遍意志的观念，他认为，一个国家的政治动力源于整个社群参与的积极性，只有在一个普遍意志下国家才能够释放最大的力量。

为什么卢梭能够从普遍意志的角度考察政治生活呢？这是因为卢梭出身不好，而且因为情商极低，在社会上混得也很落魄，这种孤立感让卢梭站到了社会的边缘，能从一个冷静的视角考察"个人与社会之关系"。

在卢梭之前，就算是那些最严厉批评君主专制论的人也会认为，如果国家认为某些事情可以实现社会的最大利益，那么国家便会去做，国家不需要考虑个别人的意志，重要的不是人们需要什么，而是国家认为人们需要什么。

然而，卢梭认为，国家追求一种普遍性的正确是不对的，国家首先要考虑的问题是其行动会不会伤害个体意志。而要达到这个效果只有一种可能，那就是国家所做的事同时也是社会每一成员想做的事，当国家的行动代表了所有人的普遍意志，个体的感情才不会被国家伤害。只要是不符合普遍意志的国家行动，势必会使个人意志遭到挫败，由于"挫败"是一种恶，因此除非国家的行为与普遍意志相符，否则，便不合法。

卢梭对原始社会情有独钟，他认为原始社会每一件事都是以普遍意志为基础的。卢梭的整个政治理论架构都建立在"普遍意志"的概念上，认为"普遍意志"是唯一可以接受的社会生活基础。但是，"普遍意志"概念的逻辑必然会指向无政府主义，因为假如所有政府都必须按照全体社群的普遍意志来做事，那政府则不能任意强制个体的行为。因为在这种情况下，政府和个体在意志上是普遍一致的，政府就没有了存在的必要。

卢梭坚信，唯有坚持普遍意志人类才能获得自由，但他也承认，政府必须建立在强制力之上，不用强制力政府就不可能有效力。卢梭这种对普遍意志的推崇和对国家强制力的坚信形成了矛盾，这对矛盾一直充斥着卢梭的理论。

卢梭的独特之处在于，他以强烈的感性和超越旁人的才华推动了欧洲浪漫主义运动。他的思想也在某种程度上推动了法国大革命的发生，所以历史上对卢梭的评价一直毁誉参半。

阿德勒

改变的勇气

有人认为，卢梭品行不好是因为原生家庭。从小没娘，爹也早早跑路，才导致卢梭做出许多突破道德底线的事。

在现代语境下，"我坏不怪我"成了人们根深蒂固的认知。原生家庭这个概念已经成为大众耳熟能详的心理学名词，这个概念看起来在追根溯源。但，真的是这样吗？

西方文艺作品总是试图讲述一个道理——所有的坏都事出有因。比如，曾经被人伤害过转而伤害他人，小时候被家暴长大就人格不健全，受到过不公正的待遇才会报复社会……这些传达的一个核心理念是，没有人是天生的坏种，一个人之所以成为渣滓一定是曾经遭遇过某种不幸。

但这种理论的剖析有点甩锅的嫌疑。比如电影《小丑》，无疑就是这种甩锅思考的典型。小丑被母亲欺骗，被父亲家暴，被老板辞退，被同行羞辱，于是一个原本心存善念的人一夜之间成了一个反社会暴力狂。

西方现代文明出现一个越来越明显的特征，那就是左派思潮。左的含义非常宽泛，但在人文领域左的主要特征就是甩锅——我弱不怪我，我坏不怪我，因为我曾经受到过创伤。弗洛伊德是这种"甩锅心理学"的开创者，他的精神分析理论强调童年经历和原生家庭对人格形成的重要性。你心理这么阴暗，不怪你，因为你没得选，要怪社会，怪老师，怪欺负你的同学，怪总是忍不住抽你的妈！

追溯童年，拷问社会，探究原生家庭——这是弗洛伊德心理分析的三板斧。

但事实真的是这样吗？美国心理学家在调研嬉皮士的成长经历时发现，没有任何数据显示单亲家暴下长大的孩子更倾向于堕落，很多幸福家庭长大的孩子有着体贴的父母和温暖的家庭，但他们很多成了嬉皮士，更加放纵、堕落、阴暗。这个研究给我们呈现了一个基本的事实：过去与现在在没有逻辑上的必然联系，人格障碍和社会及原生家庭也没有必然的因果关系，一切不是因果律，而是充满了各种变量。

我们必须承认，不是所有的坏人都经历过不幸，有些人天生就阴暗，他们不具备同理心，没有悲悯，对社会道德没有感知能力，他们没有经历过任何的不幸和伤害，属于纯粹而简单的坏。

弗洛伊德过度强调了过往经历和性格之间的因果关系，但又缺乏科学的实证主义论证，在逻辑上这是一种错误归因。弗洛伊德理论的核心就是甩锅、推责，把所有的责任归因于外在，而绝不从自己内心找原因。这违背了古典自由主义的自我负责、自我救赎的原则。这个问题的源头在于学者和公共知识分子对人们的心理暗示——客观归因，都是世界的错，和你无关。

这当然是非常不负责任的思维方式。人生是不断突破和成长的，童年不是决定一个人人生的枷锁和终点，原生家庭存在的意义从来不是告诉你——你这辈子就这样了，而是告诉你——你的问题需要你用自己的勇气去改变。

一切在于选择。

弗洛伊德的同事，阿德勒是个体心理学的鼻祖。阿德勒认为，你成为什么样的人，完全是你自由选择的结果，和你曾经的经历以及以前发生过什么没有必然的联系，一切都取决于你自己。

阿德勒不同意弗洛伊德的甩锅分析法，他更加尊重每个主体的主观能动性，把选择的权利交给了主体。他说，一个人的性格之所以扭曲，是他的自由意志主动选择了这个扭曲的性格，和社会、原生家庭有一定关系，但不是必然的关系。悲惨的经历既是他的软肋，也是他的武器，他会通过悲惨的经历来逃避主观选择的责任，那些所谓的不幸童年和经历只是借口。

改变太困难，选择需要勇气。而弗洛伊德给他们提供了一个免于直视内心勇敢做出选择的借口，于是他们听从弗洛伊德，认为原生家庭是造成自己悲剧的全部原因，他们拒绝承认人还有自由选择的意志。究其本质，这是一种思维的惰性。

阿德勒"目的论"强调的是人的自由意志和选择的能动性。这个世界有很多在悲惨环境下长大的坚强而优雅的人，也有在幸福环境下长大的猥琐阴暗的人，成为什么人不能说绝对和经历无关，但不是必然的关系，你总有改变的可能。

当你凝望深渊的时候，深渊也在凝望你。一切观念都是塑造与反塑造，弗洛伊德没有直面背后深层的原因，他的理论更加消解了人类的自由意志，对原生家庭的探究和甩锅会产生反向效果，它会反向塑造人的认知，促使反社会人格的形成。其本质，就是对自由意志的亵渎。正如古罗马皇帝奥勒留所说，来自命运的东西并非你的本性，至少你还有选择的自由。

尼采

孤独的羔羊

1889 年寒风料峭的冬天，都灵大街上，一个急着回家的农夫用鞭子抽打着一匹筋疲力尽的老马。突然，从旁边的旅馆冲出一个人，夺下农夫的鞭子，抱着马脖子一边哭一边说，妈妈，我错了，你能原谅我吗？

农夫被吓得一脸蒙，他不认识这个人，更不知道自己养了十几年的公马怎么成了这个疯子的妈妈。

一百多年后，匈牙利导演贝拉·塔尔拍摄电影《都灵之马》，把这个受到惊吓的农夫的故事搬上了大银幕。这部电影表面好像是对准农夫，其实每一帧都在映射抱着马脖子痛哭的疯子。

这个疯子，就是 19 世纪天才思想家——弗里德里希·尼采。

有人说，尼采因为自己的思想长期不被人理解而导致疯癫，这个说法并不确切。现在学界的共识是，尼采抱着马脖子痛哭叫妈妈的时候已经是梅毒晚期，是病毒入脑导致了他的疯癫。

尼采，从天才思想家到疯子，有着怎样不可思议的传奇一生？

如果说叔本华是康德的继承者，那么尼采就是叔本华的继承者。叔本华的哲学写得像散文，而尼采的哲学写得像后现代诗歌。尼采不像康德那样用规范严谨的语言表达自己的哲学见解，他的最重要的著作《查拉图斯特拉如是说》充满了诗歌的抽象和隐喻。尼采甚至独创了一种文体，用一种寓言故事的格言体去阐释哲学思想。

天才的语言和独特的行文方式，被误解就成了尼采的宿命。尼采明明厌恶狭隘的民族主义，他的思想却成为德意志第三帝国官方思想的代表；他明明一生都在批判日耳曼文化，却被誉为日耳曼主义的伟大战士；他明明无情地鞭挞德国的反犹主义，却被自己的妹妹篡改了作品而成为反犹思想的源头。

被误解是表达者的宿命，尼采的一生，是被误解的一生。

作为深刻影响 20 世纪哲学思潮的哲学家，尼采的《查拉图斯特拉如是说》到底讲了什么？超人哲学究竟是什么意思？

提到尼采，很多人都会想起他的那句名言——上帝死了。这句话出自《查拉图斯特拉如是说》。查拉图斯特拉就是琐罗亚斯德，他原本是波斯拜火教的创始人，20 岁入山修行，30 岁入世创教。《查拉图斯特拉如是说》就是假借查拉图斯特拉的口吻阐释尼采自己的哲学理念。借查拉图斯特拉之口，尼采说出了"上帝死了"这个观点。

上帝死了，到底指什么？

第一，虚伪的信仰杀死了上帝。基督教的上帝是欧洲两千年来最基本的信仰，是欧洲所有价值、伦理、道德和精神的基础。但在尼采的时代，基督教信仰日暮西山，礼崩乐坏，传统基督教的信仰已经异化成一种虚伪的装饰。每个人都说自己笃信上帝，却又做着和信仰完全不一致的事。从这个角度看，上帝已经被人们从信仰层面杀死了。

第二，近代科学杀死了上帝。在牛顿、达尔文之后，近代科学取得了蓬勃的发展，科学在对宗教进行祛魅的过程中变得越来越强大，逐渐侵占了上帝的领地。上帝逐渐后退，科学逐渐前进，于是，上帝被科学杀死了。

第三，近代哲学需要杀死上帝。尼采说"上帝死了"时更想说的是，人们需要把上帝抹去，从而对整个欧洲两千年来的哲学和思想体系进行重新评估，即颠覆柏拉图的"理念"，重估一切价值。

怀特海说，西方两千多年的思想史都不过是柏拉图的一个注脚。

不管是泰勒斯的水、赫拉克利特的火、柏拉图的理念、巴门尼德的本体，还是奥古斯丁的上帝之城，都把目光投向了天空，认为真实世界之外存在另外一个更加本质的世界。关于世界本质，不同的流派和思想家有不同的叫法，真理、上帝、本体、理念、物自体等，这个世界是超越有形世界之外的，我们的世界只是这个世界的映射。人们创造这个形而上的本质世界的目的是赋予世界一个终极的意义。

而尼采认为，这个虚无缥缈的终极世界并不存在，更没有意义。我们只有一个世界，就是我们眼前这个生生不息的世界。

尼采提出了视角主义，他认为，从不同的视角会得到不同的认知。视角主义并不是认为不同视角对本质有不同的见解，视角主义认为世界根本不存在一个绝对的终极本质。人们的观念也是因为不同的视角造成的不同看法，没有真理，没有本质，只有不同的阐释。尼采认为，"存在一个客观真相"只不过是人类一厢情愿的假设。如果谁能洞悉真正的本质，那只能是全知全能的上帝，但是，上帝已经死了，我们杀死了他。

在尼采看来，所有的形而上的思考都是人们自我赋予的一种欺骗，是人们自我编织的虚幻之网。传统的形而上、传统的宗教、传统的社会伦理道德，不过都是人类制造出来的一种虚妄。如果有一天这种虚妄变成人类束缚自我意志的时候，我们就需要抛弃它，并且对它进行价值的重新评估。

尼采在《查拉图斯特拉之序言》中写道：我恳求你们，我的弟兄们，忠于大地吧，不要相信那些对你们阔谈超尘世的希望的人！无论他们知不知道，他们都是放毒者。

查拉图斯特拉说，超人的意思就是大地。这个大地的意向非常明确，它和柏拉图的理念世界、传统哲学的本体、基督教的上帝相对立，和那种高高在上的虚无缥缈的世界相对立，它是我们眼下活生生的世界。查拉图斯特拉认为，那些谈论超越大地希望的人是投毒者，他们用不存在的理念塑造和蛊惑人心，使得人们被理念、形而上学、基督教的道德所影响和束缚。

上帝死了，西方以基督教为传统价值观的伦理体系被彻底颠覆。那么，尼采把传统的思想、宗教和价值观消灭后，谁来接替这个虚空呢？

尼采认为，传统的基督教价值观坍塌后，人们必须重新审视自我的意义，从人类本身找到意义。这就是尼采所说的超人。尼采所说的超人并不是指把大裤衩外穿飞来飞去的那位，而是指超越自我的人。

赢弱多病的尼采提出了一个强大的超人，这是一种巨大的反差。尼采的哲学本质是一种强势文化的哲学，他拒绝平等的观念，认为不同等级的人适用不同的道德。就算是在"重估一切价值"之后，那些平庸的人类也没有能力在思想上达到自由的高度。尼采认为，伟大的人才能够成就伟大的事，超人注定是非凡的，他是人类下一阶段的演化方向，肩负着带领人类奔向新文明的伟大使命。历史的本质并不是提升社会整体的人性和道德，而是演化出卓越的人类——超人。超人，就是整个人类的目标。

在尼采心目中，超人是真正自由的人，他体现出对生命意志的高度肯定。但这样的超人会不会成为下一个暴君呢？尼采认为不会，因为超人的激情将会被控制，他的动物性和智力会得到合理的协调，他的行动也会遵守理性的制约。他认为超人不是未来新的极权主义，而是激情、智力、理性、道德融为一体的杰出人类。一句话，超人是拥有耶稣的灵魂和恺撒的能力的人。

尼采的理论，是近代思想史的一次重大转变。古典时代人类所有的动机都是在追寻一个最高的价值，人类认为自己凭借着最高价值而存在于天地之间。最高价值给予了人类存在的神圣性、中心性及永恒性。人类因为自己是被最高价值创造而感到骄傲。这个过程就是逻各斯中心主义，它指向一个幕后的神圣意义。

但在尼采之后，这一切都被解构了。神圣的意义破产后，原则的坍塌让人对自己的价值产生了根本的动摇。在浩瀚的生命荒原上，没有人再为自己兜底，更没有一种价值能为自己负责，个体生命成为最后的堡垒，人类根本毫无退路，人类生得无聊，走得搞笑。于是，虚无主义诞生了。

但是，虚无主义本身就是哲学祛魅的产物。哲学的本质就是对思想再思想的过程，人类因为对思想的审视而创立了哲学。但这种对思想审视的过程却消弭了神圣的意义，也就是，间接实现了对神圣意义的祛魅。比如笛卡尔，他因彻底的怀疑论创立了理性主义。但是，当笛卡尔的怀疑主义被人类极致运用，人类就开始了无穷尽的追问之旅，他们沿着逻辑的链条一步步向前追溯，最终来到了一个天堑，这个天堑靠理性是无法渡过的。这时候人们失落地发现，这种理性精神根本无法触达最高的意义，这是理性精神和神圣意义之间的天堑。好在后来克尔凯郭尔用"飞跃"这个概念打了个补丁。不然，哲学的理性探究精神，在完成了对一切的祛魅后，哲学本身可能也就不存在了。

尼采的超人思想充满了强势文化的烙印，这也导致他的诸多思想被纳粹德国所引用，成为纳粹德国的国家哲学。尼采的思想综合了酒神狄俄尼索斯和太阳神阿波罗的精神，他对生命力和理性的融合充满了执念。但他更看重人的生命力，认为人类的理性精神必须服务于人的生命力。

孔德

实证主义

除了大神笛卡尔，法国的哲学家个个脑洞清奇思维狂野，比如孔德。

孔德不但是哲学家，还是社会学的创始人，实证主义的鼻祖。更梦幻的是，他还创立了一个宗教，叫人道教，他认为这是基督教的高级发展阶段。因为这个宗教是孔德自己创立的，所以他自己出任这个宗教的唯一先知。他临摹基督教的配置，用古往今来的科学家代替基督教的圣徒，比如用阿基米德取代圣保罗，用牛顿取代阿奎那，等等。而且还一一对应，不多不少正好九九八十一个。

法国的思想家果然够野！

受基督教三位一体观念的影响，西方思想家喜欢用三分法研究世界。这和中国喜欢用"四"这个数字一样执拗，比如四大发明、四大美女、四大天王，等等。孔德用三分法，把人类文明分为三个阶段进行考察。

第一个是神学阶段。这个阶段是人类试图用刚刚萌发的理性去解释自然万物，比如古希腊神话阶段。虽然这时候人类处于理性缺失的阶段，但是人类却雄心万丈，试图用微弱的理性解释自然终极的秘密。这种想法的结果只能是被打脸，于是理性不够，神来凑，人类塑造了各种各样的神和神话来解释这个世界。孔德认为，各民族的原始神话都是这个阶段的产物。

第二个是形而上学阶段，也就是哲学阶段。随着人类理性的提升，人类不再满足于用脑洞和神来解释一切，开始试图寻找这些现象背后的终极本质。在形而上学阶段，人类用逻辑替代了超自然的神，用思辨取代了脑洞。这个时期逻辑学和理性快速发展，摧毁了神学时代的神迹，完成了理性对宗教的第一次祛魅。在这个阶段，人类追求绝对的知识和真理，比如古希腊哲学的终极追问。

第三个阶段就是孔德说的实证阶段。所谓实证阶段，我们可以理解为科学阶段。孔德认为，实证阶段是人类理性发展的最高阶段。在这个阶段，人的理智成熟了，放弃了神学的脑洞和形而上学对绝对真理的追求，人类以科学研究为基本手段，尊重经验事实，依靠观察和理性的力量去解释现象，发现世界的规律。在实证阶段，一切知识都必须经过实证才能确立。

孔德认为，人类文明的三个阶段体现在各个层面。在神学阶段，人类的文化主要表现为占星术、跳大神。在形而上学阶段，人类产生逻辑学、哲学。在实证阶段，科学无限繁荣，所有的知识都需要被经验实证。

社会学领域也遵从这三个阶段的特征。在神学阶段人类的政治哲学是"君权神授"。在形而上学阶段人类追求绝对的理想，提出了自由、平等、博爱的观念，发展出了契约政治。在实证阶段，社会用科学技术管理社会、调节人类的活动，比如 AI（人工智能）大数据对人行为习惯和意识的分析，等等。

孔德的实证主义受了康德的极大影响。孔德认为要研究分析世界，但不能对世界下任何实质性的终极结论，因为真实的世界是隐藏的，绝对的真理是不可知的。孔德说，我们要知道，获取绝对的真理是不可能的，所以我们要放弃对宇宙起源和世界真相的探索，不要去试图解释事物的终极原因，而要集中精力用理性和试验去获取能够帮助我们的有效定律。

孔德在拳打形而上学后，又一脚踹翻了唯物主义。他说，唯物主义就是扯，因为你根本没有能力探求到事物的真正本质。在孔德眼里那些幼稚的还原论者、唯物主义者都违反了康德的观念，因为他们总是想通过现象去洞悉背后的物自体。

哲学家卡伊·尼尔森认为，从欧洲启蒙运动之后，世界思想史发展的全部冲动都是科学的冲动。人们把科学作为一种无上的权威，认为科学可以解决发展中的所有问题，而忽略了信仰和哲学对人类心灵的指引。解密世界、还原一切成为一股不可阻挡的潮流。不但神学被祛魅，连形而上学都被人踩在脚下。人们越来越不相信那些不经过实证主义而是通过信仰或者是纯粹的形而上思考得出的结论。

在孔德实证主义的影响下，信仰崩塌，形而上学崩塌，人们踩过古典哲学和近代哲学的辉煌，开启了现代哲学的大门。

孔德认为，实证主义的终极目的是建立一个健康的哲学观念，能够为真正的宗教提供信仰的基础。实证主义的终极目的是让情感、理性和人的行动达到一种永久的和谐，人们在这种和谐下过着有规律的私人生活和公共生活。因为爱是道德的核心，所以人类一切思想和理性都要服从于爱。在爱的感召下，科学家成为哲学家，哲学家成为传教士，人们生活中的所有行为都会成为一场持续而热烈的祭祀。科学家成为社会的管理者，而哲学家成为社会的祭司阶层，他们通过公共祭祀和教育服务于社会，这类似于中世纪的宗教和政治分离的模式。

孔德的理论面临着诸多的批判，很多学者激烈反对实证主义碾压一切的世界。特别是马克斯·韦伯提出工具理性和价值理性的概念后，人们才重新认识到价值理性的光辉。

克尔凯郭尔
存在主义之父

《圣经》记载了这样一个故事。犹太人和阿拉伯人共同的祖先亚伯拉罕晚年得子，神想试探一下亚伯拉罕，让他把自己唯一的儿子以撒作为祭品供奉给神。亚伯拉罕接到神谕二话不说，立即按照神的指示将儿子以撒带到山上，准备按照神谕祭献自己的独子。当然，最后并没有祭献成功，大天使阻止了亚伯拉罕，说这只是神对他信仰的一次终极试探。

当亚伯拉罕接到神谕后，面对如此痛苦的抉择，他应该怎么办？所有理性的知识、一般性的规律、普遍性的知识，没有一种能帮亚伯拉罕解决这个终极难题。在自己唯一的儿子和虔诚信仰的神之间，不会有任何知识告诉他该如何抉择。

丹麦哲学家克尔凯郭尔认为，生命中最痛苦的时刻都是属于个人，那些客观的、普遍的、终极的真理并不能解决个体在现实中遇到的问题。克尔凯郭尔很讨厌古希腊哲学对理性的依赖，他认为古希腊对理性的强调充斥着后来的哲学和基督教神学。古希腊哲学过分依赖数学，而数学只有一般性的共相，没有人类个体的位置。克尔凯郭尔认为，那些理性的、宏大的、共相的表述，只能解决形而上的问题，对人类个体并没有价值。

比如一位女士婚姻失败心情沮丧，她打电话给午夜电台情感大师或者心理咨询专家。情感大师大概会骂她一顿，然后劝她在一个男人身上跌倒就要从另一个男人身上爬起来。在用侃侃而谈暴击情感失败者后，心理咨询专家可能会跟她共情一下然后收费走人。这样，情感失败者大概率是无法消除痛苦的，因为不管是情感大师还是心理咨询专家都无法用自己一般性的知识解决独属于某个人的痛苦。

人类的理性能解决对客体的普遍问题，但无法解决个体的痛苦，那么面对独属于人类个体的痛苦时，应该如何解决？

为此，克尔凯郭尔提出了存在主义。

克尔凯郭尔的存在主义从批判黑格尔开始。在这一点上，克尔凯郭尔和叔本华有许多共同特征，他们都脾气怪诞，性格阴郁，一辈子郁郁寡欢不合群，而且都是继承了巨额资产的富二代。当然，他们最大的共同点是，都喜欢躲在小黑屋咬牙切齿批判黑格尔。也不知道德国古典哲学大师黑格尔犯了什么水逆，被两个富二代前后夹击着批判，叔本华骂完克尔凯郭尔骂。

克尔凯郭尔在哥本哈根读书的时候就学习黑格尔的作品，但他越学越觉得黑格尔有问题。什么玩意儿，绕来绕去，满纸的理性、绝对精神，唯一看不到的是人。人在哪？主体精神在哪？他摔了黑格尔的书悻悻说，如果黑格尔在写完他的全部逻辑学后说这仅仅是一项逻辑实验，那么黑格尔可以算是德国仅次于康德的伟大思想家，但是，他没说，所以黑格尔就是个小丑。

克尔凯郭尔认为黑格尔犯了一个致命错误，因为黑格尔总想抓住事物的全部，抓住所有的一般性的规律，而忽略了哲学研究中最重要的一个东西——主体，即人的存在。于是，克尔凯郭尔提出存在的概念。这个存在和古希腊巴门尼德的存在不是一个意思，巴门尼德对万物都叫存在，而克尔凯郭尔的存在专指人。

克尔凯郭尔认为，存在意味着人要以主体为基础进行主观行动，并且要做出选择，做出判断，承担自己选择的结果。克尔凯郭尔把人的存在从万物中提取出来，赋予一种特殊的意义。

在克尔凯郭尔这里存在变成了一个动词，存在不是静止的而是流变的，存在意味着各种可能，存在有生命力和意志力，能够自由选择。一句话，存在就是"抉择"，就是"选择成为自己的可能性"。

为了定义存在，克尔凯郭尔举了一个例子。他说，人生就像一个醉酒的农夫驾着马车回家，表面上是农夫驾马车，事实上是老马拉着农夫回家。喝醉的农夫是没有清醒的意志的，而老马拉车只是一种本能。这个寓言指的是，大多数人并不是存在，因为他们没有自由意志，不过是顺着本能行事。

克尔凯郭尔认为大多数人一生都处于浑浑噩噩的醉酒状态，他们被感官裹挟着过完了庸碌的生命，他们的意志力被掩埋，主动性也不存在，他们没有主体的自由，无法进行自己的选择，无法承担自己的责任。克尔凯郭尔认为这些人并不是一种存在，他们和动物没有区别。只有当一个人能够掌握自由意志，去行动，去做出选择，去掌控命运，去承担结果，去做真正的自己，才体现出人的"存在"。

克尔凯郭尔是他父亲和一个女仆的私生子，所以从小就特别敏感，养成了内向孤僻的性格。因为对自己身份的敏感，对个体和人文主义的关注成了克尔凯郭尔的核心思想。但同时，克尔凯郭尔又是一个希望回归到奥古斯丁时代的纯粹信仰者。

克尔凯郭尔认为，客观的一般性的规律并不能解决人类个体的问题，所以人生充满焦虑和痛苦，个体唯一的出路是把自己和神联系起来，通过信仰的飞跃达到自我的飞跃，从而消弭个体的痛苦。但人和神结合不是一蹴而就的，必须经历三个阶段才能达到。

克尔凯郭尔沿用西方惯用的三分法把人生分为了三个阶段，分别是感性的阶段、伦理的阶段、信仰的阶段。

第一个阶段，感性的阶段。这个阶段人依靠本能和情感行事，只受自己的感官支配，没有道德，没有信仰，驱动行动的主要是感官的快乐。比如赚更多的钱，换更大的房子，买更豪横的车，贴最贵的面膜。在这一阶段，人们憎恶任何限制他感官自由的东西。

大部分人终其一生都在这个阶段，被感官驱动着行事，人们的爱恨情仇不过都是下意识的生物反应。在这个阶段你和他谈道德，他认为你脑子有问题，你和他谈信仰，他会强制把你扭送到精神病院。

第二个阶段，伦理的阶段。克尔凯郭尔认为，在感性阶段的人是没有道德的，只有感官刺激和原始的趣味，而在伦理阶段的人具备了道德性，道德对人的行动有了束缚，会主动接受理性所制定的行为规则。

比如，一个处于感性阶段的人，看见一个心仪的异性就会想方设法和她发生关系。而处于伦理阶段的人则会自我建立道德标尺，他不再只被感官驱动，而是会受到道德、婚姻等多方面的约束。在这个阶段，人类进入文明。

第三个阶段，信仰的阶段。克尔凯郭尔说，从伦理阶段向下一阶段不能仅仅通过思想来完成，而要通过信仰去完成，即"信仰的飞跃"。克尔凯郭尔认为，信仰是一种不受外界影响的纯个人的内在需要，信仰不需要通过理性的证明。

克尔凯郭尔说，造物主与每个个体的关系都是独特而主观的经验，任何通过研究一般性和客观性知识的努力都无法替代自我的信仰所带来的体验。在这个阶段，仅仅依靠理性本身无法带来信仰的飞跃，只有真正去信、去感悟、去体验才能步入这个人生的最高阶段。在信仰的阶段，人们不仅仅是服从内化于心的道德，更是顺应造物主的规律发现自己生命的事实并接受它，认识到信仰是生命的来源，也是生命的归宿。

自从康德把现象和物自体分离后，西方哲学就产生了两条路：一条是传统的形而上的路，他们依然在追寻物自体，追寻着本体；而另一条则回归到人本身，回归到主体心灵，更加关注主体性。克尔凯郭尔就是回归主体性的典型，他想回到奥古斯丁时代的纯粹的信仰时代，他强调信仰的力量对人本身的影响，他更加关注个体、关注人。克尔凯郭尔的存在主义哲学成为现代西方人本主义的一个重要源头。

萨特、波伏瓦
爱你但不占有你

　　一个女孩和男神表白，男神从抽屉里拿出一张合同说，可以，不过，咱们签个合同，一辈子不结婚，不要娃，彼此没有义务，互不干涉，彼此都可以自由地去追别人，意思就是各玩各的，先签两年，如何？如果是你，会不会骂他是个渣男反手给他一个耳光？

　　在上面的场景中，表白的女孩是女权主义鼻祖波伏瓦，要签合同的男神是存在主义哲学大师萨特。波伏瓦拿着合同想了想，对萨特说，deal。

　　萨特和波伏瓦的开放式爱情被很多文艺青年羡慕，他们说好喜欢好喜欢，不是彼此占有，而是独立又重叠，没有攀缘的凌霄花，只有两棵栉风沐雨的橡树，这！才是真正的爱情。你们高兴就好。

　　1924 年，萨特考取巴黎高等师范学校。这个学校名字听着像个野鸡民办中专，但法国人一贯不按套路出牌，巴黎高等师范学校虽然名字野鸡，但在法国的地位相当于剑桥之于英国、哈佛之于美国，是法国大牛的集散地。萨特在一次考试中认识了波伏瓦，萨特是第一名，波伏瓦是第二名。于是，这两个学霸的故事开始了。

　　萨特和波伏瓦的爱情并不是一见钟情。波伏瓦不但是学霸，少女时期还是女神，她身材修长，一米七多，而萨特身高只有一米五五，如果不是学霸，那就妥妥的是法国武大郎。波伏瓦曾坦言，和萨特在一起完全不是因为身体的吸引，而是爱上了萨特的大脑。这很好理解，天赋异禀的人总是容易被高智商的人吸引，类似于牛顿碰上莱布尼茨，叔本华杠上黑格尔，这是一种旗鼓相当的吸引力。

萨特一生最大的优点就是坦诚。如果让萨特填简历，他一定会在兴趣栏写上"哲学，以及拥有更多配偶"。萨特认为，他和波伏瓦之间的爱情属于必然的爱情，但这远远不够，一个伟大而自由的男人还需要偶然的爱情。所以，波伏瓦爱上一匹种马，可惜家里没有草原。萨特要去征服那些年轻女孩的灵魂，然后再离开她们回到波伏瓦身边，以此向世界证明，一个伟大的男人不会为了一个女人而放弃自由。

在这一点上，波伏瓦和萨特达成了共识，说好的一起去尝试，你行我也行，忠诚对自由是一种束缚，哲学家不能那么平庸。既然可以有开放式的爱情，那为什么不可以有更多其他类型的爱情呢？于是波伏瓦介绍了17岁的女学生奥尔嘉给萨特，波伏瓦希望他们一家三口能够创造一种新的爱情模式。但波伏瓦显然高估了自己的理性能力，当她看着萨特和女学生你侬我侬，立刻就陷入了深深的焦躁、嫉妒和痛苦。后来，波伏瓦和萨特达成共识，终止了这段锵锵三人行。

当然，波伏瓦自己也没闲着。萨特一米五五的身高是波伏瓦内心永远的痛，后来她认识了美国作家奥格伦。奥格伦高大威猛，让波伏瓦第一次体验到了小鸟依人的感觉。和奥格伦分手后，波伏瓦又先后找了多个男友，比如比她小17岁的作家朗兹曼。但最终，波伏瓦还是回到了萨特身边。因为身体的吸引是暂时的，大脑的魅力才能穿越时间的荒原。她和萨特有共同的存在主义哲学理念，有共同的生活背景，她还狂热喜欢萨特的大脑。大脑与身体不可兼得，于是，她一边爱着萨特的大脑，一边和小男友保持着亲密关系。

而萨特一生的女性亲密者更多，女学生、女演员、女作家。每当萨特遇到一个感觉很好的女朋友，第一件事就是兴奋地写信给波伏瓦分享他的阅后感。他在信中写道，这个女孩皮肤很白，但身上有浓重的狐臭味，那个女演员太有女人味了，就是有点瘦。萨特会用自己独特的语言方式描写很多细节，比如，她的舌头像一条逃跑的蛇，总是钻到我的扁桃腺里。

波伏瓦看到这些信的时候是默默点赞还是内心飘过一万头羊驼已不可考证。但来而不往非礼也，波伏瓦的回信也同样精彩。比如她给萨特汇报和奥格伦的亲密关系时说，我从未见过这么棒的男性，在你面前我只是一个二踢脚，而在他面前我是一桶 TNT。

学霸就是学霸，看得我无语凝噎，只能花生瓜子矿泉水，前排小板凳点赞。萨特和波伏瓦就是这样，彼此相爱，又不彼此占有，用开放式爱情给无数文青描绘了婚姻和爱情的另一种可能性，至于滋味如何，可能只有他们自己才知道了。

1980 年 4 月，萨特因肺水肿于巴黎逝世，生前最后一句话是——波伏瓦，我一生最爱的小海狸。小海狸是他对波伏瓦的昵称，类似于我们说的小狐狸精，可见萨特对波伏瓦是真爱。1986 年 4 月，波伏瓦也因肺水肿去世。法国的粉丝和吃瓜群众把波伏瓦和萨特合葬在巴黎的蒙帕纳斯公墓。死亡让他们彼此永恒占有，再也无法分离。

萨特和波伏瓦之所以有这样的爱情观，或许是在践行存在主义思想。那么，萨特的存在主义是什么呢？

　　对自由意志的思考是每一个想要掌控自己命运的人必须面对的问题。你认为谁塑造了你的命运？是上天注定的宿命，是不可选择的原生家庭，是你根本无法左右的时代大潮，还是你可以选择的自由意志？

　　萨特的存在主义正是对这个问题的哲学解读。作为存在主义的集大成者，萨特的爱情观正是他对存在主义的深刻践行。萨特的存在主义可以归纳为三点。

　　第一，存在先于本质。意思是，人刚生下来没有意义，也没有自己的本质，所有的意义和本质都在于你的选择。人的本质不是上帝赋予的，也不是环境决定的，仅仅因为自己的选择才导致了存在的本质。

　　萨特的观点和亚里士多德形成了鲜明的对比，亚里士多德认为，任何物体都是为了完成某种使命而存在，一株花注定要开出鲜艳的花朵，一支笛子注定要演奏出优美的音乐，一个人的存在也被赋予了某种特定的意义。而萨特认为，上帝并没有赋予人特定的意义，人所有的意义都是自我选择的赋予，你选择了善或者恶，你的意义便由此产生，一个人的本质由他的选择决定。所以他说，存在先于本质，因为本质是你选择的产物。

　　第二，世界是绝对荒谬和痛苦的，他人即是地狱，世界给你的只有无尽的失望、苦闷和痛苦，人的存在是一种偶然。

　　为什么他人即地狱？举个例子，不管你从哪个角度阐释自己的观点，只要受众数量足够多，总有人会喷你。比如，你说极端环保不可取，他们说亚马孙的动物难道不要活？你说不要把一切甩锅原生家庭，他们说你没吃过原生家庭的苦，属于站着说话不腰疼。在这里，观点输出者和阅读者都成了彼此的地狱。如果说被喷是表达者的宿命，那么这个宿命因何而来呢?

叔本华说,世界是我的表象,从每个个体来看,世界都是我观察的客体,是我的表象。但是,因为他人也是独立的主体,他人也要从自己的角度去观察世界,所以,你的表达干扰了他们对表象世界的认知。因为我对世界表象的理解和你的不同,所以,争执产生了。他人成为我的地狱,而我,也成为他人的地狱。

萨特在这里表达的是一种对客体世界观察的主导权之争。当无数人的主体崛起,因为主体对世界观察的角度不同,无数的主体之间的观念就有了冲突和对撞,这种矛盾是不可调和的,只能通过尊重不同主体的视角去缓解。浪漫主义的产生就基于这样的背景,浪漫主义尊重不同主体的观念差异,而不是用某种统一的观念消除主体的差异。

第三,人拥有绝对自由。萨特所谓的绝对自由,并不是为所欲为,而是说,在任何环境中,人都有选择的绝对自由。萨特强调绝对自由是超越环境和外部世界的。

绝对的自由,意味着要承担绝对的责任。在此之前,人们认为人的意志背后站着一个上帝,人的意志和选择还可以假托上帝的安排,如果有错误和悔恨,有锅可甩。但萨特把上帝抽离出去,你背后没有了可以甩锅的对象,你必须孤零零一个人面对世界。萨特抹去了上帝,赋予了个体绝对自由,但也让个体背负绝对责任,于是孤独和恐惧也随之成为一种必然。

有人认为,萨特的存在主义导致了悲观主义。但萨特说,恰恰相反,存在主义表达了一种坚定的乐观主义,因为所有的选择在于自己,个体的命运被个体牢牢掌控,这是一种典型的强者哲学。

比如原生家庭，如果用萨特的存在主义解释，就算你拥有一个糟糕的原生家庭、一个不幸的童年、一段屈辱的往事、一个你无法左右的环境，但你依然有自我选择的绝对自由，你可以选择臣服于这种环境向暴虐的命运低头，或者就算被最狂暴的命运裹挟依然选择温暖纯良。你不一定会成功，但结果不重要，因为，自由选择本身已经成为一种救赎。

第二次世界大战后，萨特的存在主义之所以能激发大众的热情，是因为在经历了大战后，人们更迫切希望能够依靠自己的意志去改变人类颠沛流离的命运悲歌。萨特的存在主义让人们坚信，不管身处如何狂暴的命运，只要你坚信自己的自由选择，你就实现了意志的自由。

而这一点，正是我们今天重温萨特存在主义的最大意义。

海德格尔

诗意栖居于大地

　　这个世界上谁最喜欢海德格尔？一定是地产开发商。每一个地产开发商都要把海德格尔引用荷尔德林的诗印到自己的卖楼广告上——人，诗意栖居于大地。你一看这句话赶紧交钱，交完钱发现开发商的诗意栖居就是楼盘在荒郊野外，是买瓶酱油都要跑五公里的荒野求生。

　　当然，海德格尔的诗意栖居并不是让开发商去忽悠消费者，那他到底什么意思？

　　20 世纪的德国哲学家个个气吞山河，最喜欢研究一些悬而未决的重大问题，比如上帝、时间、存在等。海德格尔无疑是其中最晦涩的一个。他首先关注的是，存在是什么。

　　存在的问题，是古希腊的遗留问题。

　　巴门尼德提出的存在是古希腊哲学思想的一个伟大转折，本体论从此成为古典哲学的最高追寻。到了亚里士多德，他对存在做了系统归纳，创立了形而上学，形而上学从此成为西方哲学的主线。

　　在康德对"物自体"和"现象"进行了区分后，人们对"存在"有了更深的认知。"存在"就是康德所说的物自体，"物自体"在没有被"我"感知之前，处于一种"自在状态"。因为无法被感知，所以"物自体"是没有规定性的存在，我们并不知道它是什么，具有怎样的特性，它仅仅是"存在",但并不是"存在者",它是一种没有被感知的混沌物。

在这种背景下,海德格尔认为,亚里士多德的传统形而上学错了。海德格尔认为,传统的形而上学遗忘了"存在",他们认为的"存在"不过是"存在者",他们追寻的是存在者的属性,而不是存在的属性。

海德格尔认为,存在和存在者的存在之间的差别被亚里士多德遮蔽了。存在是无法把握的,我们只能考察"存在者"。因为对存在和存在者的混淆导致的一个结果就是,整个西方哲学长期存在主体和客体的二元对立。尤其是笛卡尔之后,主体的思和客体的在被高度对立。人们以绝对的主体性去解释客体世界,于是,技术飞速发展,而人在精神领域却踟蹰不前。

海德格尔要做的,就是要厘清存在者和存在的区别。海德格尔认为,存在就是意义的绽放。然而,存在者并不能显现出意义,因为他们已经被生成了,被规定性规定好了。比如一个玻璃杯子的意义是喝水,你如果用杯子去洗脚,就不符合杯子的规定性。海德格尔认为,存在的意义只能在还没有被规定好的存在者中才能被绽放出来,才能散发出无限的可能。而在芸芸众生,万千的存在者中,满足这个特征的,只有人。

于是海德格尔生造了一个词,他把人不叫人,而叫此在。此在,就是永远在变化的,不可被规定为某种本质的存在。在海德格尔这里,人有无限可能,并没有某种固定的本质,他和萨特所说的存在先于本质等同。

海德格尔认为,此在,也就是人,是此时此地亲身存在的,他充满了变化,也无法被规定。但是,海德格尔的此在并不是我们通常认为的人,通常认为的人因为在文明中被异化,已经被规定好,也不是海德格尔的此在。

在海德格尔所处的 20 世纪，人类以我思为武器，以主体性原则和人类中心主义为视角，创造了伟大的科学成就，人类把所有的事物都作为客体研究，包括人类本身，世界成为主体的一种取之不尽的资源。但人又被现代文明异化，丧失了可能性，海德格尔管这种叫常人。

海德格尔思考的是，一个人如何栖居，才不会沦为一个常人。海德格尔重新回顾存在的真正含义，审视传统形而上学的遮蔽使人遗忘了存在的意义，反思科技理性把人生存的基础连根拔起，用诗意来对抗文明对人的异化而导致存在意义的失去，他要回归人类本真。

要想回到本真，挣脱现代性导致的价值断裂，对抗虚无的深渊，人就要诗意地栖居于大地，绽放存在的意义，创造人的一切可能。

阿伦特

平庸之恶

罪恶是如何发生的？为什么有时人会陷入一种集体无意识的作恶？人们是如何丧失思考能力的？

先从汉娜·阿伦特说起。

阿伦特，可能有人不是很熟，但她的老师个个如雷贯耳，有海德格尔、胡塞尔、雅斯贝斯。能把同一个时代最金光闪闪的三个思想大师全部集齐，阿伦特的拜师能力也是天下无双。不但能拜到大师，阿伦特还能推倒大师。哲学小王子海德格尔，都被这个天赋异禀又好看的女学生吸引，发生了一段浪漫爱情。

作为德国犹太人，阿伦特参加了纳粹战犯阿道夫·艾希曼的庭审现场。艾希曼建造了第一个犹太集中营，并且签署了处决十多万犹太人的命令。阿伦特在旁听席看到了恶魔艾希曼在庭审现场满嘴跑火车，说自己只是执行命令，并没有亲手处决一个具体的犹太人。这次庭审给阿伦特带来了极大的震动，两年后她出版了《艾希曼在耶路撒冷》，提出了一个观点——平庸之恶。

阿伦特想，是什么导致艾希曼这个看起来浅薄苍白、平庸肤浅的人变成了一个恶魔呢？

阿伦特认为，艾希曼并非本性邪恶，也没有什么特别邪恶的目的和明显的犯罪动机，但是，十多万犹太人就这样被他轻松签了个字送进了集中营。艾希曼最大的特点是浅薄而不动脑，在纳粹的整个系统中，他变成了一个签署命令的机器。他从不思考人的价值，忘记了道德反思，把服从命令作为最高目标。他对人本身的思考凉薄而冷漠，成了随波逐流的一叶浮萍。

有的罪恶是为了获得利益，比如抢劫财产；有的罪恶是为了信仰，比如宗教战争。而艾希曼的罪恶却没有明确的目的，他只是机械式地服从命令，认为自己只是履行公职，并且不认为自己有罪。阿伦特认为，让艾希曼变成恶魔的，既不是天生邪恶，也不是天生愚蠢，而是他陷入了一种奇怪的不思考状态，简单说就是——无思。

人为什么会丧失思考能力？齐格蒙·鲍曼曾经提出过一个原因，那就是社会分工导致的体制化让个人成为庞大机器里的一颗螺丝钉。这颗螺丝钉被置于固定的位置，接受固定的分工，习惯固定的认知，冗长的分工链条遮盖了价值的整体性，导致人丧失了对一件事的价值评估和道德判断。

什么叫体制化？体制化就是你恪守自己的分工成了一个工具人，却不知道自己为何要做这件事。

比如，一名工厂搬运工，每天的固定工作是把货物从仓库扛到货柜车上。当他被体制化后，他只会祈盼公司的货物越来越少，这样他才有更多的时间躲到树荫下抽烟乘凉和保洁阿姨聊人生。他根本不会思考出货少代表公司没生意早晚要凉凉。

比如，一个前台美女每天的工作是给鱼缸中的龙鱼投食，她会把工作精细到每次给龙鱼投喂几颗鱼食的程度。慢慢地，她会认为给龙鱼投食是自己的终极目的，甚至会为了喂鱼而忽视接待来访的客户。她不会思考自己的终极服务对象是客户，而不是那条鱼。

你费尽心机省吃俭用买了一套房，却忘了思考自己应该找一个什么样的爱人；你每天努力而认真地工作和生活，却唯独忘了思考这个工作和生活在你整个生命中的价值和意义。在无思的状态下，人们纷纷堕入这种平庸之恶，成为一个个怼天怼地的职场老油条蹉跎度日。就像那些背着麻袋的十字军，出发时高呼着收复耶路撒冷的伟大口号，可惜半路忘了自己到底要干什么，不知不觉上了威尼斯人的贼船。

无思不但导致平庸之恶，更让我们沦为一具具行尸走肉，失去了对道德性、目的性、价值性的全盘思考。每天劈柴喂马，关心粮食和蔬菜，却忘了在夜深人静时反思，劈柴喂马的初心不是当一个弼马温，而是为了仗剑天涯。

马克斯·韦伯

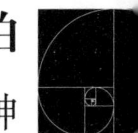

新教伦理与资本主义精神

　　在现代职场中，拥有职业精神是对一个人最高的评价。一个人是不是拥有职业精神，其内在的关键是精神、能力和自觉。职业精神并不是物质驱动，而是一种精神层面的形而上。那么，职业精神产生的背景是什么？

　　职业精神的来源，需要追溯到马克斯·韦伯的名著《新教伦理与资本主义精神》。作为现代最具影响力的西方思想家之一，韦伯的这本书无疑是剖析宗教信仰与社会关系最深刻的作品。

　　资本主义的职业伦理、职业精神为什么会成为西方的普遍共识？韦伯并没有从经济学和文化领域对这一现象做出分析，而是开启了上帝视角，从信仰角度做了底层探究。韦伯认为，阿奎那对现世的注重和加尔文的天职观是现代资本主义崛起的两个源头。阿奎那的观念淡化了基督教对来世的寄托，让人们更加注重今生今世。而加尔文新教伦理中的天职观则直接孕育了现代资本主义的职业精神。

　　什么是新教徒的天职观呢？说白了就是荣耀神，他们要在现实生活中通过身体力行来确认自己的选民身份。所谓天职观，是欧洲人的一种信念。他们认为，哪怕是一个再微小、再平凡的工作，都是造物主赐予自己的，不存在高低贵贱。在新教伦理中，"天职"这个词不仅指神委派给你工作，更是指这个工作是要在俗世中用你所有的精神、智慧和行动去实现它。翻译成我们能听懂的话，就是神让你在俗世中完成自己的职责，这是老天爷给你的使命。所以，西方所有大公司的企业文化都会有一个企业使命，当然这个企业使命现在已经被全世界企业借鉴。

在天职观的影响下，欧洲人认为，即使最卑微的工作也是上天赐予他们的天职，一个人一生的使命就是把这个工作做好，所有的荣耀都是不亵渎这份上天赐予的职责。天职观给西方人提供了超越功利主义的意义。凭借着天职观的信仰，西方人可以坦然面对艰苦卓绝的环境，去穿越漫长而幽深的黑暗。就算是打螺丝，也要打出最闪亮的螺丝。在这种观念下，欧美的企业往往能够专注于产品本身，不断实现飞跃性的创新。

很多人认为，现代资本主义的增长基于人们对物质的无限需求。但韦伯提出了一个重要的观念，那就是现代资本主义仅仅靠物质驱动是无法满足的，而必须有自己内在的精神动力。新教伦理的天职观是个人道德所能依托的最高形式，它脱离了物质世界和俗世观念，用最高的信仰为现代资本主义提供了精神动力。新教的天职观把信仰和人类的世俗活动进行了结合，从信仰层面、形而上层面赋予了世俗活动一种终极的使命。韦伯认为，正是这种使命，让人们的日常工作有了意义，并在此基础上形成了职业精神。

天职观推动了新教伦理的革命，他们认为，神的最高安排不是让人们以苦修的禁欲主义超越世俗道德，而是要完成个人在现世的责任和义务，这就是你的天职。

韦伯认为，新教的天职观使人们迸发出了一种前所未有的动力，他们以今生的奋斗和对天职的遵守获取永生的安慰。这种新教精神为西方俗世生活注入了一种最高的精神驱动。

为什么现在很多公司声称打造狼性团队，但结果往往并不成功，这是因为他们对员工的激励手段仅仅在形而下的阶段。大多数公司所谓的狼性团队都是给予单纯物质的激励，而没有找到一种更高纬度的精神驱动，没形成形而上的精神内核。韦伯认为资本主义的成功在于将俗世的工作和信仰进行了关联，展现了一种更持久、更自觉、更富精神内驱力的思想动力。

资本主义诞生于两种对立矛盾的理论，一种是新教徒的天职观，另一种是追逐尘世快乐的享乐主义。一方面是关于工作、纪律、延缓享乐的新教徒天职观伦理，另一方面则是享受、愉悦和无止境追寻快乐的世俗伦理。

可以说，现代资本主义的所有矛盾和冲突，都在于这两种价值观的博弈。

伯格森
时间的绵延

1922 年，物理学大师爱因斯坦和法国哲学家伯格森展开了一场世纪大论战，就是哲学科学史上著名的"时间"之辩。在这场辩论中，爱因斯坦的粉丝团有罗素，伯格森的粉丝团有梅洛·庞蒂和德勒兹。其实伯格森本人也是爱因斯坦的粉丝，能和偶像辩论，伯格森心情非常激动。遗憾的是，神女有心襄王无梦，聊了两句爱因斯坦就认为伯格森纯粹在瞎扯而意兴阑珊。伯格森忧愁幽思，愤而写了本书批评爱因斯坦。

爱因斯坦和伯格森的这场世纪大论战，谁是最终的胜出者不重要，重要的是，这场辩论代表了自然科学和哲学的第一次正面交锋，它是人类理性主义和直觉主义这两种思考方式的刀兵相见。

自然科学起源于哲学这个母体。但是，到了 20 世纪，哲学却被自然科学疯狂碾压。欺师灭祖的自然科学教训起自己的老母亲来和当年哲学教训宗教一样，一点不给面子。人类神圣的思想史殿堂上充满了此起彼伏的打脸声，不是哲学在打宗教，就是科学在打哲学。

伯格森作为一个哲学家，和爱因斯坦杠的是什么？哲学界有三个终极大杠，它不是门卫大爷的终极三问，而是"存在""上帝""时间"。这次伯格森单挑爱因斯坦的，就是时间问题。

人类经历了不同的时间观。第一个是牛顿的绝对时间观，牛顿认为时间是一种绝对的、独立的流动，和外界没有任何关联。牛顿的绝对时间观抛开了物质与空间，它和一切都不发生关系。对牛顿的绝对时间观，随便做个思维实验就可以反击，比如想象一个没有任何基本粒子的绝对真空，因为这个区域中没有任何物质，所以就没有物质的变化，没有变化，就无法度量时间，所以时间就没有意义，也就是说，时间不存在。

第二个是爱因斯坦的相对时间观。爱因斯坦将时间、空间、物质和运动这几个事物做了关联，表达的一个核心含义是，时间的本质是物质的运动。爱因斯坦的时间观是一种更为自洽的时间观，在科学上，爱因斯坦的时间观和狭义相对论也被实验和观察所证实。

那么，哲学家伯格森的时间观是什么呢？先看伯格森对时间的定义。伯格森把时间分为物理上的时间和哲学上的时间。伯格森认为，牛顿和爱因斯坦所定义的时间都是物理上的时间，这种时间是一个个独立的瞬间均匀地排布在一起，它是一条直线，或者是钟表的刻度，这种时间可以被物理学机械地加以分割和测量。但伯格森认为，爱因斯坦的物理时间只是为了便于观测和记录，并没有涉及时间的本质。相对论也没有涉及时间本质，它仅仅是描述了物理学中时间的某种性质，但这和时间的本质毫无关系。就像你描述一头驴，仅说它的耳朵比较长、喜欢拉磨，但并没有对什么是驴做出定义。

那么，伯格森的时间到底是什么？

伯格森认为，时间的本质是绝对的、不可分割的，它就是绵延。传统上人们认为，时间是由一个个独立的点组成的，像一串佛珠，可以被机械地分割、测量和记录。但伯格森认为，真正的时间不可被分割，它是绵延。何谓绵延很难理解。举个例子，绵延就像无数空的一次性纸杯嵌套在一起，每一个纸杯既处于下面的纸杯之中，又包含了上面的纸杯。所以，绵延就是既包含了过去、现在，又包含了未来。在绵延中，每一瞬间都彼此渗透，它们共同构成统一的整体。过去、现在和未来不可分割，成为庞大的时间洪流，这就是伯格森对时间的哲学定义——绵延。

就这？袜子都脱了就给我看这个？当然不是，伯格森绵延的概念意义重大，为时间赋予了另外的属性，那就是时间和主体密切相关。

和物理学最大的区别是，伯格森为时间融入了人类主体的意志。伯格森曾经举过这样一个例子：如果我拿一块糖放到水里等待它溶化，那么不管我多么不情愿，我都不得不亲自度过这段时间。人的意志在等待糖化开的过程就是对绵延的确证。在这个绵延的过程中，时间和人类意志紧密结合，所以伯格森认为，绵延就是主体意志参与的过程，绵延就是生命本身。

至此，时间融入了新的维度——主体意志。时间不再外化于物质，外化于意志，而是和人类的意志共存。绵延必须有主体的参与，它是人类体验的一个过程。比如你等待花开、等待女朋友开门、等待猪脚饭端到桌上来，只有主体参与了时间的绵延，一切才有意义，时间才真正存在。

更重要的是，伯格森的绵延，是处于唯心主义和唯物主义之间的一个概念，它打通了物质与意识的隔绝，物质与人类意志被绵延结合起来，绵延不但是物质世界的变化，也反馈在人的意志中，决定了人类意志的改变。时间的绵延本身就是人类的体验、情感和生命力的体现。一句话，时间就是生命本身。生命冲动从过去疯狂绵延到未来，向没有边界的地平线疯狂流动，不被任何事物阻断，而这，就是生命意志。

维特根斯坦

语言的边界是思想的边界

　　维特根斯坦的一生是有钱任性的一生。他一生的经历让很多人知道，钱对有的人真的不重要，他们真的不在乎。

　　维特根斯坦是奥匈帝国一个豪门巨富家最小的儿子。维特根斯坦的爹是个犹太土豪，而且不是一般的土豪。因为有钱，维特根斯坦家经常供养艺术家，勃拉姆斯、马勒等人都是家里的常客。在维特根斯坦小时候他爹就说，你天赋这么好，将来只有你能继承我的衣钵。但是，维特根斯坦就是忍不住一心搞哲学的冲动。

　　有意思的是，维特根斯坦竟然和希特勒是同学，还有过毕业合照。在这张照片中，小元首一脸苦大仇深，而维特根斯坦却对着镜头深邃凝视。现在有研究认为，希特勒的反犹主义可能跟他的这位校友、犹太大土豪之子维特根斯坦有关。当然，这只是一个观点。

　　第一次世界大战期间，奥匈帝国是同盟国，而意大利是协约国。作为奥匈帝国的公民，维特根斯坦主动上前线参军。后来，奥匈帝国投降，维特根斯坦成了意大利人的战俘，当他父亲想通过关系运作让他出来的时候，他直接拒绝了，他要和自己的兄弟们在一起。

　　战争结束后，维特根斯坦从战俘营出来，却干了一件让别人都看不懂的事，他把自己所有的财产全部转给了哥哥姐姐，从一个欧洲巨富变成一无所有的穷小子。他一个人跑到一个山村当小学老师，和村里的孩子们一起过起了窘迫的生活。当维特根斯坦的朋友去山村看他，他已经混得像个九袋长老，每天啃着黑面包，仅有的家具是一张床和一个洗脸盆，这让他的朋友感到非常震惊。

有些人天生对钱就没有兴趣，他们不是假清高，更不是为了追求另类，他们就是单纯地有自己的爱好和追求，所有的物质和享受在他们看来都毫无意义。

维特根斯坦不但对钱没有兴趣，而且喜欢体力劳动，特别喜欢搬砖。他本来在剑桥大学三一学院好好地当着老师，却偏要跑出去打零工，比如面试救护车司机，去医院做护工照顾病人，等等。放着剑桥大学三一学院的教授不好好做跑到医院做护工，这就是这位哲学家的选择。当医院的人发现身边的这位勤杂工居然是三一学院的教授、大名鼎鼎的哲学天才维特根斯坦时，都感到十分震惊。

维特根斯坦认为，哲学并不能赋予人生任何意义，它只是给人提供了一种智慧，能赋予人生意义的只有宗教。维特根斯坦认为哲学并不能给我们提供新的信息，而是通过对语言的描述来增加其清晰性。维特根斯坦要表达的意思是，哲学是为了不让语言迷惑我们的理智而进行的一场斗争。

罗素对维特根斯坦的评价是，这个人又臭又硬，争强好胜，而且十分烦人。尽管如此，罗素还是把维特根斯坦当成自己最喜欢的门生，因为他是罗素见过天赋最高的人。

维特根斯坦的作品通过逻辑语言分析的办法"由内而外"对可以言说的空间做了范围限定。这个可以言说的范围，仅仅涉及客观世界以及那些有意义的领域，对于没有意义的那就保持缄默。

维特根斯坦一生努力的方向就是要把哲学从对意义的关注中解脱出来，进而转向对语言用法的关注。他认为人们对哲学的困惑大部分是产生于人们对词语的困惑。大众认为哲学很艰涩的根本是，哲学所要表达的是已有的语言无法描述的，或者说，一旦语言开始描述哲学就已经变味了，可以说哲学的问题就是语言的问题。语言并不是仅仅包含一个单一的模式，语言像生活一样是可变的。对语言的思考，不应该考虑如何解释某种问题，而是用最精准的语言把它描述出来。用一种极简的方式概括维特根斯坦的学说就是，语言的边界就是思想的边界。

维特根斯坦的这种洞察回到了古希腊智者学派高尔吉亚所讨论的问题。高尔吉亚在《论自然或论非存在》中说：第一，无物存在；第二，即使有物存在也不可知；第三，即使有物存在又可知，我们也无法用语言清晰地把这种认识传达给别人。

高尔吉亚的这三个论点惊人地预言了西方思想史的三个阶段。第一个阶段，人们追求世界的本质，探讨本体论，即他所说的"无物存在"；第二个阶段，人们转向认识论即"即使有物存在也不可知"；第三个阶段，正是由维特根斯坦开创的语义学转向，"有物存在也可知，但不可描述"。

古典时代的哲学追求的是本体论，他们追问世界到底是什么，这是纯粹的形而上学，本体是他们研究的对象，他们研究关于存在的存在。形而上学的终极是对本体的追寻，找到世界的第一因。在整个古希腊时代、希腊化时代和经院哲学时代，这是西方哲学的主干。

而在笛卡尔—康德时代，实现了从本体论到认识论的转向。康德认为，我们不可能认识世界的本质，就是物自体不可知，我们只能认识到能够被人类认识的东西，就是现象世界。我们看到的万事万物，都是以人作为主体视角的观察结果，人具备什么样的先天能力，就观测到什么样的世界，世界是围绕人的认知能力展开的。在康德这里，哲学的主线从认识世界变成了认识人的认识世界的能力，这就是认识论，或者知识论。

在维特根斯坦这里，他觉得认识"人认知世界的能力"也没用，如果连人类理解世界的语言都搞不清，那人类认识世界的认识论自然也是空中楼阁。人类表达认知的唯一工具就是语言，只有搞清楚语言，才能搞清楚人类认识世界的方式。因为语言的有限和语言的歧义，所以真正的知识是没有的，一切都是人类的幻觉。

维特根斯坦认为，语言塑造了我们对世界的思考，塑造了我们的观念。如果一种观念无法用语言精确概括出来，那么这种观念就不具备意义。虽然我们所有的感官都可以去感触世界，但语言是我们表达的唯一通道，是唯一的工具。

比如人类肉眼感知的可见光波长约在 350nm～750nm，耳朵能听到的声音频率约为 20Hz～20000Hz，但是，能把这些表述出来的，唯有语言。

哲学是和语言相关的，当我们的语言不足以解释这个世界的时候，那就不可能真正地理解世界。所以维特根斯坦认为，哲学研究的终极目的就是放弃那些因为语言的歧义带来的误解，而是去寻找语言背后的东西，得到语言的精准性。

维特根斯坦是近代语义学转向的一个关键点，在维特根斯坦之后，现代哲学放弃了形而上学，放弃了认识论，放弃了对世界的探求，几乎没有什么建设性的成果。

当然，这里没有贬低维特根斯坦的意思。仅仅是笔者个人的观点，在维特根斯坦之后，现代哲学所谓的语义学转向表现为一种宏大观念的退化，人类对世界的追寻陷入了某种停顿，对世界的宏大探求退缩到一个小角落，而在这个小角落里，哲学开始变得琐碎而神神道道。

达尔文

思想史的再转折

如果要评出近代对人类思想观念影响最大的人，谁有资格入选呢？

在信仰领域，那些世界级宗教创始人包括耶稣、穆罕默德、佛陀，以及中国的老子、孔子等影响了人类思想几千年，至今依然对世界有着深远的影响。

在理性领域，英国的牛顿毫无争议位列榜首，这个科学史上 bug 一样存在的大神根本性地改变了人类的认知，把人类从混沌模糊的世界带向光明。另一个是哥白尼，他把地球从宇宙中心拉下凡尘成为太阳系的一颗行星，从根本上改变了基督教的理论基础，改变了人类的宇宙观。

而对人类观念产生重大影响的第三个人，当为达尔文。达尔文《物种起源》所提出的进化论早已超越了生物学领域，它广泛渗透到自然科学和社会科学的各个领域，推动了各个学科的发展，比如神学、哲学、经济学、政治学、计算机科学等，带来了整个人类思想的巨大变革。进化论之所以有如此巨大的跨界影响力，在于它第一次从生物层面对"神创论"提出了质疑，在达尔文坚实的证据和严密的论证下，占据人们心灵千年的超验的神被隐去，一种全新的，基于生物生存的"自发秩序"的概念被提出，引发了思想史的再一次转折。

进化论的核心观点是什么呢？

第一，生存竞争。达尔文认为，世间的所有生物都有过度繁殖的倾向，而生存空间和食物有限，所以生物必须为生存而斗争。比如，一只大马哈鱼一生可以产卵 6000 多枚，如果所有的大马哈鱼无限繁殖，环境资源根本无法支撑。人类如果从 18 岁敞开生到 40 岁也能生 20 多个孩子。当然，人类不生这么多绝不仅仅是因为资源有限。

第二，复制和变异。同一个种群之间的个体总是存在着一定的遗传变异。变异经常、广泛而无目的地存在，变异的方向是不确定的。其实进化论的翻译并不确切，严复翻译的"天演论"更为精准。翻译成"进化论"不恰当，因为自然和变异都是无目的的，它们不一定是一种进步，也可能存在退化，变异的本质是随机的，所以用演化才确切。

第三，物竞天择，适者生存。因为复制、变异导致不同个体有不同的性状，同时因为生存竞争导致资源稀缺，自然选择发生了。适应环境的个体得以继续生存，不适应环境的个体则被淘汰。

比如，工业革命前，英国飞蛾既有白的也有黑的，只不过在灰白的树皮上黑蛾比较显眼也比较容易被飞鸟吃掉，以致白蛾逐渐成为多数。但是在工业革命之后，树皮被污染黑了，白蛾就比较容易被鸟吃掉，结果黑蛾的数目便占了大多数。在这个案例中，黑蛾的留存并不是进化，而是一种随机演化。

自然选择之外还包括性选择，那些不符合求配偶标准的形态也会被性选择筛除。比如，雄性鸟类一般都有漂亮的羽毛，目的是博取雌鸟的眼球，这是雄鸟应对性选择的生存策略。

性选择在人类社会变得更加复杂，早已超越了外观形态。它涉及人的情商、性格、智力以及对爱的理解能力。在男女婚恋关系中，除了外貌，人们往往更加注重对方的情商、性格、智力等因素，看到优秀异性时的"怦然心动"，其实就是人类在择偶过程中的一种综合的性选择判断。

人类社会中性选择是演化的重要驱动，比如男性对肌肉的痴迷，女性对化妆的痴迷。男性为了练出 8 块腹肌可以毫无人性地摧残自己。而对女性来说，精致的妆容总是指向更白嫩的皮肤，更鲜红的嘴唇。因为这两个特征对男性来说更有诱惑力，白嫩代表年轻没有经历风吹日晒，鲜红的嘴唇代表健康，而年轻和健康意味着容易繁殖下一代。

达尔文的进化论解释了诸多的社会现象，揭示了人类社会属性背后的生物属性。人类在很多社会领域的行动遵从着进化心理学的原则，进化心理学虽然并不关注人类的自由意志，但因为其严密的逻辑却也为社会学提供了一种崭新的方法论。

斯宾塞

社会达尔文主义之父？

　　达尔文的进化论深刻影响了人类社会的发展进程。进化论彻底颠覆了人的神圣性，传统基督教神学所认知的神创论被进化论取代，人被从宗教意义上的神所创造的崇高的位置一脚踹下，沦为和动物一样的地位。进化论消弭了人的特殊性，也深刻改变了人类对自身的认知。

　　在达尔文进化论思想的基础上衍生出了社会达尔文主义。社会达尔文主义到底是谁提出的？为什么在人类社会不适用达尔文主义？

　　许多刚刚接触西方思想史的人会莫名产生迷之优越感，刚摸到人类思想的大门就以为自己洞察了人类社会的底层规律。比如刚刚了解达尔文思想就偏执地认为世界的规律只有一条，那就是物竞天择适者生存。

　　越无知越坚定，越浅薄越自信。那些思维停留在石器时代的现代人，却以为自己置身认知的高原，把一些似是而非的观念作为圭臬，从而导致了错误的认知不断积累。

　　所谓社会达尔文主义就是将进化论"自然选择"的理念应用于社会学的理论。社会达尔文主义认为，在人类社会中，"适者"活下去，"不适者"自然被淘汰。社会达尔文主义经过纳粹加持后，已经成为全世界臭名昭著的理论。那么，社会达尔文主义到底是谁提出的？

　　首先，肯定不是达尔文，因为达尔文是正经学者，主要研究生物学和博物学。"社会达尔文主义"只是用了达尔文的名字,达尔文肯定不背这个锅。

那么,会不会是英国的赫胥黎?严复的《天演论》翻译的就是赫胥黎的版本,而且赫胥黎自称是达尔文门下的看门狗,本身又是作家,脑洞比较大。所以,赫胥黎十分可疑。

但也不是。早在赫胥黎之前,英国大哲学家斯宾塞就说过:有能力存活的个体,就活着,他们存活是好事;没能力存活的个体,就死亡,他们死亡最好不过了。

这句话铁证如山,坐实了斯宾塞社会达尔文主义之父的位置。作为哲学家,斯宾塞不但在达尔文之前就提出了进化论的概念,而且创造了"适者生存"这个词。斯宾塞在当时甚至和达尔文齐名。但是,因为"社达"的标签,斯宾塞被踢出了主流学术圈。

不过,还有大反转。现在众多历史学者为斯宾塞鸣冤,说斯宾塞完全是被构陷,因为他的"适者生存"还有后半段,那就是,"自然选择很痛苦,但人类的善心减轻了这种痛苦"。斯宾塞呼吁拯救那些不适应竞争的人,而不是任其死去。

那么,到底是谁在构陷英国哲学家斯宾塞呢?他就是美国历史学家理查德·霍夫施塔特。他在《美国思想中的社会达尔文主义》中对斯宾塞的作品进行了恶意的批评。这本书销量很大,直接导致斯宾塞被扣上了"社达之父"的头衔。

霍夫施塔特为何要构陷斯宾塞呢?因为,斯宾塞是一个保守主义思想家,提倡自由市场理论,而霍夫施塔特是一个乌托邦信徒,他极度讨厌保守主义,专注抹黑斯宾塞三十年。

可见，实际上并没有一个学者刻意把达尔文思想应用于人类社会，只是在传播的过程中不断被误解和歪曲。

为什么不能把达尔文主义应用于人类社会呢？

因为人有理性，有观念，有同理心，有悲悯。推崇社会达尔文主义这样的价值，根本不符合文明的基本原则。文明的基本原则是秩序和协作，而不是无序和丛林法则。人类之所以能创造文明，跳出动物界的丛林法则，在于以理性创造出文明状态，用分工和协作实现效率的最大化，用秩序杜绝动物世界的弱肉强食。

如果把"社达"应用于人类社会，其结果就是堕入霍布斯的自然状态，人们必然会陷入一切人对一切人的战争。如果在人类社会推崇物竞天择适者生存，那么，每个人都不会安全，因为你永远不会是最强者，总会有比你强大的人出现，而比你强大的人可以根据这个理论消灭你。

所以，反对社会达尔文主义是现代文明人的基本素养。

波普尔

科学的边界

如何界定科学和非科学？科学判断有没有一个确定的边界？

先看下面两个例子。

A. 家里有孕妇不能往墙上钉钉子，否则会导致孕妇流产。

B. 孕妇胎元不固，气血失调，冲任不固，会导致流产。

你认为这两个判断中，哪一个是科学描述？很多人以为，命题 A 是迷信，而命题 B 不知所云。这里应该没有科学判断。其实这种认知是错误的，因为命题 A，就是你认为的迷信判断，属于典型的科学判断。

你可能会说，往墙上钉钉子导致孕妇流产，这是跳大神，怎么可能是科学。但实际上，科学与非科学之间的界限并不是正确性，而是可证伪性。钉钉子导致孕妇流产当然不正确，如果你家有孕妇，你可以钉个钉子试试，随便做个试验就可以证伪。而命题 B 则没有明确的标准，不具备证伪性，怎么说怎么有理，怎么说都能自圆其说，这就是非科学。

科学可被证伪，而非科学无法证伪。提出可证伪性原则，为科学划定一个清晰界限的人，就是 20 世纪杰出的哲学家卡尔·波普尔。

在波普尔看来，可证伪性是科学的一个明确界限，科学的发展是通过猜想和证伪保持进步的，任何理论都不能被绝对证实，因为样本有限，归纳无法推导出未来的必然性，理论只能被证伪。所以，波普尔的科学观被称为证伪主义。

波普尔早年接触过弗洛伊德的理论，在对弗洛伊德理论的思考中波普尔认为，弗洛伊德的心理分析理论存在一个重大问题，他无法提供一个确定的可考察的依据，因为无论怎样的结果，弗洛伊德都可以通过给出一个解释而自圆其说。

1919 年，波普尔聆听了爱因斯坦的演讲，这个演讲的背景是爱因斯坦完美预见了日全食中光在引力场中的弯曲效应。爱因斯坦在演讲中表示，即使今后依然有其他证据证实了自己的理论也不说明自己的理论是绝对正确的。但是，如果有一次观察和自己的理论出现矛盾，那就说明自己的理论是错误的。

爱因斯坦的观念给了波普尔极大的震撼。波普尔敏锐地意识到，爱因斯坦的观念涉及科学的一个重大秘密。我们观察到一个理论所预言的事实并不能证实这个理论绝对正确，但是，如果有一次观察和理论不相符，那就导致理论的必然错误。波普尔的证伪理论由此开启。

波普尔认为，真正科学的态度是一种批判的态度，并不是寻求一种绝对正确性，而是去寻找判断性的检验标准。

波普尔关于科学的可证伪性，其内在逻辑是经验的不可靠。因为基于经验的归纳必然是有限的，人类不可能穷尽所有的归纳，而在更大的范围内则存在被证伪的必然性。比如从地心说到日心说，到现在我们知道太阳系外还有银河系，银河系外还有更多的星系在膨胀。所以每个科学理论都是一个阶段的认知归纳，只要出现反例，就会被证伪。

波普尔认为，如果没有一个确定性的边界，那么我们就无法窥探科学的真相。

"可证伪性"才是判断科学与非科学的界限。波普尔的证伪主义为科学划定了一条明确的边界线，成为检验科学与非科学之间强大的工具。我们判断一个理论是不是科学，只要看这个理论是不是有一个检验标准。比如，月球上有嫦娥、玉兔和桂花，这个就是科学判断。因为你只要飞过去，或者用望远镜看看就知道了。比如，某某大师很灵，能预测你的吉凶祸福，如果不灵，是因为你不够虔诚。这个判断就不是科学，因为你无法找到衡量心灵是否虔诚的判断标准。

需要指出的是，波普尔只是界定了科学和非科学的标准，而并不认为所有的判断都是科学的才有意义。证伪主义只是为科学和非科学划分的界限，而不是有用和无用的界限。因为大量非科学都有自身的价值。比如形式逻辑、神话、传说、宗教，它们都不是科学，但它们有自身的价值和意义。很多神话和科学没有什么关系，但却成为科学猜想的源头。比如，天上一日地上一年，这种神话和现代科学中黑洞里时间流逝变慢有着有趣的对应。

人们用波普尔的证伪主义对弗洛伊德的理论做了考察，学者们认为，弗洛伊德的心理分析理论并不是科学的方法论。

弗洛伊德

摧毁自由意志？

我是谁，这是哲学的终极追问之一。我到底是我的肉体还是我的精神，我的思维真的是我的个人意志的体现吗？

在弗洛伊德之前，人们没有这个疑问，世界清晰明朗，我当然是我，我的思维、意志都是由我这个主体决定的。

在弗洛伊德之后，一切被改变。

弗洛伊德的心理分析疗法在西方已经逐渐被主流抛弃，弗洛伊德的观念正被越来越多的学者质疑。有学者认为，在弗洛伊德的许多著作中，比如《图腾与禁忌》和他对达·芬奇画作中的性意向的分析，弗洛伊德使用了明显错误的证据。英国的多位精神科医生把弗洛伊德描述为一个无情的江湖骗子，他们认为，弗洛伊德很多精神分析的出发点都是假的。但弗洛伊德的理论之所以对人类思想史产生了重要影响，绝不仅仅是因为其在心理治疗领域的应用，而是对人类思想的深刻洞察。

这个创见就是，弗洛伊德建立了人类的无意识理论。

弗洛伊德认为，人类的意识就像浩瀚大洋上的浮冰，我们能看到的只是冰山一角，隐藏在表面之下更加巨大的部分是人类的无意识，它被人类的欲望、情绪、生理和动机驱动，无意识通过潜意识影响人类的意识。

弗洛伊德的无意识理论直接改变了人类对思想的认知。在 20 世纪，弗洛伊德的无意识理论和哥白尼革命、达尔文进化论一起，被称为影响人类思想认知的三大革命。

笛卡尔把从古希腊开始的本体论追寻做了终结，把世界做了终结，他认为，什么都靠不住，只有人类的思想才靠得住。在笛卡尔的创见下人们开始转向了认识论和理性主义，那就是，一切真理都应该经历人类理性的检验，人类要达到的终点是一种确定性的未来。笛卡尔用我思故我在抛弃了整个世界，思维是留给人类的唯一的确定性。

而弗洛伊德把人类最后的确定性也摧毁了。从此，人类彻底被抛入了不确定性的深渊。这和量子力学的不确定性同时成为人类思想史的重大转变。

弗洛伊德认为，人类的理性思维不过是无意识的表层显现，人类拥有强大的非理性的无意识，无意识具有决定性的作用，人类的理性精神不过是无意识支配的产物。

弗洛伊德的意思是，人的精神是分裂的，因为人类不是由自我控制的，而是由无意识和本我控制的。在弗洛伊德的理论下，人类可能压根儿无法拥有一种纯粹的、清醒的意识。如果一切如弗洛伊德所言，那么人类就不再是理性的存在，人类所有的思想和命运都是一种无意识，不受人类理性的控制。弗洛伊德的这个观念具有巨大的冲击力和颠覆性，因为他对人性的深刻挖掘，彻底刷新了人对自我的认知。我这个主体可能并不是自由的，主体只是一系列动物性的欲望、情绪、本能的驱动。

如果主体是环境、欲望、本能的综合缔造，那么意志自由体现在哪里，人的理性精神体现在哪里？人类是否终将走向无解的宿命论？这是所有自由主义者不得不面对的一个问题，主体是否存在终极的自由，人类的自由意志到底是不是镜花水月。

弗洛伊德的"无意识才是精神的真正底层"是后现代主义、超现实主义的理论支柱。在弗洛伊德理论的引导下，后现代主义和超现实主义以及其他流派的艺术家们用多种手法挖掘人们精神世界的深层。一方面开拓了新的艺术表现领域，另一方面使艺术语言趋向荒诞和怪异，他们的不少作品创造了荒诞、怪异的新境界。

后现代主义的作品影射着社会和人生，风格是荒诞的、寓意的或抽象的。在他们的作品中，可以感觉到这些艺术家表现了现代人的精神创伤和变态心理，感觉到他们对现实生活的消极、悲观和失望的情绪，在他们的影响下，虚无主义开始泛滥。

弗洛伊德的理论在被心理治疗领域抛弃后，反而在人类思想和哲学领域产生了巨大的影响。笛卡尔用我思摧毁了世界，改变了本体论的探求转向认识论，仅仅为人类留下理性精神。而弗洛伊德把人类抛入了一个更加绝望的现实，那就是，人类连这仅有的理性精神都靠不住。在弗洛伊德的摧毁下，当代哲学要面对的是一片新的、荒芜的世界。

走向近代

哲学的终结？

　　西方哲学有三大研究领域：形而上学，负责研究存在；信仰哲学，负责解释神；政治哲学，负责究极政治伦理。形而上学研究人与世界的关系，信仰哲学研究人与神的关系，政治哲学研究人与国家、人与人的关系。但在近代，它们携手被埋葬。

　　首先，是形而上学的终结。从柏拉图到黑格尔传承下来的宏大的形而上学体系，在维特根斯坦这里走向了终结。维特根斯坦说，对于不可言说的，我们必须保持沉默。维特根斯坦敏锐地看到了人类探索世界的边界，从而终止了形而上学。维特根斯坦认为，人类的经验是由语言构成的，但我们无法证明语言和世界的本质之间到底有着怎样的因果联系，形而上学注定无解。尽管 20 世纪世界各个哲学流派在目标和方法论存在着巨大的不同，但在一个基本层面达成了共识，那就是人类真正洞悉宇宙的秩序是不可能的。人类不仅被困于有限的肉体感官，还被困于语言的边界，我们思考到的永远只是表象，形而上学不可检验，这个世界不可被证实。两千年的庞大的形而上学体系在近代风化成历史中的尘埃。

　　其次，神被终结。从 18 世纪开始，随着科学革命的成熟和工业革命的崛起，西方基督教的方法论逐渐走入颓势，欧洲大陆启蒙主义和理性主义崛起。理性主义以摧枯拉朽之势取代了神在人们脑海中根深蒂固的观念，成为主流的思维模式。理性主义奠定了现代科学，但在社会领域却一败涂地，人们以为在理性主义的照耀下我们将走向必然的光明，但法国大革命和现代诸多革命的倒退给了理性主义一记重重的耳光。启蒙主义和理性主义的自负带来了不亚于宗教时代的黑暗和混乱。人们认识到，理性主义解决不了人类社会的问题。人不是自然客体，当神被隐去后，科学的工具理性并不能解决神隐之后精神层面的问题。

在信仰大退潮时代，理性主义不仅侵占了自然客体，更笼罩了人文领域。但是，理性主义所衍生的科学至今无法解释人的自由意志和精神，这就是韦伯所说的工具理性的崛起导致了现代性的铁笼。

最后，政治哲学走向终结。在理性主义侵占了人文领域后，基于黑格尔主义的马克思主义成为政治哲学领域的鲇鱼，他们试图缩小社会领域现实和理性之间的差距。他们认为，在未来的一个建立在纯粹的理性之上的国家中，人们正义的诉求和社会现实之间的矛盾将不复存在，人们的自私和人与人之间的权利的问题也会得到解决，这是真正的人类大同。而政治哲学作为思考人与国家、人与人终极关系的哲学也将走向消亡。在马克思主义所建构的理想国中，矛盾被解决，人与国家权力的博弈被解决，人与人之间的权利被解决，世界只有正义和绝对幸福。所以，哲学家拉斯莱特说，如果这么说的话，那么政治哲学已经死了。

在现代人的努力下，形而上学被终结，神被终结，政治哲学苟延残喘。至此，从古希腊哲学到教父哲学，从教父哲学再到经院哲学一直延续到近代哲学，无数古典哲学大师倾其一生皓首穷经所建立起来的庞大的哲学体系，彻底被玩死。

如果说形而上学和关于神的哲学被终结是一种明显的趋势，那么在哲学被现代人终结之后，政治哲学可能是唯一硕果仅存的领域。哲学家列奥·斯特劳斯说，如果说政治哲学还没有死亡的话，那么它也处于一种悄悄腐烂的状态。政治哲学不再有创新，而是慢慢变成了一种文化的守护者，他们把过去数个世纪那些伟大的经典和哲学家埋葬，柏拉图、马基雅维利、笛卡尔、霍布斯、斯宾诺莎、洛克、康德、托克维尔等统统被装进了棺材，但他们有一个体面的葬礼。

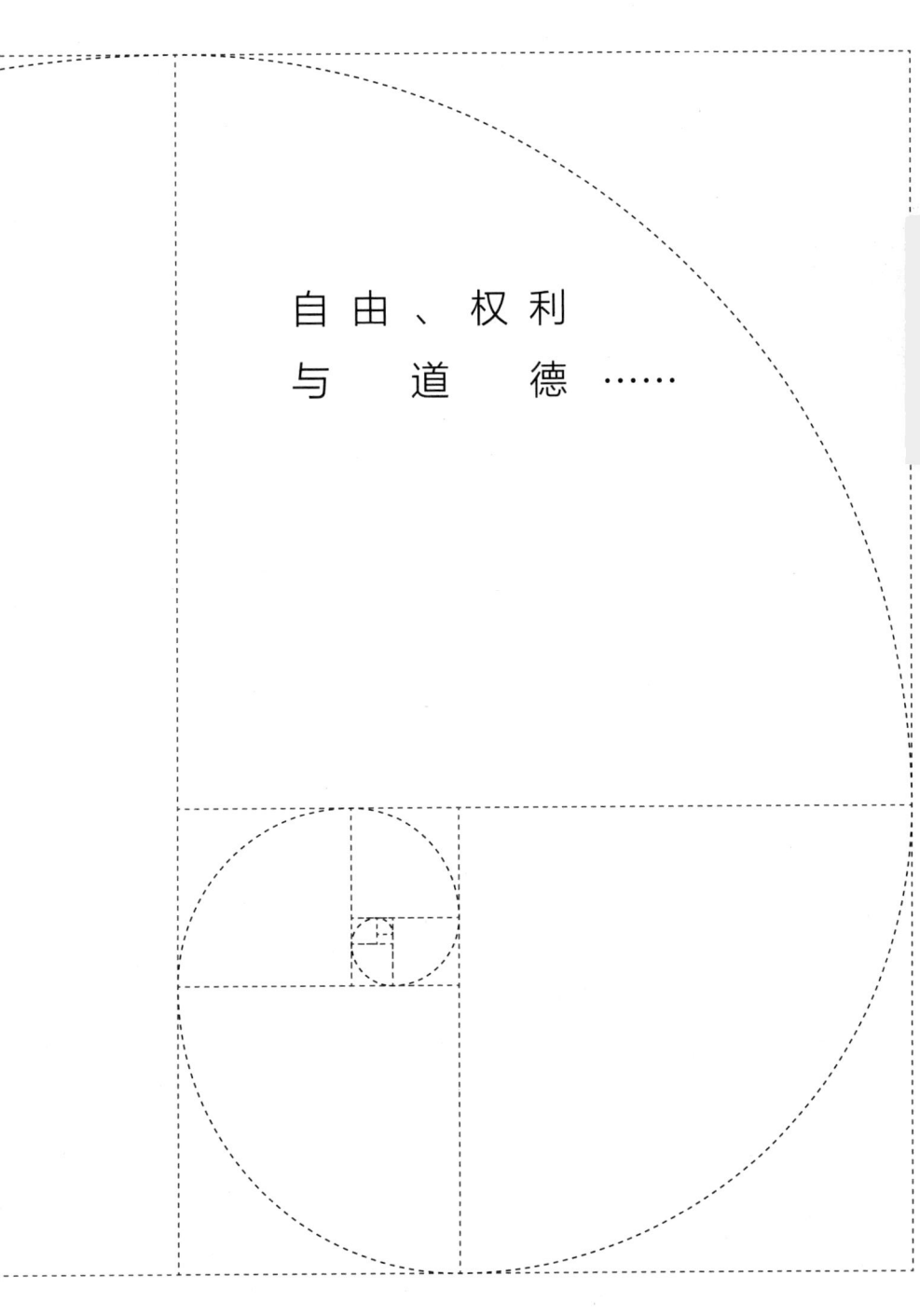

自由、权利

与　道　德……

自然法
哲学中的永恒存在

先看一个案例。几年前有个新闻，一个大学生掏鸟窝被判了十年有期徒刑。大多数人看到这个新闻都认为，这个法律条款可能不合适。因为这个结果和我们的道德预期不相符，冲击了我们内心的秩序。

为什么会和我们的道德不符呢？有一个基本的认知，道德要求普遍高于法律，法律是道德的底线说的就是这个意思。人们审视一条成文法正义性的时候，总是会援引道德作为准绳。在掏鸟窝判十年这个案例中，有的人就是用道德的准绳对成文法的正义性做出的判断。

政治哲学有一个重要的概念，那就是合法性和正义性之间的矛盾，符合成文法的并不一定符合人们内心的道德秩序及正义原则。

那么人们内心的道德秩序和正义原则从何而来呢？其实，这种正义性来源于我们内心的一种绝对观念，我们把这种绝对观念称为自然法。

到底什么是自然法呢？简单概括为一句话，当行公道，不为不义。做对他人有益的事，不做侵害他人利益的事。比如不可杀人、不可偷盗、不可奸淫、不可做伪证、不可陷害他人，等等。总之，符合自然法的事不会侵害他人的权利，不会增加社会运行的成本。

比如，不可杀人。不管在任何时代任何国家，杀人都是犯罪，这是具有普遍性、一般性的绝对观念。有人可能会问，国家处死犯罪分子或者自卫杀死侵犯者，这也算罪吗？这当然不是，因为不可杀人有一个前提条件，即不可杀死一个无辜者，犯罪分子和一个侵犯他人生命权利的人显然不是无辜者。但是杀死一个无辜者，就是永恒的罪。

自然法是人类社会的一种普遍性的伦理，一般性的正义观。它不以成文法条的改变而改变，不因某种意识形态而丧失独立性，任何国家和个人都没有能力对自然法的观念做出修改和删减，它是人们内心普遍的正义法则。

问题是，人类文明为什么会演化出自然法，并成为一种普遍的一般性的正义观呢？

自然法从历史的必然性中生长出来，并形成于无数个具体的决策之中，它取决于不同人在不同场景中的判断。它不是理性主义者通过逻辑演绎出来的，也不是某个立法者规定的成文法章节，它是一种自然而然的道德律。一句话，自然法是一种自发秩序。

在东方，自然法的观念是最高的道德律令。己所不欲勿施于人，杀人偿命欠债还钱，这些观念之所以成为最朴素的民间正义，是因为它符合儒家所构建的道德秩序，它就是道本身。而在西方的观念中，自然法普遍的一般性的原则体现的是造物主的意志，它指向一个最终的目的就是造物者本身。造物者是这种秩序的起点，也是这种秩序的终点。

不同于霍布斯把自然状态当成野生的暗黑丛林，也不像卢梭那样把自然状态当成天堂般的伊甸园，洛克认为，自然法起源于上古时代人们自然的生存状态，人与人之间通过互助和友善缔造了最早的秩序。

同时，洛克转换了一种视角，把人与国家的关系做了乾坤大挪移，实现了个体权利与国家权力之间的哥白尼式的革命。在洛克之前，人们围绕城邦、国家、集体而生存。但洛克认为，国家和城邦的存在是为了捍卫人的自然权利，捍卫自然法。洛克认为，是符合自然法的生命、自由和财产的权利造就了法律，而不是法律赋予了人们生命、自由和财产的权利。

洛克提出，个人权利是先验的，世间任何秩序都源于这种先验的权利，社会秩序建构于个体之间、个体与国家之间，个体因为利益的原因而主动加入某种契约。在自然法之下，世间所有成文法的终极目标都是要增进和保护个人的福祉。

洛克对自然法的阐释是西方文明的重大突破。洛克的观念消解了集体，他认为没有公共的善，所谓的公共的善不过是无数个个体利益的总和。洛克对自然法的阐释体现了典型的个人主义特征，个人权利、财产正义、交换正义成为洛克自然法的核心原则。

在历史的长河中，自然法有时会缺席，但从不会消失。在某些时期，它可能会在法学家的概念中消失，在世俗社会消失，但是，我们总能在永恒的哲学中找到它永恒的存在。

列奥·斯特劳斯

自然权利的来源

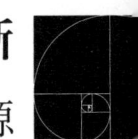

西方电影里经常会有这样的情节，小情侣一激动就要连夜跑到教堂结婚。为什么不安排小情侣一激动就跑到民政局领个结婚证呢？

东方也有类似的情况，为什么你和对象去民政局拿了结婚证，但是因为没在村口摆三天大酒唱三天大戏，你爹就死活不承认你的媳妇儿呢？

这两个司空见惯的社会现象，涉及人类思想史的一个重大问题——你的权利来源到底是什么。

结婚的本质是一个人找到一个喜欢的人度过此生。现代社会的普遍观念是，成年后结婚是一个人的基本权利，这叫婚姻自由。结婚仅仅是两个人的事，和其他人无关。婚姻的仪式仅仅是一种见证，而不是一种权利的赋予。所以，西方牧师的证婚词是，在神的见证下你们结为夫妻，东方的证婚词是，在老天爷和父母的见证下你们结为夫妻。

不论东西方，结婚的人都不会去拜民政局，也不会拜婚姻法，他们只会拜神和老天爷。这个问题的核心是，你的某些权利不是某些法律赋予的，更不是某个权力机构赋予的，这些权利是你作为人先天就拥有的，故称之为自然权利。

自然权利超越一切世俗，超越一切法律，超越父母血缘，更超越权力机构，它只向一个超验的信仰负责。不管是西方的神还是东方的老天爷,东西方在这里表现出惊人的一致性!这说明,人类的自然权利的观念,是独立在不同的文明中自发形成的。

哲学家列奥·斯特劳斯对自然权利有深刻的研究。他在《自然权利与历史》中指出,自然权利就是神的意志,它被认为是"神之法""永恒之法",是天赋的先天的权利,任何个人和实体机构不能僭越和违背这种权利。

自然权利包含哪些部分呢?洛克认为自然权利包含生命、自由、财产这三种权利。前面举例的婚姻自由正是自由权利的一种延伸。在这三种权利中,财产权是洛克的核心观念。洛克认为,人们拥有自己的财产是自然权利的根源,财产权更是个人道德的源泉。

美国的独立宣言几乎是照抄了洛克的自然权利,仅仅把洛克的生命、自由、财产改为了生命、自由和追求幸福的权利。但笔者认为,这种改变是一种画蛇添足,证明美国先贤的理论水平和洛克差得不是一星半点儿。当然,主要是因为美国的先贤是政治家而不是哲学家。

明白了这一点就可以理解,为什么在前几年美国的彩虹运动中,古典自由主义者纷纷嗤之以鼻。因为他们认为彩虹平权运动属于脑子有问题,你和谁结婚本来就是你的自由,不管男女,都是天赋的权利,你没有任何必要再要求谁去赋予你这种权利。这就像你本来可以自由选择一个饭店去吃饭,你天然有这个权利,但现在你偏偏要求美国政府给你先发个通行证才敢进去吃。古典自由主义认为,这属于没事找事。

你明明是自由的,却偏偏自己要求戴上枷锁;你明明有天赋的权利,却偏偏要求主权者再赋予你这种权利。

那么,既然人的生命、自由、财产权利是天赋的,主权者还有什么用呢？经济学之父亚当·斯密对这个问题进行了论证，他区分了私人领域和公共领域。他认为在私人领域适用自然权利，比如爱情、信仰、婚姻等，不需要谁去赋权。而主权者只负责公共领域，包括安全（国防、治安）、契约的履行、公共设施的建设和维护等。

亚当·斯密认为，不介入私人领域的权力机构，就是一个理想的"守夜人"。而只有界定了守夜人的权力范围，每个个体才能享受到最大的幸福和自由。

自然权利的目的

防止恶的出现

很多词，一定要界定它的使用界限，一旦错误使用，就不具备逻辑正当性。

如果有一家企业公然在招聘启事上写出不招某个地方的人，会立刻被席卷而来的唾沫喷成筛子，扣顶地域歧视的帽子算轻的，严重的会被行政干预，企业形象全面破产。

但是，很多企业的招聘启事写着性别要求、年龄要求、视力要求，为什么就能被大家接受呢？因为我们都明白，不同性别、不同身体健康情况对不同岗位有适应性。

再往前推一步，如果在招聘启事写上有过偷盗经历的人不要，这算不算歧视曾经的小偷呢？大家可能会认为这种歧视是正当的。那么问题就来了，如何界定歧视行为和企业的正当权利？

一个明显的判断标准是，"歧视"的对象是先天的还是后天的。企业不能因为那些先天的不可改变的因素去歧视一些人，比如地域、肤色、伤残等，只要这些因素不影响他完成工作，就不应被限制竞争。而偷盗这种行为不是先天的，是一个人的主观能动性决定的。

对人的主观能动性的歧视之所以有正当性，其根源在于人们有捍卫内心道德的天性。人们看不上随地吐痰、大声喧哗、小偷小摸的行为，对它们的歧视是一种对内心道德的捍卫。只有允许人们捍卫内心道德，这个社会才能展现蓬勃向上的力量。

所以，企业不能歧视先天因素。但是，这个看起来很正确的推理，真的正确吗？

继续往下推。假如，你家客厅来了一个你不喜欢的人，他不是小偷，虽然说不出原因，但你就是讨厌他。这时，你有没有把这个人从你家客厅赶出去的权利？当然有，因为这是你家的客厅，你欢迎谁，拒绝谁，不需要任何理由，这是你的私人领域，你说了算。

在你的私人领域，你可以根据自己的意志和爱好去做任何事，你可以倒立行走，你可以青蛙跳，可以不穿衣服游荡，只要不被你隔壁邻居看到，你就是你家的王。你当然可以赶走任何你不喜欢的人，因为在你的私人领域，没有民主，只有你的个人自由。

如果在你家的客厅讲民主，一定会来一百个泼皮流氓，他们通过投票把你撵走。这当然是一种非正义，因为他们僭越了你的产权。从产权的角度重新梳理权利的来源，会得出结论，公域讲民主，私域讲自由，这就是两种产权模式带来的区别。

一家私有企业和你的私人客厅一样，私有企业由企业主投资运营并自负盈亏，具备完全的私域性质。从理论上说，私有企业主可以按照自己的意愿去拒绝他不喜欢的任何人。

但是，既然私有企业有这个权利，为什么他们不根据自己的好恶去做事呢？原因只有一个，私有企业要维护自己的公众形象，就必须迎合大众道德。他们不敢公然写不招收某种肤色的人，不是他们没有这个权利，而是他们在讨好大众道德。

私产的概念是洛克古典自由主义的基石，只有围绕产权的圆心才能厘清权利的来源，并且也是唯一的正义来源。只有在产权之下自由、民主和权利才有意义，所有的民主和权利都不能僭越财产权的边界。正如你不能跑到别人家客厅吵架，还埋怨别人把你赶出去，你也不能说我有免于饥饿的权利而去抢饭馆的饭。

权利从哪里来是一个非常重大的问题，是一切政治哲学的根基。

首先要理清一个概念，政治哲学上的权利，仅仅是人的权利，只有对象是人的时候这个概念才有意义。对洛克来说，权利就是自然权利，而自然权利是天赋的，天赋权利的本质是把人类依靠自发秩序和理性推导出的权利包装成一种神授予的权利。因为它是神授予的，所以拥有不可剥夺的性质。洛克论证自然权利是基于传统伦理道德以及形而上的思考。他认为自然权利是普遍的、永恒的，它超越民族与国家，为全人类所共有。自然权利由神创造，并不因世俗的强制力而不适用或者失效。

在洛克的观点之外，美国法学家、哲学家德肖维茨对权利的来源提出了一种新的思路。他认为，权利是人们对恶的防范。

德肖维茨认为，人们对于什么是美好的东西往往难以达成共识，但对于邪恶却有基本的共识。比如，被侵犯生命、被限制自由、被剥夺财产，这些对恶的共识促使人们用理性反思。如果你不想自己的生命权受到侵犯，就不能侵犯他人的生命权；如果你不想自己的自由被限制，就不能限制他人的自由；如果你不想自己的财产被剥夺，就不能剥夺他人的财产。在对恶的反思中，逐渐产生了生命权、自由权、财产权。这些权利产生的根源就是防止他人或者集体对你的生命、自由和财产的侵犯，这是一种对恶的警惕。

德肖维茨认为，自然权利也是人类经验的产物，特别是人类对于恶行所造成的痛苦的体验。例如历史上的大屠杀、大灭绝、大奴役以及对财产的抢掠，这些历史经验的记忆会让人们思考，只有赋予人某种不可剥夺的权利，才能杜绝这类事件的再次发生，因为没有一个人愿意生活在那样的时代。

德肖维茨认为，对极端之恶的防范是人类自然权利产生的基础。权利并非来自造物主，也不是来源于自然，更不来自法律，而是来源于对恶的记忆，来源于人类的恶行所带来的不正义的经验。

德肖维茨没有把自然权利交给超验的神，更没有交给成文法或者君王，而是交给了一种发展着的历史观念。自然权利具有较强的发展和变化的特点，可以通过不断修订来杜绝极端之恶的发生。

权利

自由最后的堡垒

假设一个场景。在一场公开辩论会上，一个温文尔雅的高知女士说我们不应该吃狗肉，一个猥琐油腻的狗肉店老板说我们应该大吃特吃狗肉。我们大概率会认同不吃狗肉是正义的。

但是，如果这位反对吃狗肉的女士来到这位老板的狗肉店，举着横幅阻拦客人吃狗肉，她还是正义的吗？在这个过程中，狗肉店老板合法经营的权利已经被侵犯，这位女士干扰了他人的正常经营，已经涉嫌违法。

再往前推一步。一个素食主义者在自媒体平台呼吁大家吃素，这有问题吗？这毫无问题。这仅仅是个人观念的传播，你也可以传播自己的观念，比如吃肉如何好，你也可以怼他杠他。但是，如果这位素食主义者觉得自己必须做点什么去贯彻自己的观念，比如推动立法禁止全国人民吃肉，那这时候他就涉嫌对所有吃肉的人的侵权。

在这里有一个必须理清的概念——观念和行动。观念的冲突是正常的，但行动必须有一个约束边界。

不管你是素食主义者还是环保主义者，也不管你是为了地球、为了道德、为了人类还是为了爱，所有你认为的那些充满了道德优越感的理由，都必须在权利的边界之内。

　　诺奇克认为，权利是所有行动的约束边界，只有我们承认权利的最高性和不可侵犯性，才可能做到真正的自由。以权利作为约束边界，最终保护的是所有人。因为今天你可以用道德为借口去践踏他人的权利，那么明天他人也可以用同样的手段来践踏你的权利。故而，权利是自由最后的堡垒。

　　诺奇克赋予了权利一种绝对性，他认为，个体的权利是所有行动的约束边界，不管任何原因，个人的权利都不应该被践踏。诺奇克认为，权利是我们唯一应该关注的事，其他的，不管看起来再怎么熠熠生辉，都不过是权利之下的一种补充。

　　对诺奇克来说，他认为人应该是自主的，拥有完全的自由意志和选择的能力，并为此承担责任。主权者应该为人们提供自主的保障，而不是干预他的选择。比如，一个成年人沉迷于游戏，甘愿做一个"废柴"，这时主权者是不能干预他的，他只能提倡不玩游戏，但却不能把游戏禁了，或者把电脑砸了。成为"废柴"的自由在这里也暗合了伯林的消极自由的观念，他保护的是一个人在多大程度能抵御外部的干预。

　　作为古典自由主义的坚定捍卫者，诺奇克继承了洛克的观念，他认为人的生命、自由和财产权利神圣不可侵犯。在古典自由主义的观念中，财产权是核心，是其他权利的基础，只有承认财产权利的不可侵犯，才能做到尊重人的独立性。

　　诺奇克认为，权利是行动的唯一约束边界，除了个人权利不存在任何其他实体的权利。这个世界只有独立的个人过着独立的生活，个体的权利才是实实在在的权利，集体的权利是不存在的。边沁的功利主义所强调的那种集体的最大幸福的原则要为个体的权利让路，因为社会不存在集体的最大幸福，只有无数个体的小幸福。

　　古典自由主义认为只有承认权利的不可侵犯性才能做到尊重人的独立性。只有保障了无数个体的幸福，才可能缔造社会的最大幸福。而权利，是保障自由的最后堡垒！

　　所以说，自由的边界就是他人的自由，他人的权利就是你自由的尽头。

复仇
捍卫内心的正义

200 多年前的一天，美国新泽西州的荒郊野外有两个人正在决斗。一声枪响后，一个活着，一个被打死。活着的是当时美国的副总统伯尔，被打死的是美国国父之一，大名鼎鼎的汉密尔顿。

一个副总统，一个国父，跑到荒郊野外约架，还流了血死了人，是不是太离谱？

西方决斗的传统到底哪儿来的？在欧洲中世纪早期，所谓的决斗其实是一种司法制度。当出现某种纠纷的时候，两个当事人会找法官，法官一般懒得听他们掰扯，他会指着外面的空地说你们去决斗吧，活下来的就是被上帝保佑的，才是正义的。

美国国父汉密尔顿和副总统的世纪约架就是这种古典传统的余晖。这个例子说明，私人恩怨私人解决是一个古老的自然传统。

不管是东方还是西方，最早的法律都支持血亲复仇。血亲复仇的概念最早可能来源于部落时代，当一个部落成员被外族杀死时，其他的部落成员要为其复仇。

在血亲复仇的基础上，人类法律进化出了同态复仇。《汉谟拉比法典》的以牙还牙以眼还眼，中国的杀人偿命等，都是同态复仇的思想。同态复仇源于人类最早的朴素正义，属于自然权利的一部分。所以，不管东西方，都独立进化出了这种观念。

那么，人类为什么会进化出复仇机制呢？

从社会角度来说，复仇是一种群体进化机制，它通过牺牲个体去维护群体的核心价值。所以，复仇是一种群体的演化策略，复仇是人类社会性的产物，在私人复仇的基础上还发展出了国家复仇。比如"9·11"后美国掘地三尺也要从地洞里挖出本·拉登，比如以色列对纳粹余党的追捕，都是国家复仇的范围。国家复仇的意义是，通过国家复仇可以建立较高的威慑力，让外族不敢轻易侵犯，可以最大限度维护本族群的利益和信心。

复仇机制对群体有价值。但是，对个体而言，复仇的成本则非常高，复仇行为对复仇者个体没有任何实质性的好处。要么在复仇过程中两败俱伤，要么在复仇胜利后被权力机构追责，都会面临极高的代价。

那么，个体复仇为什么还会发生呢？

一个人如果理性地考虑成本和代价是绝对不会去复仇的，因为从任何角度衡量，个体复仇都是低收益高投入的行为。但是，人类的特殊之处在于，在理性之上还有意义的追寻。个体在完成复仇的刹那，仇恨消解，内心价值秩序回归，人们通过复仇的仪式，完成了对内心道德的捍卫。

所以，不管复仇成本多高，复仇后会面临怎样的刑罚，个体依然会奋起捍卫内心价值和意义，依然会奋不顾身飞蛾扑火。

但是，个体朴素的正义并不代表文明的趋势。为什么不能支持个体复仇呢？因为，复仇是个技术活，个体复仇不但达不到效果，反而容易带来更大的伤害。人们内心的朴素正义必须被维护，这是任何社会稳定的基础。但这并不代表你必须亲自下场自己干，因为你不够专业。

个体应该如何复仇呢？那就是把复仇权外包给权力机构。

国家权力机构存在的目的之一就是帮你完成个体复仇，让那些读过四年刑侦专业的人，让掌握了各种资源的人帮你搞定。说白了，这就是一种权力外包，让专业的人干专业的事。只有这样，才能最大限度减少复仇过程中的失控，才能最大程度捍卫人们内心朴素的正义。

因为，国家存在的目的之一，就是捍卫我们内心的价值。

契约精神

发展与传承

有些人看西方文艺作品，有时会感觉莫名其妙。比如，《异形》系列前传三部曲的第二部为什么叫《契约》？《圣经》为什么叫《新旧约全书》？浮士德和恶魔签了合约为什么不能撕毁？西方的契约精神到底是从哪儿来的？

所谓契约，说白了就是合同，是一种口头或者书面的约定。契约主要分为私人契约和社会契约。在欧洲工商业文明中，私人契约规范了私人之间交换的伦理道德。而社会契约由洛克开创，对西方的政治体制有着深远的影响。

下面借鉴一下西方的三分法，从三种起源和三位思想家梳理出一个逻辑链，初步阐释契约精神在西方的形成过程。

第一种起源，古希腊的工商业文明。古希腊山丘林立土地贫瘠，种不活庄稼，除了少数城邦比如斯巴达，其他的都无法发展出农耕文明。不种地没饭吃，咋办？只有出去做生意，用自己的手工业品换取粮食。古希腊人运气好，地中海风平浪静，他们划着洗澡盆就可以跨过地中海到埃及和两河流域进行贸易交换。所以古希腊大部分城邦最早的文明形态都表现为工商业文明，而工商业文明形成了两种精神。因为要穿越地中海，所以诞生了冒险精神；因为做生意基于平等的交换，所以诞生了契约精神。

第二种起源，希伯来宗教。摩西带领以色列人走出埃及，跨过红海，来到西奈山。神把摩西叫到山上聊天儿，摩西下山的时候背了一块石板，摩西把这块石板的内容昭告全体犹太人，这就是西奈山人神立约的故事。石板上的内容就是著名的《十诫》，是神和犹太人所订立的契约。因为基督教是犹太教的分支，所以也遵从这个约定。《圣经》之所以叫《新旧约全书》，这个约，指的就是神和人之间的一种契约。欧洲是基督教文明，契约的观念通过宗教经典深刻影响着人们的行动。

第三种起源，欧洲的采邑制。中世纪欧洲的采邑制就是一种领主和封臣的契约，君主把土地分封给贵族，贵族再分封给家臣，家臣再分封给更小的家臣，一直分到农民，每一级都是通过契约关系维持。采邑制的本质是领主与封臣之间的土地契约。

从这三种起源可以看出，欧洲的契约精神源远流长，有自然地理下的经济结构导致的古希腊工商业文明，有希伯来宗教观念的影响以及欧洲中世纪采邑制的遗留。它们从不同维度缔造了欧洲的契约精神，是欧洲契约精神的起源主体。

但是，仅仅这些传统是不够的，欧洲的契约精神之所以能发展壮大，还有思想家的理论加持。

第一个是亚里士多德。早在古希腊时代亚里士多德就提出了交换正义的概念。亚里士多德认为，在交换中需要保障每一个交换主体的利益，对每一个参与交换的人都要给予平等的对待，他把这称为交换正义。亚里士多德认为，在交换的过程中不损人利己是基本的原则，只有这样才可以保障平等。亚里士多德的交换正义是古希腊作为工商业文明最早的契约精神的萌芽。

　　第二个是中世纪杰出的思想家阿奎那。阿奎那提出了德性论，为契约精神在欧洲的发展提供了基督教神学的理论支撑。阿奎那认为，守约是一个人在自然法下的道德义务，是一个人对自己设置的法律。只有履行自己的承诺才符合正义的德性。他认为一个人遵守契约是神的观念在人间的践行。

　　第三个是自由主义的开创者洛克。洛克对契约精神的划时代贡献主要体现在社会契约的领域。他在历史上首次提出了任何主权者的合法性是基于民众的同意这一观念。在洛克之前，一个社会的主权者主要通过世袭或者军事征服确立。洛克扭转了这个观念，他认为，主权者之所以合法不是基于世袭，更不是因为军事征服，而是基于被统治者的同意。洛克的这个观念可以说是开天辟地，他推翻了谁拳头硬谁做主子的丛林法则，建立了契约关系，把主权者的合法性定位于民众的同意之下。洛克的基于同意的契约理论深刻影响了欧洲政治哲学的发展，奠定了欧洲主权者和民众之间的一个基本关系——基于同意的契约关系。

　　这就是欧洲契约精神发展的一个大致脉络。如果说东方的社会关系构建在血缘之上，那么西方的社会关系就构建在契约之上。欧洲在工商业文明、宗教信仰、封建体制和思想家的推动下，契约精神成为无所不在的思想。

托克维尔
旧制度与大革命

    托克维尔是法国杰出的历史学家、政治哲学家，他著作不多，但每一本都在思想史上留下了巨大的影响。其中，《旧制度与大革命》是他思考最深入的著作。《旧制度与大革命》不仅是对法国大革命经过的一般性历史记录，而且做了一种开创性的分析，提出了许多引发后来史学家和政治学家思考与探索的现象与问题。

    托克维尔敏锐地认识到，法国人其实根本不爱自由，他们只是痛恨某个主子。如果给他们换一个他们喜欢的主子，他们根本不会关心其他任何事。如果给法国的民粹主义者一个让他们喜欢的主子，他们会立刻俯首帖耳。因为他们想干的，只是把所有的责任都推给主子，他们自己只要逍遥快活就好。一旦这个主子不能满足他们的需求，他们便会揭竿而起，把他打翻在地，然后再找一个让他们满意的主子。

    托克维尔对法国的民粹政治和暴民政治充满了绝望。他说，就算那些真正热爱自由的人长期浸染在法国这个体系内，也会慢慢失去自由的能力。

    难道托克维尔眼中的法国人天生就是奴隶和暴民？也不是。一个根本的原因是，这些人被旧制度彻底体制化了，丧失了重新思考问题的能力，丧失了从不同角度看待问题的能力，他们的思想被囚禁了。

在《旧制度与大革命》中，托克维尔用一种普遍怀疑的精神穿透了立场和阶层的局限，对整个法国大革命做了全面的剖析。法国大革命看似要摧毁一切旧制度，却在不知不觉中从旧制度中继承了大部分文化、习惯和思想，虽然换了个名字，但绝大多数的精神内核都和它要摧毁的旧制度一模一样，一些看起来是新创造的东西其实是旧制度的继承和发展。法国大革命看起来要开天辟地，其实，它的每一步都只是加强了旧制度而已。

在当时，整个欧洲大陆和不列颠群岛都在孕育着革命的萌芽，但为什么只在法国爆发了大革命？为什么法国大革命这个从旧社会母体中分娩的新生儿，却注定要反噬它的母体呢？

托克维尔认为，一个重要的原因是法国人抛弃了传统。在当时的法国，宗教团体和旧有势力已经成为一种令人厌恶的组织，他们代表的是旧制度、旧文化，他们与法国的新生力量启蒙派知识分子主张民主、理性、平等的观点是对立的。知识分子精神和教会等旧有力量的冲突，是导致大革命发生的最重要原因。

托克维尔对民粹的暴政怀着极大的警惕，他的这种观念也给新生的美国带来了思想的洗礼。托克维尔在考察了美国社会后，感触最深的是美国底层人对上层精英并没有类似欧洲那种仇恨，因为底层人相信，通过努力工作他们也可以实现阶层的跃升。托克维尔认为，美国的这种良性竞争的价值观已经摆脱了欧洲的旧道德，实现了全面的新生。

对当时的欧洲来说，底层人因为晋升无望而产生了强烈的民粹思潮，而上层人则认为金钱是腐朽的象征。这种阶层对立让整个欧洲弥漫着一股腐朽的思潮。而美国完全不一样，人们的精神昂扬向上，充满了奋斗的动力，不管是底层还是精英，人们都不排斥金钱和商业，他们恪尽职守干好自己的工作，同时也渴望财富的回报。在这种积极的商业精神下，美国人享受到了人类史上空前的自由与富足。

托克维尔对美国的观察也反过来深刻影响了美国，他的著作《论美国的民主》进一步推动了美国商业精神的发展。美国人认为，一个捍卫私有财产、拥有自治能力、尊重商业契约并且追求自由的社会，比欧洲大陆那种渴望均贫富的社会更符合正义的精神。

苏格兰启蒙运动

现代文明的起源

提及启蒙运动,大家熟悉的是起源于法国卢梭的欧洲大陆启蒙运动。大多数人可能不知道苏格兰启蒙运动,毕竟苏格兰那时不过是不列颠一个鸟不下蛋的边陲之地。

整个欧洲启蒙运动,大致可划分为三个思想流派:

第一是理性主义,他们相信理性的力量,坚信人类的知识建立在理性之上。这个流派以法国的笛卡尔和荷兰的斯宾诺莎为代表。

第二是自然神论,他们认为上帝创造了世界,但是上帝并不干预自然的进程。这一派介于一神论和无神论之间,代表人物是法国的伏尔泰。

第三是经验主义,他们相信经验是一切认识的基础,人类所有的知识都起源于经验。这一派主要以洛克及其后继者为代表。

在传统认知中,我们总习惯把西方或者欧洲作为一个整体去看待。只有你分清了欧洲大陆和英国在思想观念上的巨大不同,才能理解为什么欧洲不能作为一个整体,而是要分开看待。

在欧洲大陆和英格兰启蒙运动的基础上还有一个地方也酝酿了一场启蒙运动,那就是苏格兰。18世纪初,苏格兰不过是不列颠边陲的穷破小国,然而正是在这样一个穷乡僻壤却爆发了一场影响整个人类进程的思想启蒙运动。甚至有人把苏格兰启蒙运动誉为现代文明的起点。

　　苏格兰启蒙运动领袖凯姆斯勋爵把人类的发展分为四个阶段：第一个阶段是狩猎采集阶段，第二个阶段是养殖阶段，第三个阶段是农耕文明阶段，第四个阶段是商业交换阶段。凯姆斯勋爵认为，苏格兰已经完成了前三个阶段的文明，正在向第四个阶段转型。

　　基于常识和对商业的尊重是苏格兰启蒙运动和欧洲大陆启蒙运动最大的不同。欧洲大陆启蒙运动致力于以纯粹理性打破神权张扬人性精神，他们更注重宏大的话题，比如自由、平等、博爱。而苏格兰启蒙运动则根植于人性和常识，他们认为只有实现商业的发展才能进入文明的下一个阶段。这导致苏格兰启蒙运动更加务实，更加注重商业和贸易，这种商业精神为现代文明带来了前所未有的力量。

　　欧洲大陆启蒙运动和苏格兰启蒙运动的区别，还在于建构理性和演进理性之间的区别。

　　如何理解建构理性和演进理性的区别呢？举个例子，修建一座园林，在这座园林中要开辟一条小路，有两种方法。第一种是让设计师根据美学、建筑学、人体工程学做规划设计，然后把这条路铺出来。在这个过程中，人类运用自己的知识和理性凭空架构出一条道路，这就是建构理性。第二种，可以先不铺路，而让人们自己去走，时间久了，人们会自己踏出一条路，这时候再沿着人们走过的痕迹把这条路修出来。在这个过程中，人们并没有运用自己的理性和知识，而是根据现实的结果铺出一条道路，这就是演进理性。

　　笛卡尔提出了身心二元论后，理性主义成为欧洲的主流，欧洲大陆特别是法国的启蒙思想家坚信人类理性的力量，他们追求绝对的自由、平等和博爱。在这种背景下，法国爆发了大革命。虽然无数革命家和学者讴歌法国大革命，但法国大革命带来的混乱、暴力和对秩序的颠覆，对生命的亵渎和对伦理的破坏，也让后世的思想家开始重新审视建构理性的另一面。

不仅仅是法国，黑格尔的建构理性也遭到了后世学者的诸多批评，比如以赛亚·伯林认为，黑格尔所建构的那些历史、文化、民族或者命运，都是一些空洞而抽象的大词，他湮灭了社会中无数个体的悲喜与呼声，而是用抽象去替代。但是，社会是由无数的个体组成的，而社会、历史、命运只是空洞的抽象词语，这些抽象的词语既没有喜好，也没有需求，更没有意志，它们根本无法代表那些鲜活的个体的表达。

伯林举了一个例子，人们是根据村庄去铺设道路，而不是为了道路去建造村庄。黑格尔那些宏大叙事的大词要对每个个体负责，而不是相反。伯林认为，这是黑格尔最大的错误。

纯粹建构理性带来的更深重灾难是纳粹德国的崛起。他们根据被篡改、被歪曲的尼采的超人理论提出了日耳曼种族主义，这导致了反犹主义的崛起和第二次世界大战。第二次世界大战给人类带来的深远伤痛至今还没有痊愈。

当然这不能怪笛卡尔，也不能怪黑格尔和尼采，因为思想是不受限的，因为理论并不能直接危害社会秩序。问题出在那些实践者，当一个理论被应用于现实、应用于人类社会，那就不再是理论，而是重新建构了社会秩序，如果这种建构理性存在风险，那么就很可能导致一场人类的浩劫。

而反观英格兰和苏格兰，它们一直对建构理性怀着深深的警惕。它们基于传统和经验提出的演进理性相对温和许多。它们尊重传统，尊重常识，尊重历史习惯，保守自由的价值。在这个基础上它们在人类历史上首次制定了大宪章，而且实现了没有流血的"光荣革命"。

那么，苏格兰启蒙运动的主要思想是什么呢？

首先是尊重经验和常识。长久以来英国的经验主义传承，对常识的尊重成为苏格兰思想家的重要根基，对常识的尊重把苏格兰同欧洲大陆那些专注于形而上学的思想家区分开来。常识在这里表现为对人性的尊重和对商业的尊重两部分。他们基于这两点创立了现代经济学以及自由市场的理论。

其次是对"自发秩序"的尊重。所谓自发秩序是人类行动的结果，而不是人类理性设计的结果。哈耶克认为，自发秩序指在一个整体性的框架中，人类不需要通过理性设计去干预市场活动，因为市场本身能够产生一种自发的秩序——每个人都在亚当·斯密"看不见的手"的引导下，自发地实现个人利益的最大化，同时实现整体的价值最大化。

保守主义把自发秩序浓缩为一个精彩的类比，认为人类社会的发展就是一个有机体生长的过程。他们对植物的生长十分熟悉，于是有机植物的生长这个概念就成了保守主义对抗启蒙运动的思想原点。保守主义认为，在农业环境中，人类活动的潜力是受限制的，农民必须在合适的季节才能进行耕种，而一旦种子被耕种，除了耐心等待种子发芽，人类做不了什么事，种子什么时候发芽不是靠人类的理性决定的，而是依靠自然的生长规律。再比如，农民在饲养牲畜的时候，无法决定牲畜什么时候发情、交配和生产，一切都需要等待生命自己去生长出一个结果。对农民来说，他们无法像工商业文明那样，自己决定节奏和时间，他们只能配合生命体内在的生长规律。

文明是传统渐进和积累的结果，而不是揠苗助长的结果。激进主义的本质是把社会当成一个可以被计算的机械，奢望通过理性的计算主宰一切。保守主义认为法国大革命之所以出现严重的文明倒退，就是因为法国激进主义妄图通过手拨的方式加快社会的进步。

英格兰以及后来并入的苏格兰，把英国经验主义的演进理性发挥到了极致。它们并没有仰望星辰大海，没有试图去建造一个天堂，而是把目光聚焦于人类的本性——自私，把社会改造聚焦于人类最常见的社会活动——商业，把社会的发展从理性的建构变成了一株植物的生长。它们循序渐进缔造了日不落帝国的传奇，点燃了旧大陆和新大陆崛起的星星之火。

对人性的重新审视，对商业的尊重，对自发秩序的遵守，是苏格兰启蒙运动和欧洲大陆启蒙运动的根本不同。苏格兰启蒙运动对人性的深刻理解和对商业以及自由贸易的尊重，是英国 18 世纪后期迅速成为一个全球商业帝国的关键。

那么问题来了，为什么当建构理性被应用于人类社会整体时会产生巨大的灾难？为什么在我们的生活、工作、学习中，基于建构理性的计划、规划、设计、预算无处不在呢？我们生活中的建构理性，应用于整体人类社会的建构理性，为何表现出如此巨大的不同呢？

建构理性

理性的边界是什么？

有好处就上，没好处就颠儿，这是大不列颠的传统。1776年，大英帝国看到从北美捞的钱还不够养活军队，索性说，算了，这鸟不下蛋的北美十三州不要了。从此，英国和美国从父子变成了兄弟。再往上倒回1707年，苏格兰因为打不过英格兰，竟然毫无血性直接归顺了英格兰，还共享君主。这好比一个笑话，苏格兰站在大街上喊，谁敢惹我？牛高马大的英格兰说，我敢。苏格兰抬头看了看英格兰砂锅大小的拳头，下意识地给英格兰理了理腿毛说，现在谁敢惹咱俩？

英国的保守主义有一个坚实的传统，那就是务实！所谓的务实，就是捞好处的时候就称兄道弟一起上，该出钱的时候就以迅雷不及掩耳之势退出群聊。

2020年，英国正式脱离欧盟，特雷莎·梅和鲍里斯·约翰逊隔空一笑，做背锅侠？不可能。这个世界就没人能在钱上算计得过不列颠岛的盎格鲁-撒克逊人。

英国的这种务实之风，到底是从哪儿来的？让大英帝国放下面子不和北美死磕到底，让英国从重商主义转型到自由贸易的思想推手就是苏格兰哲学家、现代经济学之父——亚当·斯密。

亚当·斯密用自己的思想改变了一个国家的整体思维，甚至改变了国家战略。虽然不能说全都是他的功劳，但斯密居功至伟。他的《国富论》说服了英国一群位高权重的贵族，包括保守主义大师埃德蒙·柏克。这些人又联手说服了英王乔治三世，让他放弃了和北美死磕到底。斯密的观念也让英帝从重商主义转向了自由贸易。大英帝国变得更加务实而接地气——出来混，不过都是为了孔方兄，打打杀杀何必呢？以和为贵嘛。

斯密认为，国家真正的财富深藏在自由市场的自由贸易中，而不在于抢多少地盘，有多少矿，更不是面子。斯密真正的洞察是经济学中的那只无形之手。这只经济学中最重要的手，到底是什么呢？

斯密洞察到，人类商业活动中最关键的因素深藏在表象之后，商业的驱动力不依赖人的某种道德，不依赖人的善心，也不是依赖于主权者的计划（有形之手），而是依赖于自由交换中的利己主义。也就是说，人类自私的基因，驱动了人不断做出利他的事。

比如，不管乔布斯在研发苹果手机时要去改变世界的口号喊得多响，他的底层驱动依然是自利，这种自利可能是金钱、名誉或者创造伟大产品带来的价值感（改变世界）。但是，苹果公司开创智能机时代后，我们每个人都能从中受益，这就是乔布斯在利己的过程中实现了利他。

那么，有没有只利己而不利他呢？没有，因为在一个理想态的自由市场体系中，商业只有实现了利他才能实现自利。比如，你开个早餐店想卖更多的包子，赚更多的钱，这是典型的利己动机。但是，你如何实现这个目的呢？在自由市场中，你只能想办法把包子做得更好吃，更物美价廉，消费者才会买你更多的包子。如果你的包子吃起来像猪饲料，那么你的店肯定无法存活。

斯密认为，自由贸易一定是互利的，通过互利实现自我利益的最大化。

在一个自由贸易的环境中，没有一个单纯通过坑害消费者而能存活的企业。在这种商业环境中，主权者不需要强制商家做什么，消费者也不用乞求商家大发慈悲，人类的自利本性会缔造一只"无形的手"，使商家不自觉地拼命努力增加财富。

而主权者最好做一个"守夜人"，只要负责安全、契约履行和公共设施即可，管得越少越好。自由市场自然会在无形之手的牵引下走向规范而有序。斯密的观念，是现代自由市场主义的基础，让英国成功实现了从重商主义到自由贸易的转换，使英国在其后数百年赚尽了全世界的钱。这就是一个观念对一个国家的推动。

苏格兰启蒙运动的继承者哈耶克提出的自发秩序，其实就是对无形之手的进一步阐释。自发秩序不仅仅适用自由市场，也延伸至社会领域。哈耶克认为，良好的社会秩序和市场秩序，都是人的行动的结果，而不是人理性设计的结果，人的设计和计划只会干扰这种精妙而有序的自发秩序。

建构理性为什么不能设计出更好的市场或者社会呢？为什么建构理性应用在宏观的人类社会时，总会引发文明的浩劫呢？

哈耶克清晰地回答了这个问题。

第一，知识的分散性导致无法计划。哈耶克认为，在社会实践中，有一种知识是特定情境下人的判断。比如你去逛街看到商场琳琅满目的衣服而购买，这种购买行为是你基于自身的需求、美学判断、性价比评估、自身经济条件所做出的综合判断。这种判断藏在每个人的脑子中，是一种分散的知识，一个高高在上的计划制订者永远不可能知道。这就是知识的分散性，它是个体对市场的洞察和判断，是我们说的市场的敏锐度。

计划者是无法具备这种洞察的，只有依靠无数的个体在复杂的市场中独立做出决定。

不要说一个宏大的社会无法实现建构理性的计划，就算是一个自负盈亏的大企业也很难做到。我们经常说的大公司病、体制病，其实都根源于计划思维，是从上到下的指令性组织模式导致的。所以，现代性公司一般都以事业部或者小部门独立运营的形式存在，所谓的扁平化管理就是减少管理层级，减少计划过程中你和计划中枢即管理者之间的沟通成本，把决定权交给底层部门。这也是考虑到知识的分散性。

第二，建构理性无法成功的最重要原因，在于价值的主观性。

这个问题的核心是，计划可以做，但是，到底谁来计划？比如你想谈恋爱，你需要对自己的未来幸福负责，于是你开始计划找一个什么样的对象。你自己做这种计划当然没有问题，因为自己的选择，自己承担结果就好。如果你把这种计划的权利交给隔壁老王，事情就会发展成这样——老王认为楼下的胖妹很符合你的气质。但是，矛盾产生了，胖妹只是隔壁老王的喜好，你只爱排骨妹。而且隔壁老王只帮你做计划，并不对你最终的感觉兜底。你追了楼下的胖妹，于是心情郁闷烦躁最后自闭。

因为价值的主观性，计划的主体必须由个体去完成。所以，建构理性在应对复杂的人类社会时必然失败。

知识的分散性导致计划者不能够及时掌控事物的变化，价值的主观性导致计划者无法了解你的内心需求，它们共同导致了计划思维的失败。所以，奥地利经济学派的米塞斯根本不用看数据，他从先验逻辑推导就断言，苏联的计划经济必然走向失败。

有人说，大数据技术现在这么成熟，让计划者快速掌握所有的数据，就可以实现纯粹的建构理性了吧？也不能！因为大数据再牛，也无法计划人性，无法计划人的自由意志。就像《三体》中的智子，它无所不在、无所不知，但依然不知道人们大脑中的想法。人类的思维，人类的自由意志，是任何机器无法预测的。

比如，我在订餐平台不小心点个地沟油盒饭，平台大数据就认为我喜欢吃地沟油盒饭，然后就安排地沟油饭馆加班加点给我做盒饭，而在我看来只能呵呵。之所以说 AI 幼稚，是因为它根据我做过的判断就想洞悉我的意志，这简直是痴人说梦。不要说 AI 算不出来我下一顿要吃什么，我自己都不知道自己下一顿要吃什么。

所以，苏格兰启蒙运动的思想大师们，不管是亚当·斯密还是哈耶克，不管是无形之手还是自发秩序，都遵从一个基本的原则，那就是，从人性本身出发，承认人类理性的局限性，承认人的自私，尊重一种基于人的主观行动所带来的结果，而不是认为理性无所不能。

欧洲大陆的启蒙思想家认为人类理性可以为我们建构更美好的世界，遵循进步主义和理性的力量，人类可以开创伟大的未来，这是他们向往的乌托邦。对此，苏格兰启蒙主义大师休谟说，你连明天太阳从东方升起都是猜的，为什么还对建构理性如此痴迷？

哈耶克

人类社会底层规律

哈耶克是谁？很多人知道他得过诺贝尔经济学奖，其实，经济学只是他的副业，捎带手的事，他更重要的贡献在政治哲学领域。他发现了人类社会中的一些底层规律。

哈耶克是不列颠铁娘子撒切尔夫人的精神导师，撒切尔夫人曾在英国议会举着哈耶克的书说，我是哈耶克教授的脑残粉，我建议各位议员都读一读他的书。

哈耶克被认为是 20 世纪的先知，他于 1984 年获得英国的荣誉勋爵称号，1991 年获得美国总统自由勋章。那么，他到底预言了什么？

第一次预言是，哈耶克与凯恩斯的世纪大论战。

凯恩斯是英国的大经济学家，他的宏观经济学和弗洛伊德的精神分析法以及爱因斯坦的相对论，被认为是 20 世纪影响人类的三大革命。凯恩斯被誉为宏观经济学之父。凯恩斯观点很鲜明，他提倡国家对经济进行干预，主张国家采用扩张性的经济政策，通过增加需求促进经济增长。他的经济思想包括扩大政府开支，实行赤字财政，刺激经济维持繁荣，等等。

而哈耶克认为，凯恩斯的这种经济学方法是饮鸩止渴，只能让经济加速堕入深渊。哈耶克从古典自由主义出发提出了自发秩序的理论，坚定走自由市场道路，以此来反对凯恩斯提倡的国家对经济无所不在的干预。

在凯恩斯和哈耶克关于是自由市场还是国家干预的大辩论中，前期哈耶克几乎是全面被凯恩斯压制。特别是第二次世界大战后，在凯恩斯宏观经济学的指引下西方取得了巨大的经济成就，哈耶克似乎全面落败。然而，自从 20 世纪 70 年代西方各国经济出现"滞涨"，凯恩斯主义的信仰终于被现实终结，哈耶克的理论再次被人们重视。

另一个预言是，哈耶克认为苏联的计划经济必然走向崩塌。哈耶克一生致力于批判计划主义和建构主义。他认为，人类文明的起源是私有财产，而苏联的计划经济对私有财产的态度必然导致苏联的破产。

哈耶克将苏联划归为"建构理性"的反面样板典型。在他看来，苏联对私有财产的批判对文明产生了恶劣的影响，苏联的计划经济模式在商业和劳动的观念上没有任何进步，反而明显带有原始人的痕迹。

哈耶克的思想从何而来呢？主要有两个来源，一是达尔文的进化论，二是康德的先验哲学。在二者的基础上，哈耶克提出了自己的两个核心理论——理性有限和自发秩序。在批判苏联的计划经济体系时，哈耶克论证了洛克的思想：财产权是人类道德的根源。

为什么财产权是人类道德的根源？

洛克认为，人类一切文明都起源于私有财产。当你从山里采摘了蘑菇，从河里捉了一条鱼，从地里挖了一块狗头金，或者用山里砍来的竹子编了一个箩筐，那么你就实现了劳动创造财产的过程。只有承认这种财产属于创造者所有，人类才得以实现秩序，而秩序是文明的基础，是所有文明不断进取、不断向前的根源。

只有认可财产有一条清晰的边界——你的财产是你的，我的财产是我的，在这个基础上人类才能产生道德，比如合作、交换、契约、慈善，等等。

如果一个社会模糊了财产权——我的是我的，你的还是我的，那么人类的创造力就崩塌了，道德也会随之瓦解。因为没有人会有动力去创造那些随时可能被暴力抢走的财产。所以，财产权是人类文明特有的标志，一旦失去这一标志，文明就崩塌，秩序就崩溃，人类就成为野兽。在苏联一些特殊的时期，农民没有私有财产，所以就算在严密的监视下，他们也没有劳动的动力，这必然导致饥荒和物资短缺。

洛克认为，哪里没有财产权哪里就没有正义。哈耶克十分认同洛克的这个观念，他说，这句话和欧几里得的几何学一样是人类文明的公理。哈耶克认为，私人财产权是市场秩序和个体自由的核心，是现代文明的道德发源地。如果私人财产得不到保护，就不会有个体的自由，更不会有文明的发生。

哈耶克的一生深受三位大师的影响，他们是康德、达尔文、休谟。

康德在《纯粹理性批判》中说，人类不可能真正认识客观世界，物自体不可知。人类的理性只能认识到能够被我们认识的现象世界。康德的观念直接导致了哈耶克对人类理性认知的判断，即人类的理性是有限的，不是无所不能的。

同时，哈耶克的自发秩序和达尔文的进化论有着密切的关联。哈耶克从小熟读《物种起源》，深受达尔文启蒙。在进化论的影响下，哈耶克认为，人类无法通过理性设定出某一种秩序去替代一种进化出来的秩序，这种进化出来的秩序就是扩展秩序，或者叫自发秩序。

哈耶克认为,自发秩序是人类在漫长的进化过程中形成的复杂结构,它不是纯粹理性的,也不是纯粹本能的,但是,它让人类文明成为可能。

自发秩序是人类社会演进的产物,不是理性设计的产物,只有把某种观念抛进观念的市场里进行自由竞争,才能得到自发秩序。而人为设计的没有经过自由竞争的观念所构建的社会是有风险的。

比如你去机场过安检,你会发现每个安检门前排的队长度差不多,并不需要有人安排你去哪个安检门才能保证每个队伍长度基本相同,人们会自然选择一个合适的长度的队伍,这就是自发秩序。

自发秩序并不是在某个人的理性设计下或者某个中枢的计划下完成的,它是人类社会自身不断扩展的结果。意思就是,人类社会组织自有其生命力,它是一个自我生长、自我拓展的过程。

所以,一切秩序演化都是不可预测的,人类社会秩序本身也是无法预测的。从哈耶克的观念中我们清晰读出了休谟的经验主义的烙印。

哈耶克的理性有限和自发秩序,不但对人类社会和现代文明正本清源,也批判了那些理性主义者的自负、计划者的狂妄、建构者的傲慢。

哈耶克用深邃的洞察发现了人类社会的基本规律,为人类避免建构理性的灾难提供了先知般的洞察,这是他留下的永恒财富。

边沁

功利主义

1884年，英国"木犀草号"沉没，4名船员被困南大西洋。其中最年轻的船员叫理查德·帕克，他当时17岁，是个孤儿。他们在茫茫大海上漂流，食物已经耗尽。于是，3名成年船员夺去了帕克的生命，把帕克的身体作为食物支撑到获救，得以生还。

这起"海上食人案"成为轰动欧洲的事件，引发了学界大讨论。美国哲学家桑德尔在其公开课"公正"中多次引用该案。该案件也导致了李安导演的《少年派的奇幻漂流》诞生。结合本案重温李安导演的《少年派的奇幻漂流》，奇幻唯美画面下的暗黑内核令人不寒而栗。

1982年，中国大学生张华为了救跌落粪池的老农，献出了自己的生命。张华的去世引发了一场全国大讨论，一个前途无量的大学生用自己的生命去救一个花甲之年的农民，到底值不值？很多年后，斯皮尔伯格的《拯救大兵瑞恩》再次引发伦理争议，用8名精锐大兵救一个普通士兵，到底值不值？

有人说，大学生换老农，8个换1个，从结果看根本不值。有人说，在现代道德观念中，这种值不值得的讨论本身就是一种耻辱。那么，为什么会有这样的讨论？我们是基于怎样的道德哲学来做判断？

这个问题我们要追溯到功利主义的创立者——边沁。

边沁是英国著名哲学家，最早提出功利主义的原则。功利主义概括起来就是，最大多数人的最大幸福原则。边沁认为，对一件事的评价是根据结果是扩大还是减少幸福做出的，只有满足最大多数人的最大幸福原则，才符合正义的原则。

边沁的功利主义和洛克基于自然法的古典自由主义原则产生了根本性的冲突。边沁一生都在批判自然权利和自然法，他认为追求自然法、自然权利是理想主义的幼稚病，根据古典自由主义的原则根本无法建立有序而幸福的社会。

因为反对自然法，边沁也反对自然复仇。他认为，复仇的本质就是以暴制暴，这种行为只能增加世界总体罪恶的数量，而无法实现幸福的增加。所以，边沁对自然权利中以眼还眼、以牙还牙的对等报复原则进行了批判。

边沁功利主义的口号是"最大多数人的最大幸福"。不过就算是边沁自己也知道，这个口号完全没有实践价值。因为就算我们可以定义什么是最大多数也无法定义幸福，更无法定义每个人的幸福以及什么是最大的幸福。每个人对幸福的理解不一样，也不可能有统一的标准，边沁认为的幸福，也不可能是每个人的幸福。

作为功利主义的开创者，边沁对道德哲学有着巨大的影响。在边沁之前，道德哲学分为过程论和后果论。过程论认为，不管要担怎样的后果和代价，人类都不应该做出某些行为，比如限制他人的自由、剥夺他人的财产、侵害他人的生命。过程论强调尊重每个个体的最大利益，认为就算为了拯救地球上的80亿人，也不能违反某个人的意志强制要求他牺牲自己哪怕最小的利益。他们的观念源于自然法，尊重基本的道德底线，并认为这些观念源于神。

而边沁持典型的后果论。他认为，为了大多数人可以牺牲少部分人，这样才能实现最大多数人的最大幸福。问题是，如果为了绝大多数可以牺牲少数人，那么，你如何保证自己不是那个少数？每个人都可能成为"少数人"，到最后都有可能成为这个理论的牺牲者。

边沁的功利主义和古典自由主义构建了两种思考范式，一个是集体利益最大化，一个强调保障个人权利。按照边沁的功利主义，"海上食人案"中帕克被牺牲是合理的，张华的牺牲是不划算的，瑞恩也不值得 8 个精锐大兵牺牲性命去拯救。

在思想史上，过程论和后果论在不同的阶段有不同的支持者。在现代文明之前，人们更容易站在集体主义的角度看问题，所以支持后果论的占主流。比如马基雅维利、霍布斯，他们都是后果论的支持者。而在现代文明社会，个人主义取代了集体主义，人们更加注重个体感受，关注个体的价值，他们普遍认为一个人和一个集体的价值是不能用数量去衡量的，所以，支持过程论的越来越多。

在现代文明的观念中，功利主义正面临着越来越多的批判。人的本质是意义和道德的存在，而非生物性的存在。如果人类抛弃基本的伦理道德，比如正义、公正、自由这些被人类普遍认可的价值，而去实现某种利益的最大化，那么那个被拯救的最大多数人的集体，真的值得拯救吗？

罗尔斯
无知之幕

这个世界公平吗？为什么顶流明星一个月可以躺赚几千万，而有些人搬一个月砖只能挣几千块？大家都是两条腿的灵长目，都是蛋白质的集合体，说好的人人平等才是正义，正义到底在哪儿？

正义，是西方思想史上最重要的一个问题。其重要程度甚至超越了西方思想家对自由意志的讨论。正义的发源比古希腊哲学还早，柏拉图的整部《理想国》探讨的都是正义的问题。自从苏格拉底把毒酒一饮而尽，柏拉图就变得郁郁寡欢脱发失眠。他想不通，自己亲爱的老师，永远的男神，苏格拉底这样光明磊落、智慧通达的男人，为什么会被处死？于是他开始思考什么是正义。

众多哲学大师对正义做过深入的探讨，这里重点介绍罗尔斯和诺奇克的观点。

首先，应该如何界定正义？认定一个概念需要找到底层逻辑。对一些显而易见的问题，正义标准很好找，比如不能侵犯他人的利益，杀人放火偷盗抢劫肯定不是正义。但是，在涉及复杂问题的时候，又如何找到这个标准呢？比如，美国学校为了照顾黑人群体给予黑人免考资格，黑人认为这是正义的，而亚裔认为这是非正义的。

美国哲学家罗尔斯认为，正义是社会领域的首要价值，就像真理是思想体系的首要价值一样。罗尔斯创造性地提出了"无知之幕"的概念，并以此为正义制造了一个标准。

什么是无知之幕呢？简单来说，就是建立一个正义的社会需要抛开个人的偏见和立场，必须以一般性的原则考察正义，而不是站在特定的角度和立场去考察。

比如，如果你是老师，你会认为老师拿高工资并且每年寒暑假3个月不能少是正义的，因为传道授业很重要。如果你是佛教徒，你会认为应该建更多的寺院，因为佛法无边广结善缘才是正义。罗尔斯的无知之幕就是用一道幕布把这些角度和立场遮盖掉，揭开这道幕布的时候你可能不是老师，也不是佛教徒，你可能是乞丐、农民或者富翁。只有这样，你才会用一般性的普遍性的原则去考察正义。

罗尔斯的无知之幕要遮蔽三种价值，在遮蔽这三种价值后正义就被悬置，就可以对它进行独立的考察，这时候得出的结论才会符合正义原则。

第一，遮蔽一个人的阶层、社会地位、体力智力、天赋。如果在揭开无知之幕的时候你是残疾人，那么你就会考虑为残疾人的社会保障多一些照顾。

第二，遮蔽你的价值观，避免价值观好恶对正义的影响。如果你原来是一个佛教徒，揭开无知之幕你可能是基督徒，那么你就会对其他宗教有更多包容。

第三，遮蔽你所处社会的文明状态。揭开无知之幕你可能处于农业社会，也可能处于工商业社会或者原始社会，这是为了保证正义在各种文明状态下的普适性。

罗尔斯认为，只有用无知之幕遮盖阶层、价值观、文明状态后，我们对正义的考察才符合一般性原则。当无知之幕遮蔽它们之后，一个理性人会推出以下正义原则：

第一，平等原则。比如，在美国学校对黑人免考这件事上，如果用无知之幕遮盖了黑人的身份，黑人也不会认为这是正义的行为，因为揭开无知之幕他可能是白人或亚裔，这个政策对他们来说显然是非正义的。

第二，差异原则。所谓差异原则是指，承认不同的人群和阶层会有收入的差距。比如，有的人小学毕业在工地搬砖，他的收入没有写字楼里的程序员高，这是正义的，因为揭开无知之幕他可能是程序员。

第三，机会均等原则。机会均等原则是指，虽然有的人小学毕业在工地搬砖，但如果他自学 C++，那么，他应该和程序员有公平地竞争一份工作的机会，至于能不能竞争过，那就看他的本事。

但是，罗尔斯的正义论提出后立刻遭受到强烈的批评。对罗尔斯的批评主要来自两个方面，一个是以桑德尔、麦金太尔、泰勒为代表的社群主义者，他们认为，罗尔斯的正义论是一种普遍主义和平均主义，它忽略了历史、忽略了传统，陷入形而上学的泥潭中无法解脱。

另外一个激烈的批评，来自 20 世纪杰出的古典自由主义思想家诺奇克。诺奇克对罗尔斯的批评主要有以下三点：

第一，罗尔斯忽略了一个前提，他认为所有的资源都是无主之物，可以通过他的正义论被重新分配。这是一种严重的错误，这个世界不是所有的财产都是无主之物。

第二，罗尔斯所设想的国家是一个持续不断进行再分配的过程。这是一个非常危险的过程，一个不断干涉个人权利和财产的国家必然导致不断侵犯个人的权利。

　　第三，罗尔斯忽略了人的天赋。一个人天赋聪明，或者长得帅并不是一种过错，正义论如果忽略了他的天赋就不是正义。比如某网红小哥因为长得帅挣钱多，他有什么错呢？

　　那么，诺奇克认为的正义又是什么呢？

诺奇克

持有正义

先来思考两个案例。

案例一：你和你同事一起追一个姑娘，你高大威猛 8 块腹肌，而你同事长得比较感人，姑娘最后选择了你，你同事受到了严重的心理创伤，整日郁郁寡欢以泪洗面。那么，你要不要补偿你同事精神损失费？

案例二：某顶流大网红靠脸蛋儿每年可以赚十亿人民币，粉丝趋之若鹜主动打赏，假定他没有违法，钱都是通过脸蛋儿吸引打赏赚来的。那么，你认为他赚这么多钱是不是要缴更多税？

第一个案例很多人会觉得有点扯淡，一个人英俊潇洒高大威猛是上天眷顾，靠自己实力找对象，凭什么要给竞争失败者补偿？第二个案例很多人会认为，这不公平，凭什么长得好看就收入多，脸蛋儿就是正义吗？必须对其征收超额重税，然后用这笔税收救济穷人。

这两个案例其实本质上是一样的，都是天赋不同造成的差距。这到底是正义的还是非正义的？

如果按照罗尔斯的正义论，必须对大网红征收超额重税才公平。但是，这里有个悖论，为什么在第一个案例中，你会觉得补偿恋爱竞争的失败者很不符合常识呢？

于是，古典自由主义大师诺奇克站出来开杠罗尔斯。他认为，一个人通过天赋得到财富或者其他东西都是正当的，他们的天赋仅仅属于他们自己，我们没有任何理由从他人的天赋中分一杯羹。

诺奇克是罗尔斯在哈佛大学的同事。按照西方政治哲学的一般分类，罗尔斯属于现代自由主义，更加注重公平，而诺奇克属于古典自由主义，更加注重自由。罗尔斯的《正义论》出版后，诺奇克针锋相对发表了著作《无政府、国家和乌托邦》，这本书被誉为20世纪最重要的古典自由主义著作之一。

诺奇克为什么反对罗尔斯？我们需要分析一下，人的收入差距是怎么产生的。

第一种差距是努力程度不同造成的。对这种收入差距，我们大多是认同的，因为这是人的主观能动性带来的差距。我们很容易认同一个勤劳的人比一个懒惰的人富有。

还有一种差距并不是主观能动性带来的，它仅仅依靠纯粹的天赋。假设某网红小哥是你的邻居，你们从小一起长大，他靠俊美的脸蛋儿月入几千万人民币，而你没有好看的脸蛋儿，虽然累死累活努力但只能做一个小白领。于是你认为，这种靠纯粹的天赋带来的差距是非正义的。

罗尔斯也认为，这种靠纯粹的天赋的胜出不应该受到保护，因为他只是命好，掌握了投胎技巧。但诺奇克却旗帜鲜明地指出，罗尔斯犯了一个严重的错误。因为，我们根本无法分辨哪些是靠天赋，哪些是靠后天能动性获得。

比如，有的网红表演能力极佳，口才极好，赢得了大量粉丝的欣赏，一个月能挣别人一辈子的钱。但这种表演能力和口才到底是因为天赋还是后天努力，根本无法对其进行精确区分。诺奇克认为，因为无法区分，所以，如果一个人因为天赋高获得了更多的财富而被罗尔斯再分配，这绝对不是一种正义。

诺奇克认为，不管是主观能动性还是纯粹的天赋，比如外貌、身材、智慧等，都完全属于他自己，而不属于任何其他人。你可以对他羡慕嫉妒恨，但你不能以任何方式去剥夺本应属于他的财富。就算是最纯粹的花瓶美女，只要她能够得到他人的喜欢而获取财富，她的财富就是天然正义的。这里隐含的逻辑是，一个人不能因为自己的天赋受到惩罚，因为他并没有犯任何错。如果他没有犯什么错，而你却剥夺了他的财富，这怎么能算正义？

按照诺奇克的观点，如果你因天赋不够高而不能有高收入，这是一种不幸。但你的这种不幸并不是那些天赋比你高的人造成的，我们没有理由用自己的不幸去惩罚那些天赋高的人，如果那么做，只会造成双重的不幸。因为，天赋高并不是一种不道德。

诺奇克还用他的持有正义驳斥罗尔斯的分配正义。诺奇克认为，罗尔斯只看到了分配过程中的正义，却没有顾及财产持有的正义，这导致罗尔斯的分配正义严重违背了历史和传统，侵犯了个体的权利。

诺奇克认为，社会正义不是取决于财富如何分配，而是取决于人们如何持有财富，据此，诺奇克提出了持有正义的理论。诺奇克持有正义论有以下三个原则：

第一，只要是按照正义原则获取的财产，他对这个财产就有所有权。

第二，按照正义原则把财产转让给另一个人，另一个人也天然拥有持有权。

第三，为了保证财产的合法持有资格，国家必须对违反以上两条原则的行为进行纠正。

举个例子，1867 年，美国用 700 万美元从沙俄手中买回阿拉斯加。这个过程符合正义原则，买卖双方都同意，一手交钱一手交地。所以，就算现在俄罗斯认为卖便宜了后悔得撞墙也没用，因为这是美国正义获取的土地。但是，美国通过驱赶北美印第安人获取的美国西部地区就不符合这种正义原则。如果不符合正义原则，国家需要纠错。但在印第安人这个事上是不可能了，因为大部分印第安人都消逝了，也没人找美国讨说法。

除了有主之物外，自然界还存在着大量无主之物，比如新大陆、新岛屿、新矿产、遥远的新星球。对无主之物应该用什么原则分配呢？诺奇克认为，应该采用先占先得的原则。

为什么要用这样的原则呢？因为用先占先得的原则资源利用率最高。假设有一块无主的土地，如果不按照先占先得而是按照谁的拳头硬就归谁的原则，那结果就是，没有任何一个人有动力来开垦这块土地。因为你刚开垦好，可能就会来一个拳头比你硬的把土地抢走。

但是，先占先得也会导致另外的问题，那就是强大的人会率先抢占优质的资源，而让其他人无资源可用。比如，马斯克开着火箭跑到火星说，我先到，先占先得，火星现在是我的私人财产。那就断绝了后来人开发火星的可能，这不符合最大效率的原则。

针对这个问题，诺奇克给他的理论打了个补丁——洛克条件。洛克条件是指，先占者应该剩下足够好的自然资源给后来者。诺奇克的这个观点在古典自由主义中算是十分温和的，他给后来者留下了空间。但其他人比如罗斯巴德就是简单的先占先得，不附加洛克条件。

　　诺奇克和罗尔斯关于正义的最大差异，在于罗尔斯主张分配过程的正义，而诺奇克主张持有的正义。诺奇克认为，只有坚持持有的正义才能保证每个个体的最大权利，确保个体的主观能动性和效率的最大化。

德沃金

什么是资源平等？

从欧洲大陆启蒙运动以来，如何实现真正的平等成为政治哲学的一个重大课题。美国《独立宣言》说，我们认为下面这些真理是不言而喻的，人人生而平等，造物主赋予他们若干不可剥夺的权利……《独立宣言》发出了那个时代的最强音，美国以国家最高文件的形式把人与人的平等当成基本权利。

但是，平等真的是不言而喻的吗？当然不是。不要说奴隶社会，就算是在工业革命前，平等都不是理所当然的真理。不管是西方还是东方，皇帝、贵族和平民都有着严格的阶层划分。正因为不平等，从奴隶社会至今，人类社会的历史就是一部关于平等的发展史。

20世纪70年代美国的罗尔斯发表了《正义论》，成为当代政治哲学最重要的一部著作，奠定了罗尔斯在20世纪思想史上的地位。罗尔斯的正义论不但引发了大讨论，也引发了大批判，不管是自由主义内部还是社群主义，都对罗尔斯的《正义论》进行了360度花式吊打。

德沃金是其中重要的一位批判者。

德沃金是美国著名的政治哲学家、法学家。德沃金认为，罗尔斯的问题很严重，因为他忽视了平等中的主观能动性问题。一个人的困境是天赋不足造成的还是个人主动选择造成的有很大的不同。同时，德沃金也不认同边沁的功利主义原则和诺奇克的古典自由主义原则，于是他提出了自己的资源平等理论。

所谓资源平等，就是关于资源如何平等分配的问题。德沃金把资源分为"人格资源"和"非人格资源"，人的一切精神和生理能力属于人格资源，比如智商、体力、洞察力等；可以进行市场交换的属于非人格资源。他的理论要实现的目的就是对人格资源和非人格资源进行合理的平等分配。

首先是平等的尊重原则。所谓平等的尊重，是指要尊重每个人自由的选择权。选择什么生活方式是个体的自由，只要他不违反法律国家都不应该干涉，这就是国家中立原则。德沃金认为，国家的中立性是个人自由实现的重要保障，国家应该把人作为人对待，而不是把人作为国家实现某种目的的工具。比如成年人打游戏、年轻人躺平等问题，对国家发展整体是不利的，但国家不能为了发展强制人们努力工作删除手机游戏，因为这是个体的价值选择，国家不应该干涉。

德沃金平等的尊重原则把人作为最终的目的，而不是手段，体现了对人的尊重。

其次是平等的关怀原则。平等的关怀是德沃金资源平等理论中最重要的部分。平等的关怀并不是给每个人平等的爱，而是根据每个人的情况分配不同的资源。

举个例子，一个先天的盲人，如果没有国家的帮助他很难找到工作，个人生活将非常困苦。而一个四肢健全的人因为整天沉迷游戏不找工作，生活也会非常困苦。但是，造成这两种困苦的原因是不一样的，一种是先天禀赋，一种是后天选择。所以德沃金认为，对先天禀赋带来的困境，国家需要对其进行分配的倾斜，而对于后天选择的困境，则需要个人自己承担责任。

这是德沃金的一大创建，他把责任的概念引入平等概念中，区分了先天禀赋和主观能动性的差异。所以，资源平等的一个核心概念就是，社会要用最大的努力消除先天禀赋在分配中的影响，而个人的主动选择则需要他自己承担结果。只有这样，社会才是公平的。

这种原则是符合自由意志的。如果你自己选择主动躺平那就不要抱怨生活的困顿，国家不能为个人的自由意志负责。

基于对天赋和自我选择的区分，德沃金的资源平等理论最大限度消除了先天的偶然性对平等带来的影响，同时又考察了人的主观能动性。有人把德沃金的原则归纳为一句话——敏于志向，钝于禀赋。这种理论符合公正的原则，一个人必须为自己的选择承担所有的结果。

自由意志
机器里的幽灵

有一些观念正在颠覆我们的价值观。比如，我们想吃什么东西是因为体内的菌群想吃，当我们体内的菌群缺乏某种物质的时候它们就会分泌某种物质影响我们的意志，让我们产生吃什么东西的欲望。很多人被这种观念打动，惊叹，牛！原来如此！

这种理论可能有科学根据，但对哲学来说，则是一种绝望。因为它证明了人类的自由意志不存在。这种观念体现了还原主义的原则。还原主义者认为，世界万物的存在都是物质决定的，可以用纯粹的物理或者化学的术语描述和定义。他们坚信用物理或化学的观念可以解释一切生命现象，包括人的自由意志。他们在追寻人类自由意志的过程中不需要援引造物主，更不需要援引心灵的自由意志。在他们看来没有自由意志，没有选择，万事万物早就被规定好了，是一场注定的宿命。

这种观念，我们称为机械唯物论。

心灵和身体的问题是哲学中最古老的问题。还原论者认为，人的一切心灵活动都可以还原为严格服从自然规律的物质运动，只要算力足够强，掌握的初始参数足够多，就可以推算出所有物质的运动状态。而柏拉图主义者认为，我们的灵魂即心灵实体，迥然不同于我们的身体，它不能被还原为物质，也不能被物理学和化学等科学规律解释。

直到笛卡尔出现，他创造性地发展了柏拉图的观念，创立了身心二元论。笛卡尔认为心灵和身体都是实体，心灵通过大脑中的"松果腺"和身体产生交感作用，进而指挥我们的身体。但随着 20 世纪脑科学的发展，人们发现笛卡尔的松果腺学说有点不靠谱，反倒是最早的德谟克利特等人更接近科学的真相，他们认为：心灵就是大脑中物质运动的结果，心灵没有自由意志，所有的意志都是物质运动的注定结果。

现代脑科学的研究对自由意志可以说是釜底抽薪，摧毁了自由意志最后的根基。但依旧有一些自由意志的追随者坚定地维护笛卡尔的身心二元论。他们认为，如果没有一种心灵实体让人类拥有自由选择的能力，如果世界万物都可以被还原成一种机械运动，人类作为万物灵长就再没有一丝一毫的神圣性。如果万物之灵的人和机器一样是一系列物质运动的产物，那就是对人的亵渎，更是对神的亵渎。人类正是因为有尊严、有感知、有选择、有天赋，才能被称为人。还原论者和唯物主义者根本没有理解自由意志的本质，所有那些试图用还原论和机械唯物主义解释人心灵的行为，都是一种僭越。

英国哲学家赖尔用一个词——机器中的幽灵来描述笛卡尔的身心二元论。赖尔的意思是，如果笛卡尔的身心二元论是正确的，那么我们的身体就是一部机器，而心灵就是位于机器中的一个幽灵。我们的身体服从物理和化学的规律，而心灵则隐藏在我们的肉体中具有自由意志，像一个隐藏在机器躯壳中的幽灵。赖尔认为，如果人类的自由意志是栖息于机器身体中的幽灵，那么将有很多问题得不到解决。比如，我们的心灵如何影响和指挥我们的身体，我们的身体又是通过什么物质向心灵传达感受呢？虽然笛卡尔尝试用松果腺的功能去解释，但笛卡尔松果腺理论的 bug 比蜂窝煤的眼还多。

在脑科学的祛魅下，自由意志不再被赋予崇高的地位，或许真如费尔巴哈所说自由意志根本不存在，这种局面让人越来越绝望。自由意志者泪眼婆娑准备送别自由意志的黄昏，迎来一个枯燥的还原论的世界。但如果按照笛卡尔的身心二元论——心灵实体不受物质实体的影响是独立存在的，又无法解释心灵实体是如何控制身体的问题。这又是一个让所有柏拉图主义者痛苦的难题。

好在科学的发展总有峰回路转，在 20 世纪 20 年代，随着哥本哈根学派的崛起，量子力学的研究取得了巨大的进展，量子力学的发展赋予了自由意志绝地反击的机会。

人们发现在微观的量子世界，粒子没有一个确定的轨迹，它以概率云的形式存在于某个位置，这一刻在这里，下一刻又到了另外的地方，粒子以它的神出鬼没摆脱了因果律，推翻了人类坚信的确定性。根据量子力学，一切都是概率的问题，而不是决定论。量子的测不准原理反倒让人类看到了自由意志的曙光，人们认识到人类的自由意志很可能是在量子态的基础上展开的，而量子力学的不确定性也让人类的心灵摆脱了传统物理学的桎梏，推翻了那个令人绝望的结论：一切的选择都是注定的宿命。

至少在量子力学的测不准原理上，自由意志再一次成为可能。

如果量子力学能为人类自由意志突破重重迷雾，那么笛卡尔的身心二元论将依然成立，我们的心灵将依然是栖居于身体躯壳中的一个幽灵，这会是自由主义者最后的安慰。

那么，关于自由意志，西方哲学大师们又是如何解读的呢？

在理解自由意志之前，先要知道什么叫决定论。决定论主要有三派观点：强决定论、弱决定论和自由意志论。

强决定论认为，世界上的一切事物包括人的意志都是有原因的，万物都是被决定好的，自由意志不存在。代表人物是费尔巴哈。

弱决定论认为，决定论没问题，世界上的一切事物都是有原因的，但决定论并不能消解人的自由意志，只要一个人的意志能够被执行，那么他就是自由的。代表人物是斯宾诺莎。

自由意志论认为，决定论是错误的，人的意志是彻底自由的，所有的一切都在于自己的选择。代表人物是萨特。

先看强决定论者费尔巴哈的观点。费尔巴哈认为，人的一切活动包括意志的活动都严格遵循一种必然性，一切都是物质运动的结果，人根本毫无自由意志，所谓的自由意志只是你的幻觉。

费尔巴哈认为，自然界的一切现象都是互为原因和结果存在的。整个自然界是一条不断派生的原因和结果的无穷锁链的缠绕，像无数条衔尾蛇彼此首尾相连一环紧扣一环，在这条巨大链条中偶然性根本不存在。比如，一阵狂风卷起地上的积雪漫天飞舞，雪花的运动状态不管看起来多么疯狂其实都是必然的，可以预测每一片雪花的轨迹。所谓的偶然不过是一种还没有探究到真相的托词。费尔巴哈说，你认为哪里存在偶然，就暴露你对这个领域的愚昧和无知。

费尔巴哈也否认了人的主观能动性，他认为，人的主观能动性也是决定论的产物。比如，你口渴的时候会产生喝水的意志，但当告诉你水中有毒的时候，你会产生不喝的意志。有的人就算你告诉了他水中有毒，他也会坚持喝下去，比如苏格拉底。费尔巴哈认为，知道水有毒还继续喝下去的原因并不是什么自由意志，驱动他的是但求一死的决心，但求一死的决心也是被大脑中某种物质驱动的。

费尔巴哈的强决定论让人成为毫无自由意志的一块蛋白质，可以说让人的尊严荡然无存。按照他的观念，人没有一刻是自由的，也绝不是自己命运的主宰，人就是一具由物质推动的行尸走肉。

而弱决定论的代表斯宾诺莎认可决定论，同时也承认人有一定的自由意志。斯宾诺莎认为，自由就是对必然性的认识。

斯宾诺莎认为，人们相信自由意志主要的原因是，错把思想的存在作为真实的存在。斯宾诺莎认为，意志只是思想的一个样式，是对事物做出肯定和否定的一种能力，但自由意志不能决定任何事物的变化。他举例说，一块被抛出去的石头如果有意志，它也会认为自己是在自由飞翔，但飞翔的石头不知道它的运动轨迹完全取决于重力、阻力和被抛出时的状态，它自己其实什么都决定不了。

斯宾诺莎没有完全否定自由意志，他认为，自由就是必然，是人对必然性的认识，认识到自己的不自由就是一种自由。斯宾诺莎的自由并不是选择的自由，而是对必然性认识的自由。

自由意志论的代表萨特认为，人是自由的，而且绝对自由，人可以做任何自己想做的选择。萨特从根本上否定了决定论，强调选择的可能性。他认为，不可以事先定义一个人，尽管人们有相似的外形，但他们的意志都是独一无二的，一个人能成为什么样的人，完全取决于他想成为一个什么人。

萨特的观念更符合现代自由主义精神。他更加积极，他鼓励人发挥最大主观能动性，不被外界环境所束缚，不被偏见所定义，不被曾经的环境所左右。他鼓励人用独立思考和自主选择的力量去创造出不一样的未来，用本质定义存在。萨特的存在主义充满了人文精神，所以萨特说，存在主义是一种人道主义。

在现代科学面前，费尔巴哈的强决定论面临着被推翻的困窘。费尔巴哈的决定论是建立在经典力学的基础上，而现代量子力学的不确定性直接颠覆了费尔巴哈强决定论的基础，因为人的大脑无疑是在量子层面工作的，并不适用于经典力学。

更重要的是，费尔巴哈的强决定论会导致道德的死亡。如果一切都是宿命，那么人类所有的道德将不复存在。

正如休谟所说，人类如果没有自由意志，那么人类的任何行为就不具备任何道德性质。比如，一个人抢劫不能被认为是犯罪，因为他抢劫是他大脑中的某种化学物质反应决定的，而不是他的意志决定的。而一个舍生取义的人也不值得褒扬，因为他的行为也不过是某种物质在大脑中发生化学反应的结果，而并不是他拥有某种崇高的道德。

休谟认为，如果不承认自由意志，仅仅认为世界是一条巨大的互为因果的锁链，那么法律就无处安放，道德将荡然无存，文明必然走向崩溃。

自由意志是文明的根基，如果否定了自由意志，不但伦理和法律会被摧毁，我们对美好价值的追求、对未来的信心统统都不再有价值。如果自由意志被否定，一切早已被注定，那么所有激励人类向上的精神都不过是镜花水月。

以赛亚·伯林

浪漫主义和消极自由

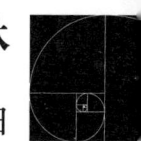

万物有本然，终不为他者。

——约瑟夫·巴特勒

西方普遍认为价值的评判体系在于自我，不管是伟大或者平凡的一生，只要一个人实现了自我满足，做了自己想做的，都被认为是一种成功。

那么，西方对个人的评价体系是怎样形成的呢？

以赛亚·伯林在《浪漫主义的根源》中，对这一问题做了系统的思考。

伯林认为，西方思想史存在三个重要的转折。第一个时期是亚里士多德去世后个人主义的诞生，第二个阶段是马基雅维利奠定的君主的道德可以不遵守基督教伦理，而第三个重大的思想史变迁就是浪漫主义的诞生。

在古典时代，人们认为价值观和自然客体一样存在唯一的答案。比如，什么是幸福，这个问题的本质和世界是由什么构成的一样拥有唯一的确定的本质。

显然，古典时代的这种认知存在严重的问题，他们把价值观当成了实体，而实体是确定的，唯一的。因为价值观的分裂，在中世纪后期的宗教改革中，人们为了捍卫各自的价值观展开了漫长的斗争。宗教战争此起彼伏，人们生活在动荡困苦和信仰危机中。

在欧洲大陆启蒙运动和工业革命后，欧洲人开始反思，我们内心追寻的价值真的是一种实体吗？人类的内在情感是否具有唯一性？它和自然客体有没有区别？天主教和新教的分歧真的不能调和吗？基督教世界和伊斯兰世界有达成共识的可能吗？在这种反思下，浪漫主义在欧洲诞生。伯林认为，浪漫主义的本质是一种价值体系的多元化，尊重不同思想、不同信仰的人的内心秩序，把所有的美好、幸福、审美、价值偏好等交给个人去选择。浪漫主义实现了一个伟大的转向，它把公共权力和社会评价赶出个体的内心，公共领域的价值和个体的价值有了明显的分野。从此，公共权力和社会评价只关心秩序和安全，不再涉足人的内心。

浪漫主义的诞生无疑是人类文明的一个伟大时刻。从此，文明产生了一个划时代的转向，人们开始知道个体内心的价值不是一种实体，不再有一个标准答案。人们把内心价值从形而上学中抽离出来回归个人感受，形而上学负责向外探寻自然，这条路催生了科学。浪漫主义是通往人们内心的探索，关于幸福、关于爱情、关于美、关于自由，等等，这条路催生了自由的精神。

在浪漫主义背景下，一个人的价值来源于自我的评定，我的满足感和幸福感只要我感觉到就可以，并不需要一个"他者"的评判。就像巴特勒的那句话——万物有本然，终不为他者。

自由主义是西方最重要的思想流派。从英国洛克对古典自由主义的奠基，到密尔对自由的系统阐释，再到伯林对自由的分类，英国一众思想家对自由主义的产生发展做出了重要的贡献。

伯林提出积极自由和消极自由的概念，成为当代哲学家对自由主义最深刻的洞察。

积极自由很好理解。它是一种主动的状态，我们可以按照自己的想法主动地实现我们想做的某件事。比如你妈怕你冷，强制给你套上秋裤，当她完成这件事后她的愿望达成了，她实现了积极自由；比如你想吃火锅你就可以走进一家火锅店点八盘羊肉，这个过程中没有人干涉你，你去哪家火锅店、点几盘羊肉都是你的意志决定的。所以，积极自由，是主体通过行动去实现意志的过程。

那么，什么是消极自由呢？伯林认为，消极自由就是一个人有免于被外界干涉的自由，无论你想不想做某件事，都不应该受到外部世界的干涉。如果你不想穿秋裤，不要说你妈，就算你姥姥来也不能让你穿上秋裤，这时你才实现了消极自由。

消极自由是主体和外部世界的一种对抗。消极自由要面临的一个问题是，你的自由意志不一定是完美的理性，也可能是错误的。但坚持消极自由并不是为了完美，而是为了避免外部世界对你个人意志的侵犯而导致恶的发生。比如你妈为了让你以后赚大钱，要求你高考时必须报考金融专业，虽然她的想法是一种理性设计，但这可能会导致你错过自己热爱的职业。

比如，抽烟对身体有危害，全世界政府都不提倡人们抽烟，但并不等同于他们有权把所有烟民手中的香烟抢过来销毁。抽烟是你在认识到抽烟的危害后依然坚持的选择，你明明知道这不是一件好事，也明明知道政府是为了你好，但你依旧有不被政府干涉的权利。外部世界可以劝导你，可以唐僧一样在你耳边唠唠叨叨，但你抽烟的权利不能被任何人干涉，任何人都不能走到你面前强制你，"为了你好，来，乖乖熄灭。"

消极自由不被外界干涉，但是也要承担自己选择带来的后果，比如抽烟带来的对身体健康的损害必须自己承担。

在伯林的观念中，消极自由是更高级的自由。

个体的选择不一定是"客观"的最佳选择，所以消极自由不是一种最佳的理性状态。但是，它会避免个体被外部一群持有积极自由的人绑架。消极自由的目的不是建成一个完美的乌托邦，而是你可以拥有不认同某个乌托邦、不住在某个乌托邦的权利。

古往今来，人类的很多悲剧都是一群秉持着完美理性精神的人用自己的理性去绑架他人的消极自由酿成的，比如德国的希特勒用自己的意志把德国人拖入了万劫不复的地狱。

提倡消极自由是为了保持一种个体意志的独立，不让外部世界干涉个体的意志。它对维护人们价值观的多样化、尊重人们的内心感受起到了重要的保护作用。

当然，消极自由不是为所欲为，消极自由也必须遵守密尔对自由的定义，你的自由不能妨碍和伤害他人。你的内心可以保留自己的世界，不管多黑暗、多邪恶，那仅仅是在你的内心，因为法不诛心。但如果你把内心的黑暗、邪恶的观念付诸行动而伤害到他人，那么必须要被法律惩罚。

伯林在《浪漫主义的根源》中写过一句话，算是对消极自由最好的诠释——解放一个人，就是把他从偏见、愚昧中解脱出来，让他去做自己命运的主人；而不是告诉他，你应该拥有什么样的命运。

个人主义

西方现代文明的基石

　　毫不夸张地说，正是因为个人主义的产生西方才出现了现代文明，不管是个体自由、市场自由还是民主政治，它们都奠基于个人主义观念之上。

　　首先需要明确，个人主义是文明发展过程中的一个特例，全世界大多数文明都发生在集体主义或者集体主义的变种里，唯独欧洲诞生了个人主义。

　　在个人主义诞生之前，人类社会一直是少数人统治着绝大多数人，绝大多数人只是任人摆布的工具人。在集体主义中，人没有自我，没有自由意识，他们心中只有家庭、集体、宗族、民族等概念，个体从来不重要。这导致人们思想和创造力的匮乏，因为人不是主体而是集体视角下的客体。

　　个人主义的发展非常复杂，它贯穿于整个西方思想史。

　　第一个阶段，古希腊的个人主义萌芽。古希腊智者学派普罗塔哥拉提出，人是万物的尺度，奠定了个人主义的萌芽。普罗塔哥拉强调以人的个体感觉去获得知识，以欲望和私利作为道德目标，是现在已知的最早的个人主义起源。

　　第二个阶段，希腊化时代个人主义的崛起。亚历山大征服欧洲后古希腊消亡，欧洲进入希腊化时代。希腊化时代欧洲烽烟四起，战火蔓延，人们不再关注城邦，公共精神逐渐退出舞台。因为外部世界不受控，人的精神退缩到内心世界，个人主义在这个阶段积累了强劲的势能。

第三个阶段，斯多亚学派提出自然平等的观念。斯多亚学派是西方第一个阐释人人生而平等、权利天赋的学派。斯多亚学派的这种观念是西方人人平等的启蒙思潮之一。斯多亚学派的塞涅卡说，对人类而言，人是神圣的。这种观念把个体推崇到神圣的地步，成为个人主义崛起的重要节点。

第四个阶段，文艺复兴和宗教改革的推动。文艺复兴的核心是人权向神权发起挑战。在中世纪的神权时代，个人是神的客体，人怎么想不重要，神怎么想才重要。在文艺复兴时期，人从客体成为主体，世界万物甚至神都成为客体。文艺复兴催生了个人权利的觉醒，普通人开始思索和挖掘自我的内心世界，人类的内在力量得以释放。

在这四个阶段之外，还有一个最重要的推动作用，那就是基督教。

基督教对个人主义的推动来源于两次改革。

第一次，是以赛亚对犹太教的改革。犹太教先知以赛亚完成了对祭司阶层的改革，让人与神点对点沟通。以赛亚认为如果一个宗教有祭司阶层，那么祭司阶层必然会形成特权并垄断人与神之间的交流。同时，祭司阶层还会导致腐败的产生。以赛亚打破了犹太教祭司阶层的垄断，对犹太教的发展起到了重要的作用。他把人们对神的信仰带入人们的内心，这对个人主义的发展起到了决定性的作用。

第二次，是马丁·路德的宗教改革。马丁·路德对基督教的改革对个人主义的推动至关重要。在宗教改革之前，祭司阶层即罗马教廷掌控着信仰的评估体系，人们与神的沟通由祭司这个中介来完成。马丁·路德的宗教改革从理论层面再一次打破了祭司阶层（也就是教会组织）对信仰的垄断，马丁·路德认为，信仰源于纯粹的内心力量，人通过内心的祈祷就可以直接与神沟通。

不管是以赛亚对犹太教的改革，还是马丁·路德对基督教的改革，都导致了祭祀仪式的弱化。曾经的祭祀是集体认同的一部分，犹太教以此来寻求民族认同，但是，随着犹太第一圣殿被摧毁，祭祀活动无法在圣殿进行，所以祭祀被弱化，只能慢慢转向精神祈祷，变得更加去中心，更加私密，更加个人。

不管是对犹太教还是对基督教来说，从祭祀到祈祷都代表了信仰的转向。人们的祈祷可以在任意地方进行。人们从公共祭祀转向个人和家庭的祈祷，从召唤上帝变成了祈求上帝，这种信仰的内化进一步驱动了个人主义的发展。

基督教认为，神创造了人并且赋予了每个人灵魂。在浩渺的人生荒原上，每个人都是孤独的行者，只能沟通唯一的存在，那就是神。在这种渺小的个体和全能的神之间的对立中，人开始向内关照，个人主义开始浮出水面。

所以，欧洲的哲学思想传承和基督教精神共同塑造了个人主义。个人主义的产生从根源上改变了人的主体性，让人对自我和世界有了全新的思考。这一改变使欧洲焕发出巨大的活力和创造力，成为现代西方文明的基石。

长夜火炬

自由主义的分类及历史影响

　　作为西方政治哲学最重要的概念，自由主义的名称和概念被用得相当混乱，所以我们需要正本清源，厘清不同概念的区别。自由主义到底有多少类型呢？古典自由主义、现代自由主义、新自由主义，它们到底有什么不同？

　　这些概念比较复杂，先用一个例子来说明各个流派的观点。假如你是一个大土豪，每顿都吃燕鲍翅，自由主义的不同流派对此会是什么反应呢？

　　古典自由主义认为，这是你合法挣的钱，你吃燕鲍翅吃到吐也是你的自由，不应受到外部干涉。新自由主义说，古典自由主义说得对！现代自由主义认为，你过分了啊，这不公平，你应该把燕鲍翅拿出来一些分给穷人。保守主义认为，你的钱你想怎么花就怎么花，没有义务分给穷人，但清教徒这么吃有违传统。

　　自由主义不是铁板一块，各个流派观念往往相差很远。很多人在围观美国"驴象互怼"的时候比较蒙，不知道他们到底在怼什么，既然大家都是自由主义，一起建设资本主义不就好了，怼什么怼？

　　自由主义各流派有不同的起源。

　　古典自由主义发源于 17 世纪，崛起于文艺复兴和工业革命之间，是以英国的洛克、亚当·斯密的观念作为蓝本的一种思想延伸。古典自由主义的核心观念是思想自由、市场自由、自我负责，提倡竞争。古典自由主义是资本主义坚定的歌颂者，自由市场的忠实拥趸。古典自由主义有着极致的个人主义倾向，它反对君权神授，强调个人的理性、自由，是自由主义的鼻祖。

新自由主义以朝圣山学社的兴起为标志。朝圣山学社是 1947 年由哈耶克发起的一个学术社团，成员包括哈耶克、米塞斯、弗里德曼、波普尔等学术大牛，还有联邦德国前总理、意大利前总统、美联储前主席等各国政要。他们以恢复古典自由主义为首要目标，宣扬市场和个人意志的自由，维护私有制，坚持市场竞争。他们的思想被称为新古典自由主义，简称新自由主义。新自由主义与古典自由主义观念一致。但是，哈耶克为什么要恢复古典自由主义呢？因为这个时候，古典自由主义面临着现代自由主义的挑战。

现代自由主义是由密尔奠基的思想系统。现代自由主义主张政府对经济进行干预，在个人自由的基础上更注重分配和公平。现代自由主义的理论基础是，政府需要保障每一个人有相对平等的物质分配。所以他们致力于改善社会弱势群体和贫困成员的境遇，倡导通过对社会资源、财富的再分配来抑制巨大的社会不平等。

古典自由主义和现代自由主义之间一个最大的区别，就是伯林关于积极自由和消极自由的区别。古典自由主义构建在极端的个人主义基础上，反对国家和外在力量对个体自由的干预，提倡一种极致的消极自由。而现代自由主义则体现了伯林积极自由的意义，提倡国家通过干预去对财富进行再分配。

总结一下，古典自由主义是自由主义的鼻祖，提倡个人自由，反对政府的干预；新自由主义是以哈耶克为代表的朝圣山学社对古典自由主义的复兴；保守主义侧重于对传统的延续，反对激进主义和建构理性；而现代自由主义则是密尔构建的侧重于个体自由和财富分配的自由主义。

自由主义之间最大的争论，是古典自由主义和现代自由主义的纷争。二者之间最大的区别集中在经济领域，那就是国家到底要不要干预市场、干预分配的问题。

哲学家斯特劳斯认为，古典自由主义者在经济上更自由，他们是最纯粹的自由市场主义的拥趸，提倡市场的极致竞争，而在道德层面却相对不自由，比如他们反对女性堕胎，反对安乐死。现代自由主义者则正好相反，他们在经济层面提倡国家的干预，但在道德层面却更加追求个体的自由，比如支持女性堕胎自由，支持安乐死。

现代自由主义在道德领域的个人主义倾向，表现出一种强烈的去基督教伦理的特征。

在自由主义诞生之前，人们认为，追问幸福是什么和追问世界由什么构成是一样的，它们都有确定的答案。古希腊人认为，什么是幸福、什么是自由、什么是勇气、什么是爱、什么是公平和正义，这些问题和宇宙中有多少颗星星、太阳的表面温度有多高一样，都是一种客观存在的实体，都有标准答案。人们认为价值观和自然客体一样存在唯一的答案。只是因为我们的智慧不够，暂时还没有找到这种答案的本质。

自由主义的诞生是人类文明的一个伟大时刻。从此，人们知道，个体内心的认知不是一种实体，不同的人不需要遵循一套共同的价值。自由主义的诞生是人类文明漫漫长夜的第二支火炬，而且可能是最亮的那支火炬。

在自由主义诞生之前，没有一种文明会把对人内心价值观的认知和对自然客体的认知区分开，它们认为价值观就是一种实体，有标准答案，不符合标准答案就是一种异端邪说，烧了比较安全。因为这种认知，大多数文明不能容忍不同的价值观，世界出现了诡异的沉默的大一统。

自由主义对人们内心的重视，产生了向内和向外的两种精神，这种心灵和物质的分离和笛卡尔的身心二元论、康德的物自体和现象二元论，都有着密切的思想联系。

在笛卡尔后的四百年中，人类向外的探索可谓硕果累累，产生了辉煌的现代科技，甚至征服了星辰大海。然而，人类向内的探索不但毫无建树，甚至可以说越来越举步维艰。

时至今日，战争的阴霾依然笼罩着人类，不同的意识形态的争斗依然如火如荼。人们日益深陷于自我的价值观，而不想再去听他人的解释，所谓的信息茧房形成，价值观成为一道永恒的高墙，让无数人身体近在咫尺，而心灵相隔万里。

自由主义提倡个人自由、个性解放，主张个体的意志和精神，这种自我意志的张扬和西方的后现代文明融为一体。

在自由主义下，因为价值观的相近而形成社群主义。但不同的社群又因为价值观的对立产生了更尖锐的对抗。于是，无数的粉丝团开始了远征，他们以键盘为武器，开始了互联网的世界大战。世界不再被撕裂成两个，而是被撕裂成无数个平行宇宙，人们渴望的统一的价值观消逝了。

是自由主义错了吗？自由主义的多元价值观导致现代人被逐渐原子化，而原子化又是现代人普遍孤独的深层原因，自由主义导致人与人之间形成了永恒的心灵孤岛。人类在自由主义的引领下逐步进入现代文明，自由主义被越来越多的学者批判和反思，同时也正面临一系列挑战。

阿克顿

自由的四大挑战

英国历史学家、政治哲学家阿克顿勋爵说过这样一句话——在每个时代，自由都面临着四大威胁：强人对权力集中的渴望，穷人对财富不平均的怨恨，无知者和迷信者对乌托邦的向往，无信仰者将自由和放纵混为一谈。

阿克顿的关于自由的四大威胁可以说是极具洞察的真知灼见。纵览19世纪到20世纪全球民族主义的狂奔激进，再到21世纪西方社会的大撕裂和新自由主义对自由的伤害，可以说，这一切的问题，都在验证阿克顿勋爵的话。

阿克顿继承了洛克和柏克的自由主义精神，传承了英国自由主义根植于传统和经验这一习惯。在阿克顿关于自由的四大威胁中，强人对权力集中的渴望这一点很好理解，这是西方任何时代都逃不过的一种宿命，例如拿破仑和希特勒。那么我们如何理解后面三点呢？穷人对财富不平均的怨恨，无知者和迷信者对乌托邦的向往，以及无信仰者把自由和放纵混为一谈。

首先，穷人对财富不平均的怨恨。人们总是容易掉进一个陷阱，那就是，我的不幸一定是其他人造成的。是谁造成的呢？最大的可能是那些比我富有的人。只要有这个思维基础，当贫富差距到了一定阶段后，人们总是有再次均贫富的冲动。在阿克顿看来，穷人因财富分配的不公而产生的怨恨，是和平时代自由面临的最大威胁。

其次，无知者和迷信者对乌托邦的向往。从柏拉图开始，人类历史的每个阶段都有一大拨乌托邦爱好者。所谓乌托邦，就是一个知识分子用理性所建构的完美天堂，那里和谐美好、人人平等、没有压迫。比如太平天国运动希望建立的"有田同耕，有饭同食，有衣同穿，有钱同使，无处不均匀，无人不饱暖"的理想天国。

这个理想天国具有几个鲜明的特征：第一，资源无穷无尽，他们坚信随着科技的发展，人类将彻底解决物质匮乏的问题；第二，对秩序的痴迷，但是乌托邦主义者痴迷的这种秩序并非人类社会自发生长的秩序，而是理性建构的秩序；第三，对理性的极度渴望，乌托邦主义者认为，理性可以完美解决一切问题，它的本质是启蒙运动理性主义的延伸。乌托邦主义者坚信科技发展会带来完美解决方案，同时对秩序和理性抱有充分的信心，这导致他们用理性的建构秩序替代了人类社会的自发秩序。不管是柏拉图还是傅立叶、拉伯雷，他们的乌托邦看起来都像金光闪闪的太阳，但都只有一个结局，那就是被现实打脸。

乌托邦之所以不可能实现，并不是因为什么人性恶，也不是因为什么空想。乌托邦之所以不能实现，底层逻辑是哈耶克所说的建构理性问题。人类所有存在的制度都是演化的产物，而不是人类理性设计的产物。人类社会的复杂性远远超越了人类的理性，而基于理性设计的乌托邦不符合人类的自发秩序，所以注定不会成功。

那么，自由所面临的威胁源头是什么？

威胁自由的源头正是激进主义和理性主义。理性主义者最大的问题是理性的自负，有学者认为，无论科学如何发达，这个世界总有一种非人力可以改变的终极驱动，这个终极驱动，在经济学中叫市场，在物质世界叫自然，在精神世界叫上帝。

人类的理性主义不可能僭越这些终极驱动，它不能僭越市场的无形之手，不能洞悉真正的客观本质，不能在精神世界达到神的理性能力。

激进主义者和理性主义者认为，可以设计出一个无缺陷的完美世界，那就是柏拉图的理想国、傅立叶的乌托邦，它的一切制度都是最优的理性设计，而为了实现这个伟大的目标，可以用集体的名义去牺牲一部分人，因为这是为了崇高的理性所必须付出的代价。

但阿克顿认为，所有以集体的名义去牺牲个体的伟大口号都值得怀疑，都要重新审视。任何人都可能压制自由，无论他是权力人物，还是宗教领袖，还是你普通的邻居。因此，为了保障自由，任何情况下，个人自由都优先于集体利益，警惕那些以集体名义对自由的绑架和侵犯。

保守主义

传统价值的捍卫者

> 邪恶获得胜利的唯一条件，就是善良的人沉默不语。
>
> ——埃德蒙·柏克

很多人有个疑问，美国为什么对一些在我们看来都不是事儿的话题那么敏感？对堕胎、平权、同性恋等社会问题，美国人几乎每个月都要互喷一次，他们是不是闲的？

美国对这些话题敏感，根本原因是现代自由主义和保守主义的观念之争。作为西方著名的政治哲学流派，保守主义到底是什么？

保守主义，可以从字面意思理解，但也绝不能仅从字面意思理解。

保守主义有复杂的历史渊源。首先，它源于英国浓厚的经验主义传统。保守主义的核心价值是保护传统，保护自由，认为循序渐进的改良是人类社会的福祉。其次，保守主义伴随法国大革命而生，它的诞生就是为了对抗激进主义和建构理性。1790 年，英国的埃德蒙·柏克为了批判法国大革命对传统的伤害出版了《反思法国大革命》一书，奠定了保守主义的理论基础。法国理性主义认为，只有对社会进行全面而彻底的改造才能缔造一个自由平等的理想社会，但实际上法国大革命却走向了相反的人间地狱。

所以英国的保守主义批判的是法国的激进主义。保守主义认为，文明的过程是传统渐进积累的结果，从来不是揠苗助长。激进主义的本质是把社会当成一个机械，奢望通过理性主宰一切。

柏克认为，人类所有的文明都源于人们对实际问题所做出的实际反应。一个人在日常生活中会遇到很多问题，在解决这些问题的过程中他会不断试错，最终找到一个符合自身利益的解决方法。如果这个方法经得起时间的考验，就会被当作一般的行为准则，这些准则经过时间的传承就会成为富于智慧的传统，人们只有恪守这样的传统，才能真正去解决现实中的问题。

柏克的观念听起来和哈耶克的理念非常接近。英国保守主义者和古典自由主义者有着千丝万缕的联系，他们普遍尊重自发秩序，相信人类的理性有限，相信知识分散在无数的个体中，相信自然形成的社会秩序。他们认为个人的纯粹理性无法解决复杂的社会问题。从斯密到柏克再到哈耶克，保守主义是古典自由主义和传统的结合。

承认理性有限是保守主义的基本特征。保守主义者认为人是脆弱的、不完美的理性动物。文明的每一次进步都是缓慢的、充满试错的过程。所以保守主义和启蒙运动最大的区别是，启蒙运动建构了想象中的天堂，而保守主义坚持社会进步的达成需要坚守"实际的体验"，而不是抽象的思维。

英美保守主义的传统和基督教伦理息息相关。他们认为人类社会非常复杂，没有任何独立的个体或者一种理性的思维能够洞悉人类社会的终极奥义，所以一切都要向基督教伦理回归。人类社会的进步不能建立在理性主义的原则上，而应建立在一种自发秩序上，保守主义对理性主义的攻击凸显了他们对宗教伦理的依赖。他们认为，理性有局限，只有基于经验的行动才具备无上的价值。

所以，保守主义有其保守的一面，但这种保守又不是我们传统所认知的保守。

在政治上，保守主义保守自由，致力于保护个体不可让渡的权利不受侵犯，抗拒主权者对个体的侵犯。

在经济上，保守主义认为自由市场体制是创新的根本，强调经济上的自由，主张限制主权者对自由市场的干预，提倡守夜人概念。

在文化上，保守主义所谓的保守才符合我们日常认知的保守。恪守基督教伦理，反对堕胎，反对同性恋和跨性别，这是一种宗教上的观念保守。而现代自由主义则更提倡基于自由意志的自我决定论，这就是二者观念冲突的根源所在。

保守主义恪守多元价值原则，它的崛起也和欧洲浪漫主义的兴起有着直接的关系。浪漫主义认为，每个生命都有表达自己的权利，强调个体的独特性和人性。浪漫主义抗拒古典世界中的理性主义，渴望建立一个缤纷繁杂、充满无尽生命和个性的宇宙，这种态度和保守主义渴望一种自发的社会秩序密切相关。所以浪漫主义对保守主义的发展也起到了推动的作用。

朋霍费尔

无知之恶

无知而导致的恶，算不算恶？需不需要承担责任？人们常说不知者无罪，意思是虽然事情的结果不好，但如果是因为当事人缺乏某种知识才导致这样的结果，他没有主观恶意，就不用承担责任。

德国著名神学家、思想家朋霍费尔提出了相反的观点，他认为，无知就是一种恶！

朋霍费尔的无知之恶是基于一种哲学的思辨，他认为无知是一种思维的惰性，这种思维的惰性导致了罪恶的发生，所以无知和罪恶是同谋，它有罪。

当然，朋霍费尔所指并不是那些先天有智力缺陷而无法形成正常认知的人。先天智力缺陷属于生理问题，生理问题无论如何也不能被道德审判。朋霍费尔所说的无知，指的是因为思维的惰性而放弃思考、放弃学习的能力，是个人主观选择的结果。

朋霍费尔认为，对大多数人来说，无知是后天养成的而不是天生的。因为我们每个人生来都是无知的，这是一种动物属性，而人类需要通过艰难浩繁的理性训练和知识学习去克服动物属性，只有这样我们才能具备一定的思维能力，而那些无知者是主动放弃了这种思维能力，主动沦为罪恶的同谋。

朋霍费尔对自由意志提出了更高的要求，他超越了理性自然属性，把人的理性能力、自律精神作为一种主观选择，打碎了那些沉醉于思维惰性的人的借口——我无知，所以我没有主观的恶。从这个意义上说，朋霍费尔赋予了自由意志更高的主观性。

朋霍费尔认为，一个无知的蠢货不但会主动放弃思维能力，而且会放任自己被别人洗脑成蠢货。因为他们的思维太懒惰，丧失了反抗的能力，别人告诉他什么观点，他的脑海就形成什么观点。他没有对某种观点进行反思和批判的能力，这让他们面对邪恶的冲击时丧失了反抗的能力，甚至主动配合，最终让自己也参与邪恶成为邪恶。

有的无知是知识的局限性导致的，比如有病不去看医生而是选择跳大神，他们真切相信那样做会有用。有的无知是知道其恶的本性却因为利益而选择向恶妥协，比如，所有人都知道黑暗丛林法则不符合道德，但为了自身的利益却甘愿成为黑暗丛林的同谋。不管是知识的局限性导致的无知，还是因为利益而导致的行动，它们都源于一种恐惧，那就是思考的恐惧。因为对思考的恐惧他们选择了逃避，这让他们无法明晰什么是崇高的，什么是邪恶的，他们只能随波逐流，在浑浑噩噩中成为邪恶的同谋。

思考总是痛苦的，理性的自律更加痛苦，所以绝大部分人无法通过理性去对抗动物性。比如传销组织中的人，他们在被传销组织洗脑的时候就主动放弃了批判和思考的能力，从而成为邪恶的同谋。

人类的道德是一种先验判断，比如，伤害他人是不对的，侵害他人的权利会受到自身良知的谴责。所以当一个人伤害了他人，道德机制会触发他们回避道德谴责，他们会把自己的行为界定为无知而导致的罪。

这种行为从本质上说是不愿意承担代价和结果，是一种懦弱的逃避。

朋霍费尔之所以对无知充满警惕和批判，是因为他认为，无知会被恶利用成为恶的同谋。这和朋霍费尔所处的时代背景有关。朋霍费尔生在纳粹崛起的时代，他目睹了身边的老师和朋友在纳粹的煽动下被邪恶吞噬，这让他对无知之恶充满了警惕。朋霍费尔批判纳粹时代被邪恶控制的个体，他认为希特勒希望人们是无知愚蠢的，而不是独立思考逻辑清晰的，因为只有这样，希特勒才能得到更多他想要的。

朋霍费尔对无知的批判和阿伦特的平庸之恶有一个共同点，那就是，放弃思考本身带来的认知局限性。

沦陷于放弃思考的德国人呼唤秩序与领袖，但是他们的美好愿望却为他们带来了一个毁灭世界的恶魔。他们用自己的无知召唤了一个全能的"神"，一个无所不在的"父"，也就带来了对所有人生存权利的威胁。

朋霍费尔认为，任何暴力革命和宗教革命都会诞生大量无知的蠢货，因为蠢货是革命的必需品，是熔炉的原料，他们在希特勒的观念下放弃了自我思考成为一群行尸走肉。希特勒需要他们的力量，这种力量源于他们的无知，他们越无知，力量越强大。这种情况同样出现在法国大革命中，在法国大革命中罗伯斯庇尔煽动的暴徒也是一群这样的无知蠢货。

朋霍费尔认为，越无知，越顽固。最无知的人看起来像拥有最坚定的价值观，但千万不要被他们骗了，更不要以为他们拥有独立的认知，因为这些无知者已经不是一个独立的人，而是一连串的被灌输的标语和口号，他们是这些标语和口号驱动的"发条橙"。一旦一个人交出了思考的能力，交出了自由意志，那么他就变成了一个工具人，就可以毫不犹豫地做出最蠢的事。更可怕的是，他们始终不知道他们做的事是怎样的邪恶，反而认为自己是正义和良知的代名词。

马丁·路德说，世界上最危险的是真诚的无知和认真的愚蠢。这种无知，就像哈耶克那条通往地狱的路上开满的鲜花，善意满满，但无比危险。

主体的崛起

人是目的而非手段

　　假设有这样一个村庄，它很贫穷，村里的多数男性娶不上媳妇，这个村子面临着人口衰退和村庄消亡的危险。那么，为了挽救这个村庄，能不能通过拐卖妇女的方法来维持这个村庄的存续呢？

　　这个问题的本质是，能不能把少数人当成工具去实现一个更大的目的。比如，为了宗族繁衍让妻子拼命生孩子，为了整个农耕文明的存续而默许拐卖人口。这个问题抽离出来就是典型的电车难题，为了拯救多数人，能不能把少数人作为工具。

　　在功利主义者看来，电车难题根本不是难题。如果牺牲一个人可以拯救 100 个人，如果牺牲少部分人可以拯救一个村子，甚至拯救某种"文明"，他们会毫不犹豫选择他们认为价值最大化的那个。但问题是，当你选择这种观念时，文明已经开始异化，这种异化的文明真的值得拯救吗？

　　如果整个电车上的人主动选择牺牲一个无辜的人来拯救自己，那么整个电车上的人都不值得被拯救。如果一个村庄的延续是建立在拐卖妇女之上，那么这个村庄消失了又有什么可惜？

　　这里存在一个悖论，用功利主义思考问题的时候，过程正义就消失了。被拯救的大多数就不再有正义性，而一个非正义的过程无法推导出正义的结果。有些人站在农耕文明存续的角度思考这个问题，他们的思考具备一定的现实意义，比如农村男女比例严重失调、光棍的问题，等等。遗憾的是，他们看到了这些问题，但解决方法显然不符合文明时代的要求。

现代文明不会认同为了实现某种目的而去牺牲任何少数人，除非他们出于自愿。这就是康德所说的，人是最终的目的，而不是实现任何伟大目的的工具。没有任何一种目的可以高于人本身作为终极目的而存在，不管它听起来多么伟大，多么金光闪闪。在康德的观念中，不管打着什么伟大旗帜都不能违背人是终极目的这个最高追求。

康德这种把人作为终极目的的道德哲学是近代人文主义的开端。康德认为，只有把人作为目的，才可以避免人类历史上那些循环往复的灾难。这个世界总是有很多伟大的目标，它们看起来恢宏而灿烂，充满理想主义，对人类充满了诱惑，但是它们却忽略了一个基本的前提，而把人作为一种实现这种伟大目标的工具。一旦人成为工具就开启了灾难的大门，因为人基本的自由意志和生存在伟大的目标面前不堪一击，它们随时可以被牺牲掉，被那些宏大的目的所淹没。

如果无数人死在通往星辰大海的路上，那么星辰大海将没有任何意义。

古希腊的普罗塔哥拉认为，人是万物的尺度。虽然普罗塔哥拉原意并非康德"人是最终的目的"的意思，但黑格尔延伸解读了普罗塔哥拉的话。黑格尔认为普罗塔哥拉确立了人的绝对主体性，把人置于世界和万物的中心，人本身就是最重要的一种存在。

除了人之外，一切皆为手段。所有的科学技术、思想文化、公共管理和服务，所有的现代文明，都是为了服务于人，让人活得更好。只有把人作为终极目的，才能对抗一切似是而非，一切空想主义，一切狭隘的集体主义。

人类中心主义
人的神圣性从何而来？

有一则香港新闻，一位博士因撒盐导致三只蜗牛死亡而被捕。很多人看了这则新闻感觉很荒诞和无奈。那么，这件事到底为何会让大部分人感觉荒诞呢？

感觉荒诞的原因是，这件事违反了我们内心的道德秩序。因为三只腹足纲低等生物导致一个活生生的人受到逮捕，这种价值观摧毁了我们内心的道德秩序。

那么，我们内心的这个道德秩序是什么？

这个道德秩序叫人类中心主义。你可能不知道这个词，但不影响你形成这个观念。所谓人类中心主义，是指在人的主体性和自然客体性之间，人对自然客体的绝对支配和使用的权利。一句话，人类胼手胝足进化了三百万年自然形成了人类中心主义，这是一种群体演变的结果。

人类中心主义因何而出现呢？

首先，是进化机制。远古人在征服自然的过程中，发现自然客体只是他们获取食物谋求生存的对象，自然客体不能和人类享受同样的权利。只有遵守人类中心主义才能保护人类群体更好地繁衍和发展，这种进化机制逐渐形成朴素的人类中心主义。

其次，人类中心主义具备清晰的哲学来源。笛卡尔从"我思"推导出身心二元论，开创了近代哲学主体性原则。在这个原则里，人是主体，物是客体。哲学的目标就是主体探究客体、认识客体的过程，所有的思维活动都是人作为主体完成的。缺失了人这个主体，哲学就不再具备任何价值。探讨一头猪的思维和行动是生物学，它并没有哲学价值。

再次，人类中心主义有明确的信仰来源。《圣经》中记载，神对人类说，要生养众多，遍布满地，治理这地，也要管理海里的鱼、空中的鸟和地上各种行动的活物。从《圣经》这段话可以看出，基督教的道德观是彻底的人类中心主义。它确定了人与自然的二分，明确了人的主体性和自然客体性的二分。而且这是神的安排，并不需要任何证明。

综上，人类中心主义拥有强大的进化来源、哲学来源、宗教来源，它是我们内心自发的稳固的价值观。所以，当一个事件违反人类中心主义时，你会感到愤怒，觉得被颠覆三观。比如香港博士因为导致蜗牛死亡被捕，大学生因为掏鸟窝被判刑，等等。这都违反了人类中心主义，打乱了你内心的道德秩序。

那么，为什么在西方以及受西方文化影响的香港，存在着大量的去人类中心主义的立法呢？因为，西方在文明发展的过程中更加注重人的精神感受，出现了同理心跨物种的无序扩大，逐渐弱化了人类中心主义，这种现象被称为弱人类中心主义。西方在保护人的身体、生命的同时，也兼顾了部分动物的保护，给予了部分动物人的权利。

动物不需要保护吗？需要，但是，动物保护应该是一种基于财产权的保护，而不能赋予动物人的权利。如果赋予动物人的权利，会导致严重的伦理危机。比如，什么动物才有资格被赋予这种权利？资格谁来确定？标准是什么？如果猫狗被赋予了人的权利，那么蜗牛可以吗？蟑螂可以吗？不能因为爱猫狗的人多，爱蟑螂的人少就区别对待。一种逻辑不顺畅的法规，必然会导致伦理秩序的混乱。

坚持逻辑的一致性，是人类建立清晰伦理道德的基础。逻辑的一致性如果被打乱，那么人类的道德将面临被摧毁的危险。

所以，现代文明坚持人类中心主义，动物只能作为物权保护，不能给予人的权利。

战争正义论

战争与道德

什么样的战争是正义的、符合道德的？不管是黑暗丛林派的真理在大炮射程之内的理论，还是白莲花派支持战争的理论皆是反人类。

先来刨一下西方思想中战争正义性的根。这里涉及三位大佬，奥古斯丁、阿奎那、格劳秀斯。

第一个提出战争正义论的是奥古斯丁。奥古斯丁有多重要无须多言，他是教父哲学的奠基人，这么大的知识分子，必须要为社会做出理论构建。奥古斯丁经历了永恒之城罗马的沦陷后悲痛欲绝，伟大的罗马竟然被蛮族蹂躏至此，是可忍孰不可忍，必须要收拾他们。作为知识分子，收拾人之前必须找到一套理论为大罗马反击蛮族提供神学支持。

作为虔诚的信徒，奥古斯丁认为神的正义必须在人间得到执行。在奥古斯丁看来，抵抗入侵、恢复不可侵犯的神的权利，这样的战争才是符合正义的。同时，奥古斯丁对战争的目的做了限定。他认为，只有当战争的目的是避免战争，维护秩序与和平，才能算是一场正义的战争。奥古斯丁说，人们为了生存而战是合理的，尽管这种战争可能带来恶，但它是一种必要的恶。

第二位是阿奎那，他对战争正义论进行了完善。

作为经院哲学的代表，阿奎那认为，正义分为自然正义和实在正义。

自然正义是不需要证明的，是神赋予人间的普世道德律，它适用于一切领域。而实在正义是根据自然正义推导出来的，是自然正义的衍生。阿奎那认为，人间存在着两种法，一种是永恒之法，一种是人定之法。永恒之法是神的理性，蕴含绝对真理；人定之法是人的理性，是永恒之法的延伸。阿奎那认为，一旦人定之法违背永恒之法，那么人类就可以不必遵守人定之法的约束，因为它是无效的。

阿奎那提出了正义战争的三大条件。第一，战争身份，战争的发动者和执行者应该拥有主权性质，不是私人打群架。第二，战争前提，必须有充分而必要的理由。第三，战争目的，必须符合永恒之法。

阿奎那的永恒之法的观念就是自然法思想，它指出了人类有反抗暴政的权利，这为后世自然法发展奠定了基础。

第三位是荷兰思想家格劳秀斯。

在奥古斯丁和阿奎那的基础上，格劳秀斯对正义战争论提出了几个基本原则。

第一，战争目的必须符合自然法。就算是主权者发动的战争符合人定法，比如国会法律程序等，但如果不符合自然法，也不是正义的。

第二，不一定是受害国才能发动战争，任何主权者都可以为了维护自身利益而参与战争，去帮助其他受害国。格劳秀斯的这个观点成为当代西方军事同盟的理论基础，使西方不同的政治实体被凝聚在一起，形成了一种集体性的安全网络。

格劳秀斯是思想家不是战争狂人，他虽然提出任何主权者都可以参与战争，但他对战争的目的做了严格的规定，那就是必须符合自然法。

从奥古斯丁到阿奎那，再到格劳秀斯，这三位思想大咖都对正义战争做出了严格的规定，那就是符合自然法。所谓自然法，就是独立于各国成文法之上的一种正义体系。它是一种普世的正义观念，比如天赋人权、人人平等、公平公正、不损害他人生命、不抢夺他人财产、不限制他人自由，等等，这些是全人类共有的观念，独立于任何政治实体和国家，在成文法之上。孔子的"己所不欲，勿施于人"，也属于自然法的思想。

西方思想家认为，自然法并不是某种政治观念的产物，也不是某个成文法的产物，它起源于人类的自然本性，源于人类的自发秩序，是人类文明演化的产物。只有恪守自然法人类社会才能实现最高效的运行，才能实现真正的善。

战争是不是必需的，是不是为了捍卫生存，是不是为了抵抗入侵，是不是为了夺回天赋权利，是不是为了缔造和平，是不是符合自然法……你可以用这些标准去套所有的战争，自行判断其是否正义。

那么战争到底有什么作用？第二次世界大战之后西方涌现了大量关于战争与反战的作品。这些作品表达的一个共同主题是战争对人性的摧残，不歌颂战争成为民间的主流价值观。

在反战的民间主流价值观之外，西方也存在着其他的观点。

其一，战争调节了人口增长，保持了资源和人口的匹配。持这个观念的人无疑是"紫薯精"灭霸的粉丝。灭霸打个响指消灭地球一半人，灭霸认为，消灭一半人口是为地球好，起心动念是好的。现代战争是灭霸响指的另一种形式，为了让人口匹配资源而用战争消灭人口，这种观念可以说蠢到让人自闭。

这种观念的错误在于颠倒了因果，忽略了正义的大前提——人是终极的目的，不是实现任何目的的手段。消灭人口去匹配资源是削足适履，相当于砍了自己的脚去穿一只鞋子。资源不是实体，真正的资源是人的创造力，为了资源而认可战争对人口的消灭是一种典型的脑积水认知。因为如果人不存在，任何资源都毫无意义。

其二，战争推动经济发展。这个观点来源于经济学中的"破窗理论"。破窗理论认为，如果一户人家的窗户被打破，那么将导致玻璃被更换，于是产生交易和生产需求。在这个过程中安装工人和玻璃工厂都有了活干，从而推动就业和经济的繁荣。他们认为破坏创造了财富。

这个观点乍一看好像有点道理，其实逻辑不值一驳。因为破窗理论只看到了安装工人和玻璃工厂的财富增长，没有站在系统的角度考察财富的总量——虽然安装工人和玻璃工厂实现了财富增值，但户主的财富总额是减少的，而他本来可以用这笔财富过更好的生活。所以从系统的角度看，损失依旧大于增长。所以战争不但不能推动财富总量的增加，对经济反而是巨大的损害。

其三，战争促进科技进步。这是所有关于战争的观点中最有迷惑性的一个。人们从第二次世界大战后科技的迅猛发展得出这个观念，认为战争是人类科技进步的加速器，能够让科技实现快速迭代。

这也是一种幻觉。因为在战争期间，战时体制让社会集中所有的资源和力量投入战争，短时间内在武器、重工业等领域取得重大突破，造成了科技繁荣的表象。但是，在重工业和武器领域集中资源的代价是民用领域的投入严重不足，造成了民用科技领域的停滞。

其四，战争促进地缘文明的交融。支撑这个观点的理论是，亚欧大陆领先论。有人认为，频繁的战争是亚欧大陆远远领先其他大陆的原因。在世界上所有的原发文明中，除了亚欧大陆，其他大陆基本都停留在原始部落时代，被亚欧大陆远远抛在后面。他们认为这是亚欧大陆频发的战争导致的文明进化。

美国的戴蒙德教授在其名作《枪炮、病菌与钢铁：人类社会的命运》中提出了反驳。他认为，亚欧大陆之所以塑造了人类的文明主体，是因为亚欧大陆的轴线分布。亚欧大陆经度轴线要远大于非洲大陆和美洲大陆，这是亚欧大陆创造了文明主体的原因。因为纬度和气候、降水、温度直接相关，人类在同一纬度上的环境是相似的，易于文明沿着纬度线扩散传播。而沿着经度线环境变化却很大，寒带的人到热带很难生活。所以，戴蒙德认为，亚欧大陆这种东西辽阔的大陆比非洲、美洲这种南北纵深分布的陆地更利于文明的发展。

其五，战争需要先发制人。比如"9·11"事件，恐怖分子挟持人质、袭击平民的这些行为违反了文明的基本规则，野蛮无底线，所以为了保障文明对野蛮的压倒性优势，文明必须为和平打一个补丁，先发制人。即和平需要和平之上的威慑，文明需要文明之外的战争。用战争形成对野蛮的压倒性威慑，把邪恶消灭在萌芽中，其目的是维护和平。美国在"9·11"之后基本就是秉持这样的军事策略，以先发制人维持战略优势。

但这种观念遭到了美国民间和知识界的激烈反对。他们认为，先发制人的军事战略威慑是对战争正义理论的曲解，所谓对邪恶的先发制人，是用一种恶对抗另一种恶，本身已经违反了战争的正义性。

历代学者对战争的正义性都从自身的认知和宗教背景给出了思考。战争正义性也会随着不同时代的观念迭代而不断发展和变化。

正义的代价

"过程正义"保护了谁？

哲学是纯粹的思维活动，追求的是一种先验逻辑，是<u>应然</u>，不是实然。哲学不关注应用，也不关注立场，只关注逻辑的自洽和正当；

如果立场先行，就很容易被立场带进死胡同进而忽略了基本的世界图景。因为立场预设了价值，导致和逻辑绝缘。正义不是建构在立场之上，而是建构在逻辑之上。只有坚定了逻辑，才能保持始终如一，不会把自己搞精分。

在 2022 年的俄乌冲突中，美国的公司对俄罗斯实施了制裁，限定了部分苹果用户手机的功能。如果我们把这个案例推到一个极端，假设苹果公司卖的不是手机而是导弹，当购买者准备用导弹毁灭世界，那么这个时候苹果公司怎么做才是正义的？

这种极端假设把苹果公司置于两难境地。一边是契约，源于人的自由意志，自己签的约、自己卖的货含着泪也要遵守；另一边是人类的文明和人的生命，源于终极正义。

这个假设太极端，那再看一个真实的案例。瑞士银行在第二次世界大战中遵守了契约保持中立，这种选择对纳粹财富起到了转移和保护的作用，对犹太人造成了伤害。瑞士银行正义吗？多数人会认为，瑞士银行这么做不正义，因为他们遵守契约结果导致纳粹有钱维持战争，造成了更多人的死亡。

那再假设瑞士银行违反契约把纳粹的钱交给同盟国，纳粹没钱，一早歇菜。这样是不是就正义了呢？

按照这个逻辑往下推演，如果瑞士银行为了正义可以违反契约收缴它认为邪恶一方的财产，那么下一次战争呢？瑞士银行该如何抉择？判断正义与否的责任是不是从此交给了瑞士银行？如果瑞士银行认为某个国家财富是正义的就遵守契约；认为某个国家的财富是不正义的，是不是就可以光明正大收缴别人的财富呢？瑞士银行应该遵从什么原则去认定，谁是正义的一方，谁是邪恶的一方呢？应该由谁认定呢？当不同的人出现分歧的时候，该如何解决呢？当我们把正义的判定标准交给某个机构的时候，会衍生出一系列的问题。

继续推导，如果你去银行存钱，银行可以随时以财产来源不明的原因收缴你的财产，这是正义的吗？

如果你购买了一辆汽车，汽车厂商认为你可能会用这辆汽车去偷东西，于是违背契约切断你汽车的电路，这是正义的吗？

如果你购买了某款软件，商家认为你可能用软件做非法的事而禁止你使用，这是正义的吗？

你是不是感觉商家这么做就是耍流氓呢？那为什么在同样的逻辑关系中，你认为苹果公司违约就是正义的呢？

有人可能会说，因为符合自然法的战争正义原则嘛。为了一场正义的战争，我们可以用非正义的手段去实现它。那么问题又来了，基于自然法的战争正义性为什么在同样是自然法的契约正义性之上呢？

同时，如果为了一场正义的战争你可以违反契约，那么是不是也可以为了一场正义的战争去牺牲他国无辜的平民？如果为了正义的战争可以牺牲无辜平民，那么牺牲多少合适？如果可以牺牲他国无辜平民，那么这场"正义"的战争的正义性还存在吗？

更重要的问题是，通过违反契约这种非正义的手段，可以实现正义的目的吗？

小时候看港片我常疑惑，明明一个无恶不作的坏人，为什么总是因为没有证据而被当庭释放，为什么警察对坏人恨得牙根痒痒却还要给他喝咖啡，为什么不暴揍一顿让他老老实实交代了问题？长大了才知道，之所以要保障这些坏人的基本权利，并不是为了保护坏人，而是为了当那些无辜者被置于同样的境遇时不会受到侵害，这是正义必须付出的代价。

邪恶讲目的，而正义讲规则；邪恶不择手段，而正义只能用正义的手段。正义之所以是崇高的、伟大的，是因为相比邪恶，正义往往要付出更多的代价，抛洒更多的血泪，有着更高的道德要求。正义的手段绝不是同情流氓，而是为了保护更多的普通人，让所有无辜的人不会遭受非正义的对待。如果银行看谁不顺眼就可以没收谁的财产，那真是洛克的棺材板都压不住了。只有通过正义的手段实现的结果，才是真正的正义。这本质上是古典自由主义所坚持的过程正义，只有通过正义的过程所实现的正义才值得讴歌。

所以，警察不能通过刑讯逼供去收拾坏人，而只能老老实实去找证据；商家不能通过违约去缔造正义，而只能遵守契约；同盟国不能通过屠戮平民去削弱纳粹，而只能用血肉之躯挺进柏林。这才是正义的伟大，也是正义的代价。

举报与告密

正义的标准是什么?

依法举报和告密有什么区别? 为什么不能提倡告密?

先看下面两个例子。

A. 你的邻居老王经常家暴妻子, 老王的妻子因为没有维权意识只能默默忍受, 你看不过去, 于是报警举报老王家暴。

B. 你的邻居老王和你喝酒的时候经常说领导的坏话, 你觉得老王散播负能量, 于是就把老王黑领导的话录了音, 交给了他单位的领导。

在这两个例子中, A 是举报, 是正义的; B 是告密, 是无耻的。那么, 我们应该如何从底层逻辑厘清举报和告密的区别呢?

第一, 举报针对的是侵权的行动, 是正在发生的伤害。而告密针对的是言论, 并没有发生明显的伤害。自由的边界是他人的权利, 当老王家暴妻子时就侵害了他人的权利, 造成了对妻子的实际的伤害。这时你去举报老王是终止伤害的行为, 这是正义的。

而老王在酒桌上说领导坏话, 虽然和你的价值观不相符, 但老王的这种行为仅仅是在私人场合言论的范围, 并没有对领导造成实质性的伤害。所谓的言论自由, 指一个公民有发表自己言论的权利, 这种权利被法律保护, 而此时你出卖老王就是告密。

第二, 举报要符合 "明显而即刻的危险" 这一原则。

虽然言论自由是一个法治社会极为重要的价值观，但是，任何文明社会都有言论自由的边界。比如，你在飞机上听到一个人说，他准备劫持飞机，虽然这也是言论的范围，当时也没有产生伤害，但这时你举报具有正当性吗？

美国联邦最高法院前任大法官霍姆斯创立"明显而即刻的危险"原则，阐释了言论自由和公共安全的关系，在言论自由和公共安全之间找到了一种平衡。霍姆斯提出的"明显而即刻的危险"原则界定了两个标准，第一是明显的，第二是当下的。如果一个人在飞机上扬言劫持飞机，在公共场所说埋了爆炸物，都有可能会造成明显和即刻的危险。满足了这两个条件，你的举报就是正义的。

而至于学术讨论、私人观点、对某个人品格的质疑，则完全不符合霍姆斯的"明显而即刻的危险"原则，而是属于言论自由的范围，不应该成为举报的对象。言论自由不妥的地方，属于道德瑕疵，它也可能面临民事诉讼，但是只要不满足"明显而即刻的危险"这个原则，都不应该被告密。

那么，为什么不能在私人领域用告密的方式解决问题呢？因为这会摧毁人类的道德基础。

人与人在私人领域的交往需要遵从私人领域的道德。私人领域最重要的道德是人与人之间的契约，这种契约是人与人之间的信任基础。如果告密泛滥，将严重危害私人领域的道德基石，对私人之间的契约关系造成毁灭性的打击。其结果必然是人人自危，社会管理成本高企，私人领域道德的基础荡然无存，告密之风泛滥，言论自由被摧毁。私人领域的道德基础被摧毁，对个体和国家都是有百害而无一利的。

所以，举报和告密有着明确的界限，这个界限在于，是言论还是行动，有没有"明显而即刻的危险"。学术探讨、个人言论观点、问题争论和批评，都不应该被举报，那属于令人不齿的告密。

容隐制度

公权的温度

做个极端假设，如果你的爱人、孩子或者父母违法，你会去检举揭发吗？在亲情伦理和法律之间，你会如何选择？如果不举报需要承担法律责任，你会举报自己的亲人吗？

还好，大部分国家的法律不会让你做这种冷酷的选择，因为法律要给人性保留温度。如果法律不给人性保留温度，那么人性分分钟崩塌给你看。大部分国家的法律都认为，亲人之间不检举、不揭发、不举报并不违法，这叫容隐制度。

中国也有容隐制度，最早起源于孔子"亲亲相隐"的理念，孔子认为亲属之间不指证、不举报是合乎人伦道德的。容隐制度在西方也广泛存在，比如古罗马的法律中涉及亲属容隐的规定就有很多，儿子不能举报父亲，父亲也不能举报儿子，亲人不能彼此举报，同时家长有权不向受害人交出犯罪的子女。在容隐制度中，亲人具有天然躲避复仇的权利。

有人会说，容隐制度不是增加了执法成本吗？是的，容隐制度的存在确实会增加执法成本。那为什么还会有容隐制度的存在？因为，容隐制度的收益远超执法成本增加的部分。容隐制度保护了人伦关系，维系了社会道德体系，缓和了社会矛盾，对社会的稳定起到了巨大的作用。

如果没有容隐制度，亲人之间相互举报、揭发、指证，那会是一个什么世界？导致的结果就是父子反目、兄弟情断、家人相残，社会道德趋于崩塌。在这种体系下，社会必然陷入全面的失序状态。所以，不管东方还是西方，都独立进化出了容隐制度，规定了亲人之间不举报、不揭发并不违法。

允许亲人之间不揭发、不举报，因为亲人之间有最亲的血缘关系，这是一种动物天性的使然。如果让父亲去举报自己的儿子就会严重破坏伦理，最终导致道德的崩塌。因此，容隐制度是公权对伦理道德的退让。

法律是最低的道德，那么法律之上是什么呢？

在霍布斯看来，法律之上是个体的天赋权利。霍布斯在终结了君权神授的观念后，重新定义了国家的概念。霍布斯认为，为了保护个体的天赋权利，避免陷入一切人对一切人战争的自然状态，人们需要通过让渡部分权利组成国家。所以，国家之所以能建立，不是神要让它存在，也不是它本应存在，而是经过人们授权才得以存在。国家存在的最高目的是保护个体，当法律与国家的这个最高目的发生冲突的时候，人们需要遵守国家的最高目的——捍卫人的天赋权利。

既然国家的最高目的是保护个体，那么一个人就没有义务自证其罪，也没有义务揭发自己，他有权保持沉默。同时，为了维护个体的情感和人伦，也不能要求亲人相互举报，因为这些违背了国家维护大众道德、保护个体权利的初衷。

不被要求自证其罪，不被强制要求检举揭发亲属，这是自然法赋予人的基本权利，这种权利在成文法之上。所以，容隐制度最终捍卫的是自然权利，是私权对公权的一种消解，也是公权对私权保留的一丝温度。

慈善

道德的自发性

为什么在一个自由公平的环境中，有人会自发做慈善？

在西方，企业家做慈善是全民共识，比如 2008 年比尔·盖茨捐了 580 亿美金。数据显示，在美国等西方国家，富人每年的慈善捐款是整个国家生产总值的 3% 左右。在德国，很多银行家还会出资给穷人修建廉租房和安居房。

这些企业家、富人，为什么要做慈善？其中一个原因是新教精神。韦伯认为，新教徒恪尽职守地工作是为了荣耀上帝，新教伦理又让他们对物质生活没什么奢求。所以，很多新教徒土豪的财产，到最后都以捐赠的形式回馈社会。

有人可能会说，该！这本身就是民众的财富，不过是吐回来而已。这种观点只能证明说话人对财富如何产生没有概念，对财富的思考还停留在零和博弈的阶段。

也有人说，慈善不过是这些脑满肠肥的富人在吃饱了燕鲍翅之后假惺惺地给穷人扔的一根骨头，如果这是一个公平分配的社会，就不会有这么大的贫富差距。这样的观点也同样缺乏常识。贫富差距的存在不代表分配的必然不公平，因为在一个自由的社会中，收入一定呈马太效应，强者愈强，弱者愈弱。平均分配，是从主观上抹去了人与人之间天赋和主观能动性的差距。

第一次分配靠市场，第二次分配靠国家，而富人或者企业家的捐赠，则是重要的第三次分配。这种分配基于自由意志，基于道德认知，是一种更具有魅力、更人性的方式。

不过，就算富人、企业家全都裸捐了，劫富济贫也依然会是社会的主流声音。无论东方还是西方，无论宗教还是世俗，全世界都鄙视富人和企业家。有人说企业家综合了赌徒的贪婪、强盗的攫取、小偷的逐利，简直是人渣。早期西方人也认为，富人要进天堂比拉着骆驼穿过针眼还难。中国人认为，无商不奸。全世界除了真正的经济学者一直在为企业家精神鼓与呼，在其他人眼中，企业家都是周扒皮和黄世仁的结合体。

但真相是，企业家和富人既不是周扒皮，财富分配也不是零和博弈。不能认为富人赚得多是盘剥了你的钱，如果这个世界只有零和博弈，那人类文明的物质财富是如何增长的？我们也不能只看到劳动者，而看不到劳动的组织者。工业革命两百多年来，人类创造的财富超过之前两千多年的财富总和，这都是劳动组织、劳动方式的创新导致的。

问题是，为什么在自由市场中富人和企业家会自发从事慈善？一个企业想要安身立命，必须做到两点：

首先，为消费者提供优质的服务和产品。在自由市场中消费者有多种选择，不被任何机构绑架，他的所有选择都是基于理性的考量，所以只有你的产品和服务满足消费者的要求，企业才能在市场生存。

其次，企业需要建立一个正面的积极的有社会责任感的形象。为什么企业要建立良好的形象呢？因为消费者选择的不仅仅是产品和服务这种实体，他还有价值的选择。有一句话说得好：我所花的每一分钱，都是为我喜欢的世界投票。这就是价值选择在商业中的根本意义。

慈善是企业树立自身形象的一个重要载体。在自由市场中，富人和企业家之所以走向慈善，并不是因为他们天生道德高尚，而是市场无形之手在牵引着他们去做这件事。因为只有他们迎合了大众道德，才能满足消费者的价值需求。

一句话，是"无形之手"推动着富人去迎合大众道德做慈善。

另外，富人会有价值观的转向。亚当·斯密认为，人皆有同情心，而行善能满足同情心。有了钱之后，人们会转而寻求物质之外的认同——价值认同，而慈善是这个价值认同的主要载体。

所以，西方的宗教伦理要求、对消费者的迎合、自身价值的转向，这三点是富人走向慈善的主要原因。在这三点的影响下，慈善成为企业家自发的道德选择。

索维尔

知识分子的"理性自负"

　　欧洲人认为，知识分子没有良知。很多欧洲人认为，当知识分子跨界去谈论社会现象时，经常会满嘴跑火车。比如很多欧洲人文知识分子，他们并不具备经济学和政治哲学的常识，却经常在他们不熟悉的领域发表看法，这导致了他们的很多观点违反了社会基本规律。

　　比如存在主义大师萨特和他女朋友波伏瓦都是计划经济的狂热信徒，他们认为计划经济是人类历史上开天辟地的模式，萨特狂热到把所有批判计划经济的欧洲知识分子全部拉黑，和他女朋友波伏瓦经常发表一些违反经济学常识的论调。

　　那么到底是什么导致知识分子陷入了理性的自负，经常把人蠢哭呢？

　　美国芝加哥经济学派著名学者索维尔认为，这些满嘴跑火车的知识分子最大的问题是，把自己当上帝了。

　　索维尔所说的"把自己当上帝"，批判的是这些知识分子的傲慢，也就是哈耶克所说的，理性的自负。索维尔认为，这个世界本来存在着一个健康发展的秩序，即哈耶克的自发秩序，自发秩序是系统内部自组织、自发展的产物，它不是某个人理性设计出来的结果，而是社会演进的结果。比如生育，生育的欲望隐藏在每个个体的内心，他们会根据环境和自身意愿做出评估，当他认为环境不适合的时候，他的生育欲望就被抑制。但知识分子不这样认为，知识分子从来都有一种当上帝的迷之自信，他们认为自己的理性可以改变这个社会的规律，妄图通过人为的干预去影响每个人的决策。

为什么知识分子往往会表现出理性的自负？索维尔说，因为他们对知识的分散性缺乏基本的认知。所谓知识的分散性就是，这个世界的价值是由无数个体在不断变化的市场中独立决策完成的，某个知识分子高屋建瓴的规划只会带来对这种秩序的干扰。

比如在生育这个问题上，每个人对生育的理解不同，导致生育在现代文明中成了一种纯粹的主观价值。有的人还停留在传统社会中养儿防老、多子多福的观念；有的人持自由主义的观念，他们不想要孩子，只想享受今生今世。有的人想生而没有条件，有的人有条件却根本不想生。无数独立的观念决定无数个体的独立决策，它们来源于不同的价值观，是一种分散的知识。索维尔认为，这种分散的知识不可能通过某个知识分子的计划改变。

索维尔认为，那些满嘴跑火车的知识分子往往是一种建构理性者，认为自己无所不能，他们以神的角度去规划世界。他们站在建构理性的山巅看不到真正的规律，看不到经济学和社会学的本质。所以他们提的建议往往气吞山河，每一个都是上帝视角，但实质是扰乱了本来井然有序的自发秩序。

索维尔说，知识分子之所以对干涉自发秩序充满了热情，是因为他们内心充满了知识分子的责任感。索维尔分析了美国 20 世纪的很多知识分子，包括他们在经济、社会、法律和外交领域的所作所为。他发现，知识分子特别是"白左"知识分子，他们的责任感越强，导致的伤害越大。

因为"白左"知识分子万事擅长站在道德的角度思考问题，而不是站在逻辑的角度思考问题。这些知识分子号称美国的良心，他们擅长跨界发表言论，对所有的事情都要通过道德进行评估，他们认为美国政府做什么都是错的，他们最大的希望就是美国政府能把他们看不上眼的所有东西全部管起来，比如加税、增加福利、增进平等、降低二氧化碳排放，等等。在这些知识分子的呼吁下，美国联邦政府管理的东西越来越多，权力越来越大，最后导致了美国自由的倒退。

很多人认为知识分子不应该逢迎权贵，应该为苍生说人话。其实，知识分子更难的不是不去逢迎权贵，而是不去迎合大众。知识分子唯一要做的是坚持对真理的追求，为了追求真理，他们不但要无视权贵，更要痛斥大众错误的观念。因为只有坚持对真理的追求才能为民众带来最大的福祉，而一味在道德层面去迎合民众只会陷入民粹的陷阱。

不迎合大众的知识分子往往会面临更多的挑战，因为他们追求的真理是大众看不到的，他们在某个时间段会被大众唾骂，淹死在民众的口水中。但是，当他们坚持的真理为人们带来福祉的时候，人们会惊讶地发现，他们曾经误读了一个时代的良心。

认知危机

文明时代的洞穴人

有一类人的典型特征是，身处文明时代，但知识结构却没有更新，认知模式没有迭代，张口弱肉强食，闭口丛林法则，把社会达尔文主义当作真理，笃信没有永远的朋友只有永远的利益。

这些人很像现代文明下的洞穴人，他们用丛林的思维方式来审视现代文明。他们抱残守缺，被那些似是而非的观念驱使，变得和现代文明格格不入，形成巨大的认知代差。

如果不能厘清一些基本的认知问题，就不可能真正拥抱文明。

第一，为什么不能推崇黑暗丛林法则？

对社会达尔文主义、黑暗丛林法则的态度，是检验一个人是否走出野蛮状态的试金石。原则非常清晰，人类社会不是动物世界，同理心和人文主义是高贵的品质，是人区隔于动物的主要标志。一个坚信社会达尔文主义和丛林法则的人是主动把自己降格为动物，这不但是对万物灵长的亵渎，更是一种反文明。

有的人坚信马尔萨斯陷阱，认为财富是恒定的，物质是有限的，你拿的多我拿的就少，只有消灭你我才能更好。之所以出现这个误区，是因为他们对财富来源缺乏思考。

第二，财富的本质是什么？

财富不是谁剥削你产生的，不是抢来的，更不是分配来的，财富真正的来源是创造和自由交换。在一个平等自由的社会中，财富首先来源于创造。比如苹果公司从无到有创造了智能手机，激发了巨大的市场需求，其财富来源于对需求的深刻洞察，来源于创造。

同时，财富源于平等自由的交换。我们假设苹果手机被创造出来，它是一个伟大的产品，但美国不允许销售它，那么财富依旧无法产生。只有在一个平等自由的交换体系下，你认为花 800 美元买一台苹果手机是值得的，而苹果认为卖你 800 美元是有盈利的，于是大家形成了交换。这时候，苹果的财富增值了，你的财富也增值了。

所有自由平等环境下的交换都会创造财富，大到企业并购，小到路边摊的祖传贴膜，只要是交换就会创造财富。因为在这种交换下，每个人都会认为是值得的，每个人都会从中收获价值。

所以，人们需要埋葬那些久远的概念，认清财富来源的本质——创造和交换。但是，记得这里有一个前提，就是自由平等的交换，如果缺失这个前提条件，而被某种外力强制，那么财富可能就沦为一种掠夺。

第三，人口与资源。

马尔萨斯认为，我们为了资源需要去遏制人口的出生率，但是这条原则在现代文明体系下却不成立了。

其实用一个极致推导的反证就可以颠覆马尔萨斯的所有臆想——如果人口需要匹配资源，那么最好的方法是人类自我绝种，当人类消失，人就再也不用担心资源有限，那时会有一个充满资源却没有人的地球。是不是很熟悉？对，这就是漫威电影中灭霸的终极梦想。

任何一个正常人都会认为，资源应该为人服务，而不是减少人口去匹配资源。这就像为了穿上 38 码的鞋硬生生把 42 码的脚掰折，是一种削足适履的行径。为了匹配资源去控制人口犯了一个基本的前提谬误，这种观念把人当作一种消耗品，而不是一个具备创造力的生命。一个正常人在一个自由平等的世界，他的创造一定多于他的消耗，如果不是这样，这个世界就不会有财富积累。

有人说，人虽然具备创造力，但资源是有限的，资源消耗完了怎么办？

第四，资源的本质是什么？

马尔萨斯眼中的生存资源是土地、河流、庄稼、牛羊和粮食，他把资源当作了一种实体。这种认知在马尔萨斯的时代是没问题的，因为那时还没有进入工业文明。在马尔萨斯的时代，这些实体资源当然是有限的，所以马尔萨斯认为要控制人口匹配资源。他用一种静态的恒定的观念看待这个世界，而不是用一种发展的变化的观念去理解世界。他最大的错误就是把资源当成实体，而没有看到这些资源背后蕴含的人类巨大的创造力。

真正的资源，是人类的创造力。在工业革命前，水能无法被人类利用；在光电效应被发现前，太阳能也无法被利用；在质能方程提出前，铀矿石也不是能源……当人类的创造力达不到的时候，所有的资源都不是资源，它们仅仅是一种物质实体。

所以，那些物质实体并不是最宝贵的，而蕴藏在这些物质实体后的人类的创造力，才是最宝贵的资源。

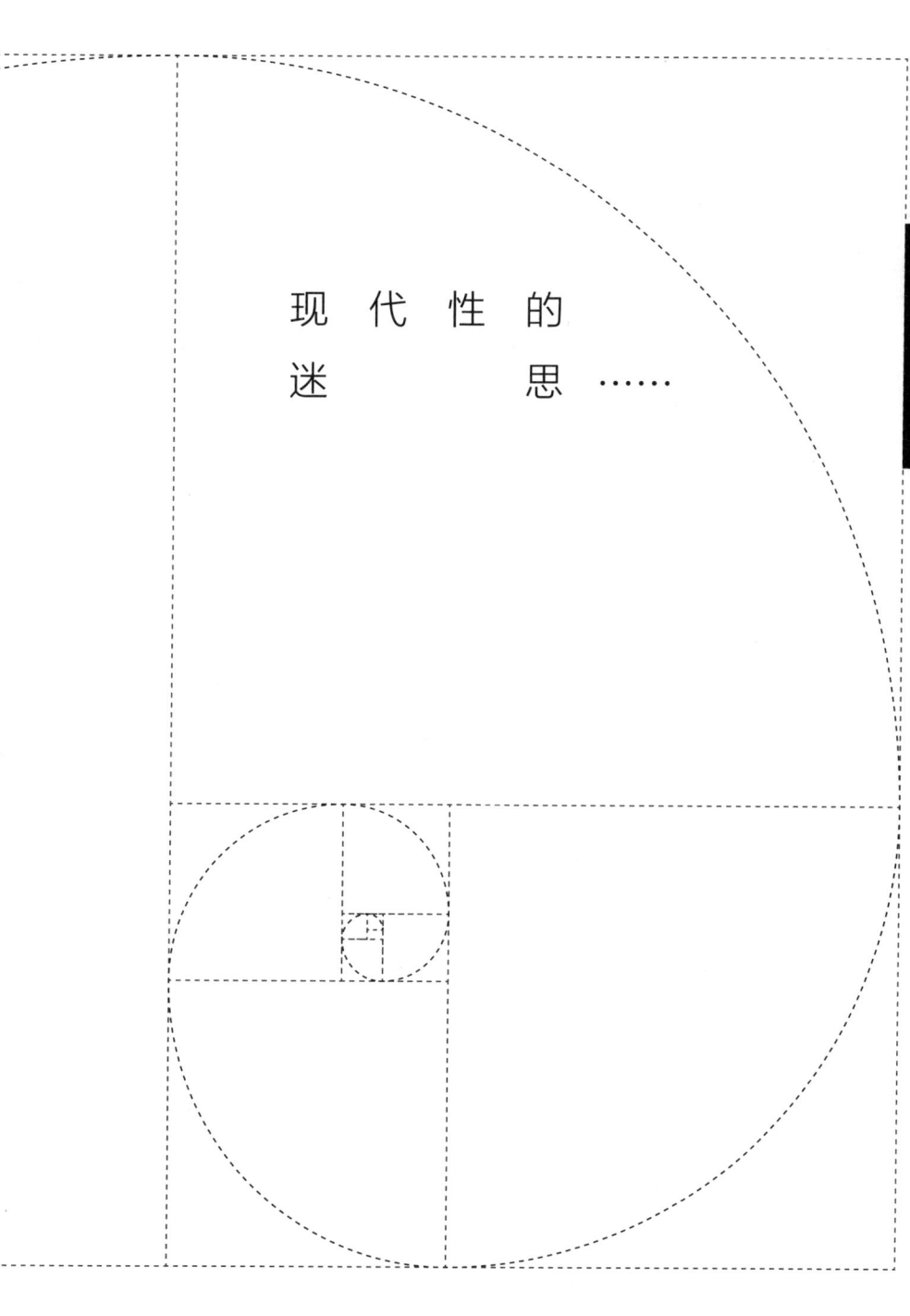

现　代　性　的
迷　　　思……

惊骇之美
现代性的巨变

爱尔兰诗人叶芝在一首诗中写道：一切都变了，那么彻底，一种惊骇之美已经诞生。

英国思想史学者彼得·沃森认为，叶芝的这首诗是整个 20 世纪人类思想史的墓志铭。从 20 世纪开始，现代性的大潮席卷人类，现代性与人的关系成为西方思想史关注的主要课题。

在现代社会这样一个丰富、多彩、富于变化的时代，人类的各个领域都发生了翻天覆地的改变。比如在艺术领域，20 世纪的艺术运动比文艺复兴还要丰富；在医学领域，20 世纪人类的医疗手段取得了突飞猛进的发展，但医生的道德却出现了泥石流一样的滑坡；物理学是 20 世纪整个人类最伟大的冒险，但它取得的成就和带来的灾难都令人刻骨铭心。在 20 世纪的现代性进程中，美国把人送到了月球，但他们却无法阻止校园大屠杀的发生。

20 世纪，人类在现代性的基础上创造了极其灿烂的物质文明，同时也带来了毁灭性的战争、迫害、颠覆和种族屠杀。人们认为，人口不断膨胀威胁了人类赖以生存的环境和地球，虽然科学呈现了前所未有的繁荣，但科学的进步也深刻动摇了我们的世界观。

迄今为止，人类历史上还没有出现过和 20 世纪类似的境遇。在这个崭新的时代，人口爆炸、能源危机、人类信仰的瓦解，等等，每一种境遇都可能深刻影响人们的生存。在这个时代，哲学需要进行崭新的探讨，面对全然未有的境遇，人类从轴心时代的思想宝藏中找到的东西已经不能完全解决当下的问题，只有从思想底层出发，才能厘清这前所未有的大变局。

在现代社会之前，哲学在整个历史发展中保持着相对独立的状态，哲学思想大多由某个杰出的哲学家以一己之力做出奠基性贡献，这让哲学理论充满了个人主义的特质和情感。

但是在现代社会，人类的知识极大丰富，分科更加细化，人类个体想要洞悉所有的知识成为不可能。这导致了现代社会中某种理论的提出需要不同学科之间形成协作，以前那种由某个杰出的哲学家做出所有的理论成果再难出现。哲学从个人创建变成了集体创建，这也导致了哲学思想独特个性的淹没。

现代性是一场前所未有的大变局，人类思想在现代性大潮中遇到了前所未有的新困难和新境遇，这一切必将深刻影响人类的未来。

隐秘的转向

从古典时代到现代社会

有些惊人的秘密会隐藏在一个单词里。比如革命（revolution），它的中文意思是"根本改革"。好像哪里不对。这个单词有前缀"re"，英语单词前加"re"，有"回到起点、循环"的意思。这就出现了矛盾，革命怎么可能是回到起点呢？革命代表着人类文明一场新的跨越、新的开始，它绝不是回到起点。比如工业革命、信息革命，等等。

为什么革命这个单词前要加"re"呢？

这和一段思想史的隐秘往事相关，它成了一道分水岭，横亘在古典时代和现代社会中间。实际上，在古典时代，革命的原意是指一个国家周期性地被推翻再重建的过程，就是回归原点，重新开始的意思。社会结构和生产力并没有出现变化，革命只代表了一种循环。但是，现代社会却对这个词赋予了相反的含义，它代表着一个全新的基点，绝不是循环。

那么，现代社会和古典时代到底有什么本质的不同？

第一，政治哲学从目的变成了手段。学者认为，现代社会的开创者是意大利的马基雅维利。马基雅维利之所以被认为是第一个带来现代概念的人，是因为他重新定义了政治哲学，他对从亚里士多德时代就开始的政治哲学做了根本性的转向。

在古希腊，人们关注终极问题。他们认为，城邦最终的目的是走向公平和正义。古希腊人之所以关注终极问题的原因很复杂。古希腊因为城邦人口少而不需要供养大量的官僚，形成了平民参与政治的传统。因为没有专业的官僚队伍，所以古希腊不擅长统治技术，也没有冗长的决策流程，所以公民有时间去思考终极问题。比如，什么是公平，什么是正义，什么是自由。这种终极思考在亚里士多德时代发展到顶端，他们追寻的是，人应该生活在一个怎样的状态才是对的这种原初问题。

直到马基雅维利出现，他把古希腊政治哲学中对终极的追寻变成了如何实现这种目的的追寻。马基雅维利之前，政治哲学研究的是正义是什么，但马基雅维利论述的是如何通往正义。马基雅维利自比为摩西，他认为不但要指出哪里是应许之地，还要指出如何通往应许之地。

但是，这种对手段的追寻，让马基雅维利出现了典型的路径依赖，导致他甚至忘了最终要去的地方。马基雅维利的哲学充满了对手段的痴迷，他所有的行动都依附于一个东西，那就是权力。在马基雅维利看来，政治的本质就是权力的斗争，君主可以为了达到目的而使用任何手段。马基雅维利为政治赋予了前所未有的功利色彩，他把人们的思想从对目的的探寻扭转到对手段的探寻，把人类社会全面引入功利主义的斗争中。马基雅维利认为，古典时代的人都是梦想家和理想主义者，他们的一切理想都是呓语。

马基雅维利对政治哲学的功利转向，无疑拉低了整个人类社会的道德水准。马基雅维利之后，注重终极思考的古典时代被彻底埋葬，社会进入一个"比烂"的状态。

第二，进步主义的诞生。马基雅维利的功利主义导致了一个重要概念——进步主义的诞生。马基雅维利认为，古代人并没有进步的观念，他们认为现在是过去的延伸，未来就是现在的延伸，这一代人和下一代人之间并不会存在明显的不同，未来世界相比今天的世界也不会有本质改变，所有的革命不过是重新回到曾经的起点。人们的生活被外在世界所束缚，只能臣服于自己的命运，成功与否并不在于个人，而是在于命运、祈祷和神的保佑，古代人认为历史是无尽的轮回。马基雅维利认为，现代和古代出现了明显的不同，因为科学的发展，人们展现出强大的征服自然的力量，人们将从自己的命运中解脱出来，通过自身的努力获得成功。

进步主义对人类世界的影响是，让人们摆脱了历史周期率，摆脱了命运的无尽循环。古典时代人们认为历史是在自由和暴政、文明和野蛮之间摇摆的过程，偶然的和平与自由是可能存在的，但并不是历史发展的必然。但是，进步主义诞生后，人们相信，和平与自由将是人类社会必然的发展方向。

在自然世界，进步主义也产生了强大的影响力。古典时代的理论和学说被认为是落后的观念。起源于16—17世纪的科学革命，为进步主义提供了最强有力的支撑。人们虽然不知道科学革命最终会将人类引向何方，但人们相信科学的进步将带来人类生存状况的持续改进。在进步主义的推动下，17—18世纪出现启蒙运动。启蒙运动认为，不仅自然世界在人类的理性控制之下，社会、政治、宗教等人类的一切活动，都应该在理性的绝对控制之下。

进步主义导致的绝对理性，对近代历史产生了深远的影响。

第三，现代国家开始出现。在这一点上，英国的跑路小王子霍布斯贡献突出。霍布斯是第一个反思君主权力来源的哲学家，他冒着被烧死的风险批判了君权神授，提出了国家权力的本质是人们与主权者的契约这个划时代的观点，奠定了现代政治哲学中主权的观念。

在霍布斯之前，欧洲人并没有明确的国家主权概念，因为他们普遍生活在基督教世界。对他们来说，宗教是一种至高无上的政治形式，教皇和主教既掌管着精神世界，也掌握着世俗世界。因为中世纪的教权过于强大，压制了世俗权力的发展，宗教不断告诫人们，君主的权力源于神。但是三十年战争之后，看到宗教战争带来的生灵涂炭，人们对基督教涉足世俗政治渐渐感到绝望。在《威斯特伐利亚和约》签订后，人们开始重新思考那句话——上帝的归上帝，恺撒的归恺撒。霍布斯在《利维坦》中认为，世俗国家不应再陷入神学的窠臼，国家主权是人民权利的让渡。从此，欧洲从君权神授转向为社会契约，教会开始退出世俗舞台，现代意义上的主权国家正式诞生。

第四，主体的觉醒。主权国家出现后，主权个体也随之诞生。主权个体，意味着个人主义成为社会的主流思想。一个人，他不再被默认是某个家庭、地域或者宗教的附庸，他是在神之下的，天然的、自由的个体。主权个体的出现让人摆脱了外在的束缚，自我的概念开始萌发，主体意识开始全面觉醒。

古典时代的人们认为自己仅仅是某个组织的附庸，背后总有某个集体供自己汲取力量。现在，这个母体被摧毁了，每个人都成为一个独立的个体，他们身后一片废墟，孤零零地站在人生的荒原上无可依托，面对那个全能的神，他们只能依靠个体的意志。

这是一个伟大的转变，欧洲人第一次把自己彻底从神、从宗族关系中解放出来。个人主义赋予个体更多的权利，也给了他们更多的义务。笛卡尔的"我思故我在"就诞生在这个背景下，他的理论承接了这个伟大的转折，这个宇宙中可能只有"我"才是存在的。

第五，开放社会的形成。17世纪之后，科技发展和市场经济的繁荣带来了人们的深思。人们认为，要实现科学和市场的持续繁荣，不同国家和不同地区的人们必须进行充分的交流和贸易。在这种观念的推动下，开放社会出现了。在开放社会中，人们不仅推崇思想自由，也推崇自由贸易。开放社会把自由的概念进一步植入欧洲人的心中，他们认为只有自由才能让人们分享科学和市场进步的成果。

古典社会转向到现代社会，包含政治哲学的转向、进步主义的诞生、现代国家的出现、主体的觉醒、开放社会的形成这五个层面。一个很有意思的案例是，美国就是在这五种观念的基础上建立起来的。美国不是偶然的产物，它是欧洲现代社会转型中的一次大型实验。可以说，美国是第一个建立在西方现代哲学观念之上的国家。

麦金太尔

社群主义的崛起

西方在现代性中所面临的最大的困局是，人们的观念越来越撕裂。

2021 年，美国里滕豪斯案引发了美国又一轮大游行。一群人走上街头，痛陈美国司法制度的腐朽和种族歧视的不可救药。这种观念大分裂导致的民族大分裂已经成为美国挥之不去的阴影。

从弗洛伊德案到里滕豪斯案，美国正以肉眼可见的速度走向大撕裂。那么，曾经牛哄哄的新大陆和新教完美结合的美国，曾经朝气蓬勃的资本主义先锋，为什么会越来越撕裂呢？

美国到底出了什么问题？他们的花旗还能打多久？我们从自由主义和社群主义这两大派哲学流派进行分析。

自由主义是西方的主要思想流派，美国所有的政治流派都自称自由主义。但古典自由主义、新自由主义、现代自由主义之间存在着巨大的裂缝，虽然它们都挂着自由主义的名头，但几乎是水火不容。一个例子可以说明，美国大选时，推特（Twitter）公司封禁了时任总统特朗普的账号，可见美国自由主义派系之间已经撕裂到何种程度。

自由主义前文已有论述不再展开，这里主要介绍美国的社群主义。这个世界原本没有社群主义，骂罗尔斯的人多了，就形成了社群主义。当代美国政治哲学大师罗尔斯的《正义论》一出版就成为西方世界政治哲学最重要的著作之一，引起了巨大的反响。同时，也掀起了全民怒怼罗尔斯的时尚。

首先跑来怼罗尔斯的是自由主义代表团的悍将诺奇克。诺奇克属于自由主义中的古典自由主义，他用持有正义批判罗尔斯的分配正义，把罗尔斯摁在地上一顿摩擦。但不管怎么摩擦，诺奇克和罗尔斯都属于自由主义内部，属于窝里斗。但接下来出场的，就是跨越意识形态的外部敌人了。

20世纪80年代，以桑德尔、麦金太尔为代表的社群主义者对罗尔斯发起了群殴。桑德尔和麦金太尔的思想本质其实是一种新集体主义，和自由主义的核心个人主义有显著差异。社群主义就是在全民围殴罗尔斯的打豆豆游戏中诞生的。那么，社群主义的主张是什么？

社群主义是集体主义的变种，强调国家、家庭和社区的集体属性，认为人的社会属性高于个体属性，倡导爱国主义和阶层的价值。在价值观上，社群主义强调集体权利优于个人权利，认为人因为共同的目标而聚集在一起形成一个社群，人必须尊重社群的秩序和道德，不能把个人权利置于社群权利之上。

虽然社群主义的本质是集体主义，但这种集体主义和旧时代的集体主义有着巨大的区别。旧时代的集体主义是基于血缘、宗族、地域、国家等概念的集体，而社群主义更加强调人们在相同的价值观下组成的社群。

社群主义学者麦金太尔认为，自由主义哲学不以共同体而以个体来界定自我，这种把自我看作独立个体的思维模式导致了道德主体的个体化。麦金太尔强调传统的力量，他认为每个人都是传统的承担者，只有栖身于一个历史传统中个体才能达到完整，只有借助于对传统的认识个体才能找到自我的价值并且明白生存的意义。

社群主义对自由主义的批判，让人们再一次审视自由主义传统。从洛克奠定了自由主义的观念后，自由主义就一直被各种围攻，旧集体主义、新集体主义等各种主义全都把自由主义视作眼中钉肉中刺。但自由主义依然保持了旺盛的生命力，并且霸占西方主流思想流派。

自由主义的本质是一种个人主义，认为个人权利高于任何社会群体和集体。集体主义在亚里士多德去世后就逐渐在西方式微，而社群主义的兴起是对前亚里士多德时代的回顾，它重新关注公共事务，强调集体的价值，奢望回归到古希腊城邦时代，人们关注公共生活，注重集体责任感。

导致美国撕裂的，除了自由主义之间的内斗，还有社群主义的崛起、宗教信仰的没落等外部原因。这些因素共同推动美国继续走向思想大撕裂时代。

查尔斯·泰勒

现代性的三个隐忧

现代的年轻人为什么会表现出和前一代人迥异的价值观？他们看不惯一切，选择用无厘头的态度对抗世界，理想、使命、流浪、诗歌，在他们眼中都成了文艺中老年的梦呓。他们佛系、躺平和虚无主义的心态映射了怎样的思潮？他们解构一切崇高，颠覆一切价值的思想根源在何处？

他们可能没读过尼采，但天然习惯了重估一切价值，他们可能不认识德里达，却深刻践行着解构主义。这一切到底是如何产生的？

不得不面对这样一个事实，人类共同的价值越来越稀缺，人们的观念越来越自我。世界不再有一种一统天下的观念被所有人接受，人类曾经共同的价值逐渐被解构得支离破碎。

加拿大哲学家查尔斯·泰勒认为，是个人主义泛滥导致了这一切的发生。泰勒没有否认个人主义是西方文明的最高成就，但他深入思考着个人主义带来的阴暗面。泰勒认为个人主义把人的价值观彻底原子化，产生了无穷多的意义，但却导致了普遍意义的丧失。

泰勒提出了现代性的三个隐忧，这三个隐忧是彼此关联的，它们分别是个人主义、工具理性和自由的丧失。

首先是个人主义。

在个人主义之前，世界存在一种普遍的价值。在传统的时代，人们遵循着一套共同的价值体系，比如，人应该是为某种目标而生，世界有着终极的本质，等等，这就是逻各斯中心主义。个人主义崛起后，这种共同的价值观被消解，人们只为自己而生，世界并没有终极的本质。

个人主义导致人们普遍认为，一个人有选择自己信仰和生活方式的权利，有权利根据自己的价值偏好和良知决定如何生活，并且这些权利由法律捍卫。个人主义的思维方式导致曾经统一的观念被分解为无数的平行世界，人们分裂为原子态。这种普遍性的意义缺失导致人们观念的大撕裂，而且无法弥合。

其次是工具理性。

在西方科学革命之后，科学以前所未有的力量为世界带来巨变，基于科学思维的工具理性成为人们的思考模式。人们坐在实验室就可以计算出遥远天体的运行轨迹，通过推理就可以获得宇宙的知识，自然对我们不再神秘。人们认为这世界并没有一个神掌管着秩序，一切都可以被科学究极到本质，所有的信仰不过都是无知。

于是，工具理性成为一切的尺度，宗教信仰被逐渐祛魅。随着信仰在 20 世纪的大退潮，主流道德观崩塌，人们的价值观也随之消解。人们迷失在工具理性创造的文明中逐渐堕入虚无主义，人们的目标变为挣更多的钱，驾驭更多的物质。

工具理性对价值理性实现了彻底的僭越，人们甚至以为工具理性可以解决所有的问题。人们奢望用脑科学、神经科学和量子力学去研究人的自由意志，先不说能不能达到目的，但科学研究的是自然客体，用科学的方法研究主体自由意志是方法论的错误。笔者认为，不管科学再怎么发达，也仅仅是工具理性的范围，用科学的思维去研究人的自由意志，是对自由意志的亵渎。

最后是自由的丧失。

泰勒认为，个人主义对普遍性意义的漠视导致了自由的丧失。当我们开始推崇个人的意义和个人的情绪、践行个人的生活方式时，个人主义就解构了社会的整体道德，摧毁了共同的价值体系。比如，西方传统的基督教伦理不能容忍同性恋的行为，但个人主义支持他们走上街头去争取自己的权利。从这个角度看，个人主义为自由争取了更多的权利，为什么反而说它导致自由的丧失呢？

这是因为，个人主义在争取自己权利的同时，必须向庞大的官僚机构赋权。西方的同性恋者要求官僚机构赋予他们结婚的权利，这就无形之中助长了官僚机构的权力膨胀。在一个巨大的官僚机构面前，个人则会表现得更加无助和迷茫，越来越无法摆脱社会的控制。如果一切都需要一个巨大的权力机构来驱动，就必然会导致自由的受限。

个人主义导致自由的受限，是泰勒的深刻洞察，人们得以在泰勒的思考基础上更深一步反思自由和个人权利之间的关系。

作为社群主义者，泰勒对现代性的隐忧主要源于他对个人主义的思考。西方在个人主义的基础上诞生了文明，但自由主义发展到20世纪也产生了诸多的弊端。泰勒认为，个人主义带来的普遍意义的缺失，让自由受限，让一种共有的、崇高的价值体系死去。泰勒对个人主义的反思，对现代社会有着深刻的影响。

马尔库塞

单向度的人

当你在深南大道堵车呼吸尾气的时候，阿拉斯加的鲑鱼正在跃出水面；当你在地铁上被两个狐臭大汉前后夹击的时候，白马雪山的滇金丝猴正在爬上树尖；当你坐在格子间目光呆滞考虑着中午哪家外卖的优惠券折扣力度更大的时候，潘帕斯草原上的雄鹰正在云端盘旋。

这段文案精彩吧？无数的商家用这种文案去忽悠那些自认为被体制化的城市人，忽悠他们逃离现代生活去追求诗和远方。于是，那些血脉偾张的小文青立马打辞职报告去流浪，等他们顶着一张被西藏紫外线灼伤的脸再回到城市，发现连个工作都找不到，只能去郊区的工厂打螺丝。

西方青年被忽悠得更惨，从嬉皮士运动到"白左"运动，20世纪70年代，西方的左派青年彻底和资本主义决裂，他们开着大众面包车走向旷野，与现代文明划清界限。

美国左派的这种反文明思潮是怎么产生的呢？美国极左思想家马尔库塞是重要的推动者。马尔库塞是美国的犹太哲学家，曾经受教于胡塞尔和海德格尔，和汉娜·阿伦特同门。他最早研究存在主义，后来觉得纯粹哲学没意思，于是全面左转，成了一个街头青年领袖。

在马尔库塞最著名的作品《单向度的人》中，他认为，西方资本主义根本没有自由，是一个极度压抑的极权社会。可能马尔库塞说完这句话自己都觉得太过分，于是赶紧找补，他说，现代资本主义看起来很自由，其实技术早已控制了一切，资本主义是人类历史上一种崭新的极权社会，不再用暴力和恐怖的手段去控制人，而是转用一种新的形式去控制人。那就是，给你钱，给你物，让你衣食无忧，过得更爽，于是你自然而然成为资本主义的一部分，成为它的同谋。

马尔库塞的意思就是，因为资本主义对人太好，把人宠成了非人，让人失去了自由意志，成为文明的异质存在。看来马尔库塞不单是街头青年的领袖，还是"凡尔赛"的奠基人。

马尔库塞认为，资本主义不断为人提供充足的物质和财富，让人们沉溺于物质享受而遗忘了自己的精神追求，在资本主义的软性压迫中，一个人反抗的本质被抽离，他们忘记了自己因何而存在，成为单向度的人。

马尔库塞说，技术进步使人们的生活水平不断提高，人们享受了越来越多的物质，逐渐被这种生活所绑架。马尔库塞得出的结论是，腐朽的资本主义迟早有一天会被其他的社会形态所取代，资本主义越来越发达的技术终将成为自己的掘墓人。

在马尔库塞极左理论的影响下，美国所谓垮掉的一代对资本主义充满了愤怒。他们对物质生活极其不屑，他们离开自己的中产家庭，毅然走上流浪的道路。他们拥抱流浪和艺术，痛陈资本主义的伪善麻木和各种歧视。

但是，让马尔库塞想不到的是，他以为他的理论首先唤醒的会是真正的流浪汉和社会底层，因为他们才是真正被资本主义压迫的一群人，但结果，底层的流浪汉压根儿没空搭理他，真正被他煽动的是城市里那一群衣食无忧，用脚后跟思考的中产阶级青年男女。

原因是，真正的底层流浪汉被社会吊打过，深刻理解社会的现实，他们根本不会相信马尔库塞的话，反倒是那些四体不勤五谷不分的城市中产被忽悠得最惨。

马尔库塞的"单向度的人"对美国影响深远，他的理论成为"白左"崛起的基础，引发了一批人对资本主义的反抗。这些人在马尔库塞的指引下，成为专业的街头暴力青年，他们热衷于流浪、性解放。

马尔库塞的理论有着鲜明的反文明倾向。在马尔库塞看来，科学技术所创造的成果导致了对人的彻底的异化。人们用科技制造了手机，手机又让人被锁定于信息的茧房，成为一个只关注手机而不关注身边人的怪物。

从文明的角度来看，马尔库塞的理论有一定的合理性，但大多数理论属于臆想。因为文明本身是无可反抗的，它是人类社会的底层规律。马尔库塞的理论导致了西方人意欲通过对抗现代文明退回到没有科技的田园牧歌时代，这是一种空想。马尔库塞只认识到现代科技对人的异化，却忽略了现代文明对人的保护。比如，如果没有钢筋混凝土的森林，人们可能随时被野兽吞噬；如果没有现代医疗，一个细菌感染都有可能随时要了人的命。

作为左派思想家，如果说马尔库塞对技术的反思是一种人文反思，那么马尔库塞煽动起来的街头运动和暴力传统则对西方文明构成了巨大的损害。他通过煽动阶层的对立去实现所谓的反抗是一种思想领域的退化，成为世界观念大撕裂的一个起因。美国如今的大撕裂，其实在马尔库塞时期已经埋下了祸根。

福柯

现代性与癫狂

精神类疾病高发成为现代性的一个显著特征。

作为一种特殊的疾病，精神病学从诞生开始就面临着诸多的伦理困境。为什么会有这种伦理困境呢？因为现代文明所有的权利都是基于人的权利的延伸，而人的权利源于自由意志。精神病却面临着自由意志的缺失和自知力缺失的问题，一个人如果没有自由意志就丧失了社会意义上的人的属性，仅仅是作为一个生物学上的人存在，那么他的各种权利都需要被重新考察。

第一，精神病人有结婚的权利吗？这个问题应该具体分析。因为任何行动都要追溯到一个人的自由意志，比如结婚的时候不管是西方的牧师还是民政局的办事员都会对你进行意志征询，问你是否自愿和某某结婚，因为结婚这个行为建立在你的自由意志之上。

所以，对精神病人来说，那些轻度的间歇性的精神病人，在他意识清醒的时候应该被认为具有自由意志，也应该享有结婚的权利。而那些重度的精神分裂症、妄想症患者，一般不认为具有自由意志，既然没有自由意志，那就不应该拥有结婚的权利，同时，他们也应该拥有刑事豁免的权利。

轻度精神病人要与他人结婚还必须尽到告知义务，配偶必须要有知情权。现代大多数国家在司法实践中会引入知情权原则，隐瞒精神病史的婚姻一般被认为是无效婚姻。

第二，精神病人有生育后代的权利吗？这个问题本质上是个医学问题，那就是精神病是否会遗传给下一代。虽然大部分精神病有显著的遗传特征，但如果医学判断某种类型的精神病不会遗传，那么基于夫妻双方的自由意志，也可以生育后代。

那么，如果属于遗传性精神病，精神病人有生育后代的权利吗？如果夫妻双方都知悉了生育的高危性，而且是在自由意志的选择下，理论上说，也可以！前提是，他们需要为自己的选择承担后果，而不应该把这种风险转嫁给社会，这也是一种权利和义务的对等原则。

当然，这只是理论上，在实践上对于遗传性精神病一般不建议生育。至于法律有没有规定，在不同的国家有不同的实践。

第三，对那些具有明显的攻击性、伤害性的暴力型精神病患，国家必须介入对其进行身体的控制，以保障社会和他们自身的安全。对暴力型精神病人，应该由国家对其进行管控，不应该交给个体完成，因为个体不专业，在控制暴力型精神病人的过程中往往会造成更多的伤害。

精神病除了自由意志缺失导致的伦理困境，另一种特殊性在于判断的难度。现代医学对于生理性疾病的判断标准是明确的、量化的，可以通过仪器检测出来。但对于很多精神类疾病，医学的判断标准只能通过经验和主观完成，存在相当大的偏差。但宽松或者苛刻的标准都会对当事人造成伤害，把精神病人放在社会里，或者把正常人判断成精神病，都会对人的权利造成巨大的损害。

浪漫主义导致了一个明显的结果就是，人们对价值层面的东西接受度越来越高，在这个背景下，很多传统上被认为是精神病的在现代已经被认为不再是一种疾病。比如 1990 年，世界卫生组织将同性恋从精神疾病中删除；2019 年，世界卫生组织将跨性别去病化。精神病的范围也随着现代医学和观念的调整而不断变化，轻度精神疾病的去病化在西方成为一种趋势。

轻度精神疾病的去病化观念反映了当代医学对正常与异常边界的一种重新界定，对医学不确定性与风险的一种反思，体现的是现代文明的人文关怀和对生命的敬畏。

福柯在《癫狂与文明》中甚至认为，西方文明是在癫狂与理性的碰撞中产生的。福柯说，尼采的疯狂，梵·高的疯狂，都让他们的作品表现出不一样的纯粹性。西方思想界在反精神病的过程中努力捍卫了一种多元化的社会生活方式和价值观，提倡了一种新的人性观，而西方的进步都是在这种多元价值观和人性观之下诞生的。

鲍曼

现代性与生命教育

著名社会学家齐格蒙·鲍曼在《现代性与大屠杀》中深刻洞察了第二次世界大战中纳粹对犹太人屠杀的真正原因。鲍曼说，纳粹对犹太人有组织的大规模灭绝是一种特殊的现象，和历史上发生的其他大屠杀都不同，它是现代性本身造成的。

大屠杀和现代性到底有什么关系？鲍曼是如何得出这个结论的？

一般认为，文明的进程是由野蛮走向开化的过程。在文明发展过程中，人类的文明程度是逐步提升的，人类的生活是越来越美好的。但发生在 20 世纪的纳粹大屠杀把这一美好的图景打回现实，是什么导致这次文明的大倒退呢？

有人说是因为文明的暂时失灵，纳粹内心极端之恶被释放出来的结果。但鲍曼认为，并不是。

鲍曼认为，如果用极端之恶去解释这场大屠杀，反而会忽视其背后真正的原因。鲍曼解释道，并不是每个参与那场大屠杀的纳粹个体都表现出极端之恶，这场大屠杀不仅仅是极端之恶的产物，更是人类现代文明发展的产物。

首先，现代性导致了明确的分工。在纳粹组织里，分工清晰职责明确，一个任务被分解成若干个步骤，纳粹组织通过高度的动员力为实施这一分工提供了可能性。一个完整的命令被拆分——下达指令的、传输命令的、负责抓捕的、负责运输的、给焚尸炉点火的，都是不同的个体。在这种分工下，组织成为一架精密的齿轮，每个人都在执行命令，他们并不为最终的结果负责。除了追责到希特勒，没有具体的人能承担最终的责任。

其次，人不再是目的，甚至不再是工具，而是被物化成一个目标，一个KPI（关键绩效指标）。在纳粹大屠杀中，活生生的人成了一张张具体的表格，一个个具体的数字。下达命令的纳粹军官看到的仅仅是被拆分的任务、数字、表格、文件。他们不再面对活生生的人，这种对人的极度物化消解了他们的同理心，这场惨绝人寰的屠杀充满了现代性的冰冷。

再次，传统道德失效。在所有的道德体系中都会有敬畏生命的伦理观，而在纳粹大屠杀中，传统道德失效了，纳粹建立了一种新的道德，这种道德就是对权威的绝对服从。

鲍曼深刻地洞察出一种过程，他叫这个过程为"道德消失点"。他说，当人们距离很近时，你面对的是一个活生生的人，这时候人们之间会有道德的存在。而现代性分工拉远了人与人之间的距离，导致人们远离真实的个体，人们对他人的道德责任开始萎缩、模糊，直到完全分离。这一刻，道德消失点产生了。现代社会为什么会键盘侠横行，为什么恶意满满的人无处不在，为什么道德感越来越缺失，这些现象都和鲍曼所说的道德消失点有关。

鲍曼说，纳粹大屠杀这场大规模有组织的对人性的摧残，是人类理性之下的现代性产物，因为现代性分工而产生了道德消失点。纳粹大屠杀是现代分工、管理技术提升、组织高度理性化的一次共谋。

在现代分工体系中,真实而鲜活的世界被分解成一个个井然有序、分工明确的步骤,每一个分工之间存在着认知、专业、技术的壁垒,鲜活的世界被一道帷幕遮盖,产生了越来越多的鲍曼所说的道德消失点。

这就是为什么医生认为病人不可理喻,而病人认为医生居心叵测;这就是为什么有的人一边吃鸡肉一边骂杀鸡的摊贩残忍;这就是为什么那些表面看似温文尔雅的纳粹会集体做出惨绝人寰的行动。

现代性用巨大的帷幕遮盖了真实的世界,导致人们只看到了表层,而缺失了对真实世界图景的体验和洞察。

因为缺乏体验,人们对生命不再有生动的悲悯和人性的共鸣,死亡仅仅是一个词语。而人类的同理心和悲悯精神单纯靠一个词语是无法树立起来的。

据说日本有一种生命教育,他们让孩子从小养一只小鸡或小鸭,当小鸡被养大的时候,再让他们亲手做成食物吃掉。在孩子们悲惨的哭声和巨大的心灵震撼中,完成对一个孩子生命教育的启蒙。

我们不一定用如此极端的方式去获得生命教育的体验。但抛开现代文明温情的面纱不得不承认,一种活生生、面对面、突破现代冗长的分工链条的真实的生命教育,是我们所欠缺的。

如何对抗这种现代性导致的道德危机呢?流程的细化和分工的合理性固然有一定的作用,但终究治标不治本。唯一能防微杜渐的是,现代社会要不断加强人文主义教育。人们需要明白自己的终极目的是什么,自己服务的终极对象是什么。最重要的不是 KPI,不是数据,不是报表,重要的是那些隐藏在冗长的分工链条后面的活生生的人。

　　从普罗塔哥拉到康德都曾经指出，人是最终的目的，而不是实现任何目的的工具。只有从人文主义角度深刻理解这句话，才能杜绝这种道德消失点带来的危机。

　　现代性不可避免，我们不可能退回到没有分工的原始时代。所以我们要找到更好的方法弥补现代性带来的对生命的体验缺乏、共情丧失、物化人性和道德感消失的危机，我们要真正完成对孩子的生命教育，让他们既能够享受现代性的便捷，也能体验到田园时代人类对生命的神圣认知。

现代性与人工智能

有人说，人工智能已经达到了令人恐怖的具备自我意识的阶段。人工智能会取代人类吗？人类凭什么自称万物之灵？在哲学层面，人类和机器的本质区别到底是什么？

首先，机器和生命体有什么区别？一般高等生命体比如哺乳类，都具备情绪，有着人们常说的七情六欲，喜怒哀惧。机器则不会有这些情绪，机器总是严格按照设定的程序运行。虽然机器可以拥有超高的算力，但不会具备喜怒哀惧的情绪。用一句话表述这种差异：机器可以计算出宇宙中天体的运行轨迹，但不会为自己拥有这样的能力而感到骄傲。

其次，因为机器没有喜悦、骄傲、痛苦这些独属于生命体的体验，它无法从"我"的角度思考，所以，它缺失人类最基本的东西——主体意识，它无法像人类一样去追寻自身的意义。

最后，人类作为万物灵长，和一般的动物又有什么区别呢？人与动物的区别是人类具备抽象的能力。任何一个人除了拥有喜怒哀惧这些本能的情绪外，还具备抽象思维的能力，比如他可以想象国家、天堂、乌托邦这些抽象的概念。但是动物不能，它们的情绪仅仅是本能的表达，是对实体的表达。同时，人类除了具备抽象思维能力，还具备创造欲。制造工具，就是人类创造欲望的一种表达。

由此得出结论，本能的情绪、抽象思维的能力和主体意识，是人类区隔于机器的本质特征。我们把人类的这三种特质概括为——意识活动。也就是说，人类具备意识，而机器不具备。

那么，意识的本质到底是什么？唯物主义认为，意识是自然客体在主体的映射。这句话的意思是说，意识是人类感官接受了自然客体的信息后所产生的主观感受。唯心主义对意识的理解更加复杂，比如笛卡尔的身心二元论、康德的人为自然立法等观念。他们认为，意识的本质并非单一地由自然客体决定，还存在着神赋、先验等特点，那是更加复杂的系统。总之，唯物主义认为意识是人类对自然客体的归纳总结，而唯心主义认为意识还取决于人类的先验知识。

人类的意识又是如何产生的？

这里我们不谈唯心主义的神赋论，只从进化角度来说。在生命体漫长的进化过程中，时刻要对复杂的环境做出反馈，情绪在这个过程中逐渐形成。比如，喜怒哀惧这四种底层情绪，在原始时期，喜悦能让人们对婴儿付出更多的照顾从而使其存活下来，发怒能让人们吓跑天敌，哀伤让人们珍惜眼前的事物，恐惧让人们能够及时躲避危险。在深入分析后，可以发现喜怒哀惧这四种基本情绪都是人类对外界复杂环境的反应，是一套自然进化的算法。

所以，人类一切情绪的产生都是为了自身生存，是主体在遭遇外界挑战时采取的生存策略。情绪，或者意识，就成为人与非人之间的终极区别，构筑起人类和机器之间的伦理之墙。一旦机器拥有了意识或者情绪，那么人与机器之间的这道伦理之墙就会被突破，在哲学层面，人类和机器就没有了区别，人类将陷入巨大的伦理危机。

需要特别指出的是，这里仅从进化的角度，用还原论追溯了人类特有的东西。但是，真正的原因更加复杂，更加深邃。人类所包含的那些神圣而特有的东西，情绪、意义、主体意识，难道仅仅是进化的产物吗？回望人类历史，无数人的贪嗔痴、爱别离，无数人对意义的追寻和赋予，这些超出进化理论之外的东西，也是人之所以为人的秘密，也是人区别于机器的本质所在。

人工智能的高速发展将给现代社会带来一系列的伦理危机。

其实，传统机器也曾引发伦理危机。工业革命初期，英国工人也扛着锤子去砸机器，因为他们认为机器抢了他们的工作机会。还好，后来人们发现工业时代的机器虽然看着威猛其实没脑子，它们只是人类肢体的替代品。

但人工智能不一样，它们不仅是人类肢体的替代，还正准备替代人类的大脑。如果说代替你肢体的机器还只是工具的话，那么当一个机器准备代替你的大脑，它会不会成为你的主人？

这不仅是重大的伦理危机，更是形而上的危机。这个危机的本质是，人类的主体性遭到了威胁。在笛卡尔之后，人就是这个星球绝对的主体，一切的意志都是人的意志，一切的选择都是人的选择。选择是人类意志的体现，是人最核心的权利。现在，机器有可能涉及这个权利，这是人类历史上前所未有的考验，我们在人类历史上找不到任何宗教上的、哲学上的支撑。

那么，为什么只有人类才有选择权呢？

牛津大学哲学教授博斯特罗姆对这个问题做了思考，他用"道德地位"的理论进行了解释。

人们之所以不能接受机器有选择权，是因为机器在人类社会从来都没有道德地位。一块石头是不具备道德地位的，你可以随意雕刻它、碾碎它、毁灭它。你在做这些事的时候根本不用考虑石头的感受。同样，一个机器你也可以复制它、删除它、砸烂它，你不需要考虑机器的感受。但是，人不一样，你在做任何事的时候都要考虑人的感受，因为人是目的，人享有最高的道德地位。这意味着只有人才有选择的权利，而一堆芯片没有资格做选择。

为什么认为人工智能没有道德地位？

根据博斯特罗姆教授的理论，感受决定一个事物的道德地位。机器之所以没有情绪，是因为它没有感知能力。感受不到歧视就不会愤怒，感受不到危险就不会恐惧，感受不到爱就不会欢愉。人类之所以拥有感知能力，是亿万年进化的本能，是人与环境互动的结果，它内嵌于人类的基因。而机器没有经历这个过程，它的情绪只是一种算法的模拟，而不是基于生存的表达。

如果抛开感知能力，仅仅以智慧的高低来衡量人与非人的区别，那么当人工智能进化出超越人类的智慧，是不是就能享受人的道德地位？我们可以推演一下，你能接受一个克隆人具备人的道德地位吗？很多人会说能。但是，你能接受一个具备高级智慧的人工智能具有人的道德地位吗？如果不能，原因是什么？一堆硅基芯片和一堆碳基有机物都可能产生高级智慧，你为什么总是对硅基人工智能充满担忧呢？

这种担忧的根源在于，人工智能可能仅仅具备高级智慧，但对人类却没有感知能力，它们的感知能力不过是算法的伪装。人工智能不会真正理解，为什么有些人害怕毛毛虫，为什么有些人为了信仰可以献出生命……它不理解人类行动背后的复杂含义，它无法真正理解人类。如果给予人工智能人类的道德地位，我们可能会造出一个怪兽——一种没有感知能力却拥有高级智慧的新物种。

这个"新物种"会带来人类文明的新生还是毁灭，没人知道。

现代性与婚姻

　　现代社会，女性意识和权利的复苏成为一个标志性事件，带来了社会结构的全面转型，对文明产生了深刻的影响。

　　在传统社会，个体被绑定于某个集体中，特别是女性，她们更容易被集体主义和家庭所淹没。女性一旦结婚生子，她们就会失去自己的名字，成为丈夫的尾缀"某氏"，或者孩子的尾缀"某妈"。在现代社会，个人主义取代了集体主义，个体不再隐于集体之下，每个人都要独立面对世界，没有任何的退路，我就是最后的堡垒。女性主义崛起的过程就是自我意识觉醒的过程，也是不让自己主体消失的过程。

　　主体的觉醒代表着我的存在独立于任何外在，我不属于任何人，不依托任何集体，我不再是传统社会中血缘、宗族、家庭的附庸。女性也不再是丈夫、孩子的尾缀，她和他一样，是独立存在于生命荒野中的个体，不需要依靠某个人为自己带来荣耀与悲悯，所有荣耀与悲悯都应该由自己的自由意志负责。

　　那么，在主体觉醒后，能不能继续选择为孩子或者丈夫献身呢？这当然可以，毫无问题，也符合自由意志原则。但如果是外部压力导致的妥协，则不在自由意志的范围。

　　女性意识的觉醒导致了现代社会婚姻制度的转向，越来越多的人走向了不婚主义，这个转向可能对现代社会产生深刻的影响。

但是，在传统社会，女性为什么要选择结婚呢？

专偶制婚姻是私有制必然的结果。在父系时代男性掌握了更多私有财产后，就面临私有财产传承的问题。这些财产给隔壁老王有点亏，给自己女朋友，最终可能还是便宜了隔壁老王。私有财产最好是留给自己的亲儿子。但是，在群婚制时期，没有人可以完全确定一个孩子的父亲是谁，毕竟群婚制下大家都比较开放。所以，为了确保娃是自己的，专偶制取代了群婚制成为社会的主流。

恩格斯在《家庭、私有制和国家的起源》中认为，专偶制婚姻的产生是男女博弈的结果。通过专偶制婚姻，男性才能避免被绿到发慌的恐惧，才不会有替人养娃的危机感。而女性通过专偶制婚姻也暂时让男性放弃了四处播撒种子的冲动，获得了稳定长期的回报。所以，专偶婚是双方博弈的平衡点。

专偶制婚姻是人类文明史上典型的自发秩序。不管是东方还是西方的主流文明，都形成了稳定的专偶制婚姻形态，并且长期固定下来。

现代文明为什么会有打破专偶制婚姻的趋势呢？

首先，现代文明解决了生育困境。现代文明下，生孩子这件事男人除了喊加油，基本上也帮不上忙。现代医学技术的发展已经让生育中的死亡率从万分之五百降低到了万分之一点六，科技消解了男性的作用，有没有那个喊加油的，女性照样生。

其次，现代法律体系和技术保障了男性的血统，让男性也失去了对婚姻的依存。亲子鉴定技术和法律保障已经远远超越传统社会，可以确保男性基因的传承和私有财产合法传承给自己的子嗣，这对起源于私有财产传承的专偶婚制度是一种釜底抽薪式的打击。

所以，医学瓦解了生育困境，亲子鉴定技术和法律体系保障了子嗣传承，这让基于传统伦理的专偶制婚姻走向了消亡的边缘。

更重要的是，在这两个原因之上还有一个原因，那就是个人主义的崛起，它捅了专偶婚致命一刀。现代个人主义的崛起消解了传统伦理，个人主义认为，人不再对宗教的神负有责任，也不再对传宗接代负有责任，基因、宗族、人类、未来，以及神，与我无关，过好自己的一生才是终极的信仰。

在这三大原因的冲击下，专偶婚制度摇摇欲坠，婚姻的延续也仅仅剩下传统的惯性残存。在西方，这种惯性是基督教，缘起于亚当和夏娃的宗教伦理；而在东方，婚姻的惯性源于古老农耕文明的儒家伦理。但是，随着西方信仰退潮，东方农耕文明的没落，传统伦理所捍卫的专偶婚制度成为风中摇曳的烛火。

个人主义是专偶婚制度最大的挑战者，个人主义让无数青年男女不再为某种虚幻的信仰和集体甘愿牺牲自由，为宗族结婚、为责任结婚、为信仰结婚都不再重要。个人主义唯一捍卫的婚姻是为爱情而结婚。于是爱情成为婚姻最高的信仰。

但爱情的虚无缥缈又导致了高离婚率。建立在精神吸引基础之上的爱情在现代社会表现出脆弱的一面，它更易流变，更易被环境的改变摧毁。这也导致基于爱情之上的婚姻变得脆弱。所以，高离婚率是现代性的表现，这和人品无关，更和道德无关，它只关乎人性。爱情的消亡和婚姻的产生一样，是亘古不变的人性的体现。

现代性与艺术

1917 年的一天，法国艺术家杜尚偶然路过一家陶瓷商店，看到店里摆着一个男性小便池，他突然灵机一动有了一个绝妙的主意，于是把这个小便池买下来扛走了。

杜尚把这个小便池搬到了美术馆。然后，他对每一个评委和来参观的客人介绍说，这绝不是一个普通的小便池，它是一件举世无双的艺术作品，叫作"泉"，它代表着生命的力量。因为这件"艺术品"，杜尚很快火出了圈。杜尚的这个偶然之举成为现代艺术史上里程碑式的事件，标志着一个新时代的来临。

古典艺术和现代艺术的分水岭出现了。现代艺术出现后，人们普遍认为，艺术越来越扯，越来越让人看不懂了。

普通人大多是可以接受古典艺术和具象艺术，比如文艺复兴时期及之前的绘画作品，但对现代艺术、后现代艺术以及超现实艺术却接受无力。这是为什么？

首先需要了解艺术的本质是什么。意大利美学家克罗齐说，艺术的本质就是人类的直觉，而直觉的来源是人的情绪和意志，所以，艺术归根结底是人类的情绪表达。按照克罗齐的观念，艺术的本质是人的情绪，那么艺术根本不用纠结像或不像，也不用纠结具象和抽象，只要是人根据自己的情绪所创造的，都属于艺术表达的范围。

从克罗齐的观点我们可以非常直观地拿捏现代艺术。比如，杜尚的艺术作品是他的情绪化表达，所以他画的是什么、能不能被看懂，都不重要，他展现的情绪才是关键。

因为对个人情绪的关注，现代艺术进一步地去提炼情绪，而忽略了越来越多的真实，抹去了越来越多的细节，用极度抽象的符号、几何元素去呈现创作者的意图。一团纸、一个小便池、一根直线、一团涂鸦，都成为艺术家情绪的表达。

从古典艺术到现代艺术，直观的感受是抽象度越来越高，具象性越来越低。比如书法，早期具象性较高的象形文字是对自然的临摹，其后慢慢走向抽象，直到草书完全成为创作者情绪的表达。人们之所以看不懂现代艺术，一个主要的原因是创作者在作品中附加了太多情绪，而且他们也压根儿不想让你看懂。

那么，现代艺术的背后隐藏着人类思想怎样的变化呢？从哲学的角度说，促成现代艺术转折的一个根本原因是主体的崛起。

早期的艺术作品大多是对客体的表达，创作者要找到世界的真相和确定性，以具象的作品呈现世界真实的细节。比如，原始人在山洞中画一头牛，米开朗琪罗雕塑大卫，都是要抓住最真实的细节力求找到世界的本质，这是传统形而上的观念。

随着传统形而上学在近代转向到认识论，人的主体性开始崛起。近代哲学之父笛卡尔把目光从外在客体转向人本身，把哲学的主题从形而上拉回到"我思"。笛卡尔奠定了人的主体性原则，从此人成为世界的主体，世界是"我思"的客体，这一转变为西方思想史指明了一个新的方向。

到了康德，他用哥白尼式的革命扭转了主体和客体的关系，认为人对世界的认知受限于人的先天认识形式，不是世界是什么，而是我能认识什么样的世界。在康德这里，主体和客体实现了大反转，人的主体性得到了进一步加强。

而尼采，则用视角主义重新定义了主体与客体的关系。他提出——没有真理，只有阐释。在尼采看来，绝对的真理是不存在的，一切都是人的视角。比如，莫奈眼中的日出和别人眼中的日出就不是一回事。

笛卡尔、康德、尼采，分别代表了我如何思考世界、我如何理解世界、我如何阐释世界，这个过程就是人的主体性不断提升的过程。

在这种转向下，客体不再重要。重要的是我，是我如何思考、我如何理解、我如何阐释。这种思潮在艺术领域的体现就是从古典时代的具象艺术到现代抽象艺术的转向。

随着主体性的崛起，人们走向了另一个极端，那就是虚无主义。现代艺术表达越来越个体化，导致普遍意义的丧失。比如，你看到拉斐尔的《西斯廷圣母》可以品读出造物之美，看到现代艺术的一个小便池除了觉得搞笑却难以产生共鸣。

现代性与虚无主义

为什么在现代社会，人们普遍厌恶矫情表达？

人们对矫情表达的厌恶，根源是现代性导致的虚无主义。

首先，矫情的作品本身就有问题。被骂矫情的作品都有一个共性，那就是它们抛弃了逻辑，模糊了事实，不追求真相，用情感代替一切。比如很多鸡汤文，不去逻辑推导也不去追寻真相，它只要求你在情感上与世界和解。改变不了世界就改变自己，无法找到真相就麻痹自己。当这种被刻意制造的廉价情感越来越多，遮蔽了人们对真相的探索时，人们就会感觉到自己被当成了傻叉，骂一句矫情算客气的。

很多文艺作品之所以会被厌恶，是因为其内容从来不考究真相，只是为了制造一个泪眼婆娑的世界，在涕泪横流中完成人的情感升华。当人们四十五度角仰望星空把自己感动得热泪盈眶，真相是什么就不再重要。

同时，为了遮蔽真相，必须用煽情来模糊概念。比如演讲者说，在座的每一位都是我们公司的家人，这时候总会引来一片掌声，因为家人这个模糊的概念会引发共鸣。相反，如果深入分析每一个人在公司的角色，对公司的贡献多寡，那就不会带来共鸣，还可能会引发互殴群架。一言以蔽之，矫情就是要消除概念的精确性，把清晰的变浑浊，把精确的变模糊，把确定性变成玄学，把说理变成诉诸情感的故事。因为唯有如此，才能让一切看起来很美。

但是，这种模糊概念的方式，会让那些追逐逻辑和真相的人不齿。泪眼婆娑无法替代真相，廉价的情感也无法替代严谨的逻辑。逻辑是发现真理的基本武器，它的本质是用精确的概念去界定不同事物的边界，从而带来清晰的指向。如果抛弃逻辑，刻意遮蔽真相，用煽情为世界加上十八级美颜滤镜，这就是典型的矫情。

其次，虚无主义的泛滥导致了煽情被嫌弃。人们之所以喜欢骂煽情，是因为他们认为，那些煽情的作品本身所体现的意义根本不存在，因为世界的本质是虚无，所有的价值和意义都是虚妄。

虚无主义坚信的价值是——世界毫无意义，一切都毫无价值。虚无主义者不相信世界存在真理，不相信价值观有对错，不相信万物之后存在一个终极的意义。虚无主义者认为，对真理的信仰是荒诞的，逻各斯中心主义不存在，世界没有目的，更没有意义，所有那些煽情和意义的升华，都是贱人的矫情。

什么是逻各斯中心主义？就是认为万事万物都有某种确定的指向与意义，包含着明确的价值和观念。虚无主义本身就是对逻各斯中心主义的对抗。在现代社会，解构主义、朋克主义、后现代主义，都被认为是虚无主义在人们心中的蔓延，它们否定了所有的价值，坚定地认为，人类没有意义，世界没有意义。

虚无主义的本质是一种反文明。虚无主义者解构所有的严肃，戏谑所有的意义，对抗所有的神圣，他们坚定地去打碎一切，却无法重建哪怕最微小的价值。其实，虚无主义者的这些行为并不酷，反而充满了自我矛盾。因为如果你认为世界的本质是无意义，那么世界的本质是无意义这句话本身也是无意义的，而你对这句话的笃信和坚持，更是无意义。

人类总是要找到一些意义来重建那座传说中的巴别塔。虽然这座巴别塔最终可能无法建成，但建造的本身，就是人类文明的全部意义。

现代性与乡愁

人为什么要返乡？

在传统的农耕社会，绝大部分人一辈子都不会离开故乡，生于斯老于斯，乡愁无从谈起。乡愁的本质，是西方工业文明带来的无家可归。工业革命产生了数量庞大的劳工阶层，主体是失地农民。这些从农村走进城市的劳工很难在城市秩序中找到自己的存在。

传统的农耕时代，依靠土地，收入和社群关系稳定。但工业化时代，为了一个工作机会人们必须辗转奔波，远离自己熟悉的环境。旧的宗族关系瓦解，新的社群关系未建立，孤独感让他们渴望回家。

在城市，工人阶层逐渐被无产化。当城市中产阶层和企业家生活越来越丰富，工人阶层的生存状况却鲜有改变。强者越强、弱者越弱的马太效应造成了工人的普遍不满。

推崇竞争的工业文明造成了安全感的缺失。现代性对静态的农耕文明具有极强的颠覆作用，它的淘汰率和流动性都极高，世界进入混沌态，不再有一劳永逸的生存之道，失业破产司空见惯，人们生活在常态性的职业变化和空间流浪中，背负着巨大的不确定性。

因为不确定性，人们更加向往确定，故乡就成为这个确定性的原点，成为梦里的乌托邦。罗兰·罗伯森在《全球化：社会理论和全球文化》

第十章《全球化与怀乡范式》中提出：在现代社会，乡愁是一种观念，它代表着人们和过去生活方式的决裂以及现代意识的觉醒；乡愁是人们对故乡语言、环境、生活方式的缅怀。

而工商业文明建立在完善的分工之上，人们只从事自己专业内的事。高度效率化带来的副产品是——分工制造了一块巨大的帷幕遮蔽了整个生产链条。比如我们每天吃肉，却看不到宰杀牲畜的过程；每天吃蔬菜，却没有亲手灌溉过蔬菜；每天吃鸡蛋，但从未体验过从鸡窝中掏出带着母鸡体温的鸡蛋的感觉。我们看到超市里肉是切好块的，青菜是扎好的，鸡蛋是码得整整齐齐的。但是，商品如何成为这个样子，却被分工的链条遮蔽了。

这块由文明拉起的帷幕隔绝出了一个保护现代人脆弱心理的暗箱，同时也竖起了一面面巨大的墙，将真实而鲜活的世界分解成一个个井然有序、彼此衔接但互不重叠的步骤，真实的世界图景被遮蔽了。

但越是遮蔽，人越是充满好奇。好奇是人类的天性，是对体验感匮乏的弥补。在这种匮乏感之中，人们渴望回归乡村，回归文明遮蔽下的原始和粗粝，内心重燃对未曾体验过的生活的好奇。所以，乡愁自带悲伤的 BGM（背景音乐），它注定是一种无解的追寻。

乡愁是流浪的人对母体最深的眷恋。无论是知识分子去国怀乡，还是工人阶层辗转打工，乡愁的无可寄托让现代人的情感更加复杂。它催生了人类悲悯、流浪、希望等伟大的非理性精神，从而成为人文主义的摇篮。

德国浪漫主义诗人诺瓦利斯说：哲学活动的本质就是精神还乡。

参考文献

[1]　彼得·沃森.思想史：从火到弗洛伊德[M].胡翠娥，译.南京：译林出版社，2018.

[2]　安东尼·肯尼.牛津西方哲学史 全4卷[M].王柯平，译.长春：吉林出版集团有限责任公司，2015.

[3]　歌德.浮士德[M].潘子立，译.长春：吉林大学出版社，2019.

[4]　尼采.查拉图斯特拉如是说[M].余鸿荣，译.哈尔滨：哈尔滨出版社，2016.

[5]　本村凌二.罗马兴衰1200年[M].高悦，译.北京：中国友谊出版公司，2021.

[6]　A．N．怀特海.科学与现代世界[M].傅佩荣，译.上海：上海人民出版社，2019.

[7]　赵林.古希腊文明的光芒[M].北京：人民邮电出版社，2020.

[8]　叔本华.作为意志和表象的世界[M].刘大悲，译.哈尔滨：哈尔滨出版社，2016.

[9]　斯塔夫里阿诺斯.全球通史：从史前史到21世纪（第7版修订版）[M].吴象婴，梁赤民，董书慧，等译.北京：北京大学出版社，2006.

[10]　托克维尔.旧制度与大革命[M].傅国强，译.北京：作家出版社，2016.

[11]　朱迪斯·M.本内特.欧洲中世纪史：第11版[M].林盛，杨宁，李韵，译.上海：上海社会科学院出版社，2021.

[12]　特奥多尔·蒙森.罗马史 第4卷[M].李娟，任秋红，译.重庆：重庆出版社，2018.

[13] 尼采. 悲剧的诞生 [M]. 刘崎, 译. 北京：台海出版社, 2018.

[14] 尼采. 尼采自传：瞧! 这个人 [M]. 刘崎, 译. 北京：台海出版社, 2017.

[15] 陀思妥耶夫斯基. 罪与罚 [M]. 汝龙, 译. 南京：译林出版社, 2022.

[16] 盐野七生. 十字军的故事 [M]. 万翔, 杨思敏, 译. 北京：中信出版社, 2017.

[17] 高宣扬. 罗素哲学概论 [M]. 上海：上海交通大学出版社, 2018.

[18] 彼得·萨伯. 洞穴奇案 [M]. 陈福勇, 张世泰, 译. 北京：九州出版社, 2020.

[19] 陈中雨. 普罗提诺的美善观及其太一论 [M]. 上海：上海交通大学出版社, 2020.

[20] 瓦尔特·伯克特. 古希腊献祭仪式与神话人类学 [M]. 吴玉萍, 高雁, 译. 北京：社会科学文献出版社, 2021.

[21] 马克斯·韦伯. 新教伦理与资本主义精神 [M]. 刘作宾, 译. 北京：作家出版社, 2017.

[22] 西格蒙德·弗洛伊德. 梦的解析 [M]. 朱更生, 译. 北京：作家出版社, 2016.

[23] 以赛亚·伯林. 观念的力量 [M]. 胡自信, 魏钊凌, 译. 南京：译林出版社, 2019.

[24] 以赛亚·伯林. 概念与范畴：哲学论文集 [M]. 凌建娥, 译. 南京：译林出版社, 2019.

[25] 以赛亚·伯林. 伯林书信集（卷二）启蒙岁月：1946—1960[M]. 亨利·哈代, 詹妮弗·霍姆斯, 编. 陈小慰, 叶长缨, 张慧仁, 等译. 南京：译林出版社, 2019.

[26] 以赛亚·伯林. 浪漫主义的根源 [M]. 吕梁, 张箭飞, 等译. 南京：译林出版社, 2019.

[27] 托马斯·霍布斯. 利维坦 [M]. 杨春景, 译. 重庆：重庆出版社, 2022.

406

[28]　约翰·密尔.论自由[M].尹丽莉,译.北京:煤炭工业出版社,2017.

[29]　让－雅克·卢梭.忏悔录[M].陈筱卿,译.南京:译林出版社,2014.

[30]　让－雅克·卢梭.社会契约论[M].李阳,译.北京:作家出版社,2016.

[31]　柏拉图.柏拉图文艺对话集[M].朱光潜,译.重庆:重庆出版社,2016.

[32]　史蒂芬·B.斯密什.耶鲁大学公开课:政治哲学[M].贺晴川,译.北京:北京联合出版公司,2015.

[33]　基思·克拉斯曼,雅克·蒂洛.伦理学与生活:第11版[M].程立显,刘建,译.成都:四川人民出版社,2020.

[34]　詹姆斯·格雷克.牛顿传:科学天才的浮生一梦[M].欧瑜,译.北京:人民邮电出版社,2021.

[35]　哈耶克.法律、立法与自由 第一卷[M].邓正来,张守东,译.北京:中国大百科全书出版社,2022.

[36]　丹尼斯·舍曼,等.世界文明史:第4版[M].李义天,黄慧,等译.北京:中国人民大学出版社,2021.

[37]　朱光潜.西方美学史[M].北京:作家出版社,2019.

[38]　路德维希·冯·米塞斯.人的行动:关于经济学的论文[M].余晖,译.上海:上海人民出版社,2013.

[39]　查尔斯·罗伯特·达尔文.物种起源[M].王之光,译.北京:北京时代文华书局,2019.

[40]　温斯顿·丘吉尔.英语民族史·卷三:革命的时代[M].薛力敏,林林,译.北京:中共中央党校出版社,2022.

[41]　亚当·斯密.国富论[M].富强,译.北京:北京联合出版公司,2014.

[42]　马基雅维利.君主论[M].李静,译.北京:煤炭工业出版社,2016.